U0069054

馬利亞受聖神感孕（The Immaculate Conception）
西班牙畫家木里羅（Bartolome Esteban Murillo, 1617-1682）之畫布油彩，大約作於1678年。
現收藏於西班牙馬德里的普拉多博物館（Prado Museum）。

↑ 天使向馬利亞報喜（Annunciation）
義大利畫家立比（Fra Filippo Lippi, 1406-1469）之木板油畫，大約完成於1445年。此畫收藏於德國慕尼黑古代美術館（Alte Pinakothek）。

→ 耶穌神秘的降誕（Mystic Nativity）
義大利畫家坡堤目利（Sandro Botticelli, 1445-1510）之畫作，大約完成於1501年。此畫收藏於英國倫敦的國家畫廊（National Gallery）。

↑東方星象家朝拜聖嬰（Adoration of the Magi）

　　義大利畫家吉蘭達約（Domenico Ghirlandajo, 1449-1494）的木板油畫，作於1487年。此畫收藏於義大利佛羅倫斯的烏菲齊（Uffizi）美術館。

→聖母與其子（Madonna and Child）

　　義大利畫家及科學家達芬奇（Leonardo da Vinci, 1452-1519）之木板油畫，大約完成於1478年。此畫作收藏於德國慕尼黑古代美術館。

原野的聖母子及小施洗約翰（Madonna in the Meadow）
義大利畫家拉斐爾（Raphael, 1483-1520）之木板油畫作品，大約完成於1506年。此畫作收藏於奧地利維也納藝術史博物館（Art History Museum）。

基督受洗（Baptism of Christ）

義大利畫家培路古諾（Perugino II, 原名Pietro Vannucci, 1445-1523）之木板油畫，大約完成於1500年。此畫作收藏於奧地利維也納藝術史博物館。

基督在馬大和馬利亞的家中（Christ in the House of Martha and Mary）
義大利畫家丁多列托（Jacopo Tintoretto, 1518-1594）之畫布油彩作品，大約
完成於1570年至1575年之間。此畫作收藏於德國慕尼黑古代美術館。

基督在山上變貌（Transfiguration）

義大利畫家拉斐爾之不板油畫作品，大約完成於1520年。此作品收藏於義大利梵
蒂岡博物館（Vatican Museum）。

↑ **基督潔淨聖殿**（Christ Driving the Traders from the Temple）
西班牙畫家格列可（El Greco, 1541-1614）之畫布油彩作品。此畫作收藏於英國倫敦
國家畫廊。

→ **基督受戲弄**（The Mocking of Christ）
法國畫家麥西斯（Quentin Metsys, 1466-1530）之木板油畫。此畫收藏於西班牙馬德
里的普拉多博物館。

基督被羞辱（Mocking of Christ）

德國畫家格倫瓦德（Mathis Grunewald, 1470-1528）之木板油畫，大約完成於1503年。此畫作收藏於德國慕尼黑古代美術館。

十字架上的耶穌和抹大拉的馬利亞（Crucifixion with the Mary Magdalene）
義大利畫家西諾雷利（Luca Signoreilli, 1441-1523）之畫布油畫。此畫作收藏於義大利佛羅倫斯的烏菲齊美術館。

基督屍身下十字架（Deposition of Christ）

義大利畫家卡拉瓦喬（Michelangelo Merisi do Caravaggio, 1573-1610）之畫布
油彩作品，大約完成於1604年。此畫作收藏於義大利梵蒂岡博物館。

哀悼基督之死（Lamentation over the Dead Christ）

德國畫家杜勒（Albrecht Dürer, 1471-1528）之木板油畫，大約完成於1500年。此畫收藏於德國慕尼黑古代美術館。

復活的基督在以馬杵斯的晚餐（Supper of Emmaus）

義大利畫家彭托莫（Jacopo da Pontormo, 1494-1556）作於1525年之木板油畫。此畫作收藏於義大利佛羅倫斯的烏菲齊美術館。

耶穌

宗教重擔的
釋放者

董芳苑———著
Tong, Fung-Wan

獻 給

韓顯壽先生（1936~）

高力科技公司董事長，奉行
耶穌博愛濟世精神之實業家

韓鄭美惠女士（1938~）

台北市永樂長老教會執事，
參與台北市永樂教會創會

自序

古今人類歷史上的偉人之中，受到當今世界近三十億人口奉為信仰對象的猶太先知耶穌（Jesus），可謂首屈一指，無人能比。耶穌之所以受世人所愛戴及尊崇，非僅他被世人奉為「基督教」（Christianity）的開山祖師而已，應該是他的精闢教導深深影響普世人類靈性及社會文化這點。就其社會文化之影響而論，今日一提及「西方文化」（Western Culture）時，就必定和「基督教文化」（Christian Culture）結連。例如"地球村"（Global Village）此一展望普世人類互相依存成為大村落之理念，正是"上主國度"（Kingdom of God）這個"生命共同體"（神為天父，人類都是兄弟姊妹）的基督教義之寫照。十九世紀中葉英國長老教會（Presbyterian Church of England）派遣馬雅各醫師（Dr. James L. Maxwell, 1836-1921）抵達台灣南部從事醫療佈教，同時引進西式醫療技術。隨後而來的宣教師更引進西式教育、造福盲人及痲瘋患者的人道主義措施，力主廢除男人吸食鴉片及婦女縛腳之劣習，其促進當代台灣社會邁向"現代化"（modernization）之用心及努力，可謂功不可沒，有目共睹！至於影響世人靈性（精神生活）乙事，在時下三大普世性宗教：「基督教」、「伊斯蘭教」（Islam）及「佛教」（Buddhism）之中，也是前者最為凸顯，這點可以從"基督徒"（Christians）佔世界人口近半的數字看出來。

「基督教」是三大宗派教團之組合，即「羅馬大公教會」（Roman Catholic Church），也即華人所稱的「天主教」、「東方正統教會」（Eastern Orthodox Church），及十六世紀宗教改革（Reformation）出現的「歸正教會」（Protestant Church or Reformed Church，其自由主義衍生今日眾多的宗派）。由於他們的傳教師不斷宣揚耶穌之理念及影響人類之靈性生活，才會贏得如此眾多的信徒。二十世紀兩位獲得諾貝爾和平獎金（Nobel Peace Prize）的人道主義者：史懷哲博士（Dr. Albert Schweitzer, 1875-1965，他於1952年獲獎）和德蕾莎修女（Mother Teresa, 1910-1997，她於1979年獲獎，2016年受羅馬大公教會封為聖徒），就是因為耶穌的靈性感召而一生為弱勢之異族人群獻身服務。

在台灣社會人一言及「宗教」（Religions），都異口同聲以"各個宗教都在勸善"做為回應。事實上，各個宗教所勸的"善"（goodness）均不盡相同。就如：「基督教」強調"善用生命，與神（造物主）同工"為至善。「伊斯蘭教」力主"順從安拉（真主），奉行聖戰"為至善。「佛教」則以"慈悲為懷，不可殺生"為至善。問題是大家都忽略一個事實：「宗教」也會害人！例如：「波斯教」（Zoroastrianism）的天葬傳統，影響環境衛生。「猶太教」（Judaism）的選民意識，製造種族仇恨。「印度教」（Hinduism）的種姓制度（Brahmins、Shyastria、Vaisya、Sudra）及寡婦殉葬劣習，扼殺人道主義。「耆那教」（Jainism）的極端禁慾主義行止，近乎慢性自殺。「錫克教」（Sikhism）之好戰性格，導致歷史上多次生靈塗炭。「儒教」（Religious Confucianism）宗法社會之家庭主義，養成華人同姓相容、異姓相斥的自私自利性格。「道教」（Religious Taoism）之利用神鬼及驅使神鬼法術，導致華人社會充滿迷信。「神道教」（Shintoism）的放任傳統，使日本社會出現眾多良莠不齊的新教門。再加上「伊斯蘭教」"聖戰"教義之誤用所引發的恐怖主義（terrorism），而使今日世界不得安寧。「佛教」的"種瓜得瓜，種豆得豆"之行為宿命主張，使信眾漠視自己生命（在「六道輪迴」中的生命均是苦的）而因此一生消極。這些事實均害人不淺，又阻礙現代社會進步。其實「基督教」也有令人詬病之處，那就是宗派林立又互相詆毀，教耶穌於今日看了也會搖頭！為此，教內人士的口頭禪是："宗教（基督教）是真，人（指教職人員及信徒）是假的"，聞之極盡諷刺。的確制度化的基督教宗派是不能救人的，真正能拯救人者只有耶穌，唯有他才是"宗教重擔"之釋放者。

這本以《耶穌──宗教重擔的釋放者》為書名之拙作，其實書名僅是一篇本書之引論。其他文章的內容均在介紹耶穌一生作為及強調耶穌教導之於人類的重要性。書中內容分為兩大部份及兩篇附錄。第一部份：「宗教重擔之釋放者」一共收錄十四篇文章，分別探討耶穌之誕生、名稱（尤其是「基督」之稱號）、角色、事工及其偉大的教導。其中特別介紹其開路先鋒施洗約翰（John the Baptist）之使命及貢獻，因此耶穌稱他為"婦人所生的最偉大先知"（見：馬太十一：9-11，路加七：28）。第二部份：「基督徒與教會」也有五篇文章，分別強調耶穌做為宗教重擔釋放者之具體回應，就是基督徒組織

"教會"（Ecclesia，指團契，而不是一座建築物）之努力及用心。而巴拿巴（Barnabas）這位初代教會之善士，正是協助使徒保羅（Paul）將「基督教」推向國際，能夠在小亞細亞（Asia Minor）及歐洲（Europe）立足的大功勞者。而使徒保羅是將基督教教義系統化的第一人，他的"祝禱"呈現三位一體論（父、子、聖神之神觀），其呼籲基督徒務要"活在基督裡"（in Christ）之教導，也成為"信徒皆祭司"的宣教基礎。至於「附錄」這部份則收錄：〈基督教經典：《新舊約聖經》〉及〈聖經解釋問題之探討〉兩篇文章，目的不外介紹「基督教」經典之形成及內容，以及基督徒學者如何解釋經典之用心。

做為宗教重擔釋放者的耶穌之教導，到底對台灣社會之各種宗教加諸於信徒的重擔有何啟示？因為耶穌在世時曾經公開向當代的猶太教徒做如此之宣告（見：馬太十一：28-30）：

> "凡勞苦擔重擔的人可以到我這裡來，我就使你們得安息。我心裡柔和謙卑，你們當負我的軛，學我的樣式；這樣，你們心裡就必得享安息。因為我的軛是容易的，我的擔子是輕省的。"

昔日耶穌的呼籲，對時下台灣社會各種宗教所加諸於信徒的重擔適用嗎？這類問題委實需要探討及回應。台灣有中國國民黨這個外來政權（現在已被本土民進黨政府取代）主導的政治宗教：「國家儒教」及「三民主義教」，兩者加諸於台灣人民的精神重負，就是反民主政治的"新皇帝崇拜"及封建帝制時代的"忠孝教條"。「台灣民間信仰」加諸於民間信眾的重擔，就是迷信鬼神、受制於落伍禮俗、又受道士、法師、童乩、尪姨的巫術所左右。再加上「儒教」與「道教」影響下的"命運天定宿命論"，以及「佛教」那種行為造業的"命運自造宿命論"，導致宗教人個個都成為"命運"的奴隸，難得有樂觀人生及苦得起的積極人生。至於耶穌的教導是"容易的軛"及"輕省的擔子"之理由，均見之於《馬太福音書》（五章至七章）的「山上寶訓」內容。因為他大膽批判「猶太教」的傳統教條成為信徒持守的日常生活之重擔，因此提出一個輕省的"上主國度"（上主為父親，人類都是兄弟姊妹）此一"生命共同體"（超越猶太民族的命運共同體）之理念。從此耶穌不但成為「猶太教」的改革者，也是各種宗教重擔之釋放者。

　　將這本書題獻給台北市永樂長老教會的韓顯壽先生伉儷，係出於筆者的一份誠摯之敬意。韓先生早年留學德國，是一位熱處理工程之科技專家。回到台灣即創立高力熱處理科技股份公司，被董事會任命為董事長。後又經營燃料電池工具之生產，如同前者一樣均相當成功。最可貴者，就是他對基督教信仰之奉行以及其敬業精神。韓先生始終善待員工，又默默行善不為人知。夫人鄭美惠女士早年參與永樂教會之開拓，現為永樂教會執事（曾經被選為長老卻婉拒就任）。上主祝福韓先生伉儷的家庭，他們兩子一女均已成家立業，又有六位內外孫兒。次子韓偉炫牧師原為美國德州太空中心（NASA）科學家，後獻身為宣教師，現在主導亞洲地區宣教事工。由此可見，韓先生伉儷的基督化家庭，的確足為台灣基督徒之模範。

　　這本立足於基督教信仰之作品得以和讀者見面，必須在此感謝前衛出版社社長林文欽先生之接納以及該社工作團隊的協助。此外尚有林素清女士和吳欣郿女士之打字及排版，也得在此表達謝忱。惟願拙作能夠喚起台灣基督徒及教外宗教人士之省思，並且期望各位社會先進的指正，是以為序。

董芳苑 謹識
2016年9月23日

目次

自序　020

第一部　宗教重擔之釋放者

一　引論：耶穌
　　——宗教重擔的釋放者　031

二　耶穌誕生之意義　056

三　耶穌聖名　073

四　備辦主的路
　　——施洗約翰的偉大使命　090

五　上主的羔羊　107

六　耶穌超越人性誘惑　119

七　揭露「基督」之秘密　136

八　耶穌的「理想國」　151

九　大仁君的賓客　167

十　耶穌論「口」　182

十一　耶穌的政治關懷　198

十二　　正視「死刑」問題　**222**

十三　　復活與平安　**232**

十四　　論「復活」與「永生」　**243**

第二部　基督徒與教會

十五　　基督徒與教會　**265**

十六　　巴拿巴的善舉　**274**

十七　　保羅的祝禱　**285**

十八　　信徒皆祭司　**298**

十九　　活在基督裡　**311**

附錄

1　基督教經典：《新舊約聖經》　**325**

2　聖經解釋問題之探討　**343**

第一部

宗教重擔之釋放者

耶穌講完這些話，群眾對他的教訓感到十分的驚奇。
因為耶穌跟那些經學士不同，他的教訓帶有權威性。

馬太七：28-29

And so it was, when Jesus had ended these sayings, that
the people were astonished at His teaching, for He taught
them as one having authority, and not as the scribes.

Matthew 7: 28-29

耶穌

宗教重擔的釋放者

> "凡勞苦擔重擔的人可以到我這裡來，我就使你們得
> 安息。我心裡柔和謙卑，你們當負我的軛，學我的樣
> 式；這樣，你們心裡就必得享安息。因為我的軛是容
> 易的，我的擔子是輕省的。"
>
> 馬太十一：*28-30*

台灣人對於「宗教」（Religions）的第一個印象就是"勸善"，這是天大的錯覺。世人所公認的現代宗教一共有十一個，那就是：「波斯教」（Zoroastrianism）、「猶太教」（Judaism）、「基督教」（Christianity）、「伊斯蘭教」（Islam）、「印度教」（Hinduism）、「耆那教」（Jainism）、「佛教」（Buddhism）、「錫克教」（Sikhism）、「儒教」（Religious Confucianism）、「道教」（Religious Taoism）及「神道教」（Shintoism）。問題是它們的"道德觀"都不同，所勸的"善"也跟著有異。更有進者，「宗教」之信仰內涵"可以利人"，其領導者之教訓一旦走火入魔，"更可以害人"。而其害人的傳統及教義，就是各種宗教加諸於宗教人的"重

擔”。就像「波斯教」的“鳥葬”教義（屍體放置於「安息塔」任禿鷹啄食），的確影響環境衛生。「猶太教」的“口傳律法”深深影響人道行使（安息日不能就醫治病），因此被耶穌公然反對。「伊斯蘭教」的“聖戰”教義，成爲恐怖主義的依據，使今日世界不得安寧。「印度教」的種姓制度（婆羅門階級、武士階級、農工商階級、奴隸階級）、童婚傳統與寡婦殉葬之不人道，竟然受宗教信仰所支持。「耆那教」與「佛教」對於生命存在之否定，使宗教人看破世情出家修道，置家庭於不顧。「錫克教」的忠心及好戰精神，使其毒殺叛教之親人，以至將前印度總理甘地夫人（Indira Gandhi, 1917-1984）暗殺。「儒教」復古主義的忠義思想，使獨裁專制政權利用去奴役人民及製造順民，因而影響現代民主精神。「道教」的多神與多鬼信仰，使宗教人相信驅邪才能消災、壓煞才有平安的不合乎時代之迷信。「神道教」的武士道精神因鼓勵有尊嚴的切腹自殺，使許多精英死於非命，也助長侵略性的軍國主義。這些歷史事實都是各種宗教加諸於宗教人的“宗教重擔”。2013年發生於台灣的「日月明功」新興教團虐死一位高中生的不幸事件，也是一個迷信的“宗教重擔”害人之明證。至於台灣人的傳統宗教——「台灣民間信仰」（Taiwanese Folk Beliefs），其殘害人心靈的“宗教重擔”更多。關於其內容，將會另做討論。

昔日耶穌在世從事宣揚“天國福音”之時，可以說是非常反對「猶太教」（猶太人的傳統宗教）的“宗教重擔”。並且以“宗教釋放者”的立場，做了如下的宣示（馬太十一：28-

30）：

　　"來吧！所有勞苦背負重擔的人都到我這裡來，我要使
你們得到安息。你們要負起我的軛跟著我學習，因為我
心是柔和與謙卑足以親近的。這樣，你們就可以得到安
息。我的軛是容易的，我的擔子是輕的。"

一、從「猶太教」的宗教重擔談起

　　做為猶太教徒的耶穌，對於當代「猶太教」加諸於人的
宗教重擔十分清楚。那個時代"摩西律法"及由經學士（猶
太教神學家）和祭司集團發展而出的"口傳律法"，在耶穌看
來已經成為不合時宜的宗教古董，以及壓迫宗教人心靈的宗
教重擔。其中最嚴重的一件事情，就是醫師不能在「安息
日」為人醫病。因為醫病是工作行為，是違反「安息日」
不能工作的誡命（見：出埃及記二十：8-11）。為此使那些在是日
患病的人痛苦不堪，以至因之枉死的人大有人在。可是耶
穌卻大膽不理此一不人道的傳統誡律（死教條），公然在「安
息日」為人治病。就如：在「安息日」治好一位被邪靈附
身的人（見：馬可一：21-28，路加四：31-37），以及西門（彼得）的
岳母和眾多病人（見：馬可一：29-34，路加四：38-41）。又於「安
息日」在會堂（猶太教禮拜堂）醫好一個手枯萎者，而被猶太教
徒責備。耶穌認為在是日行善是律法所允許，何況猶太牧羊
人也在「安息日」將掉進坑裡的羊拉上來卻不受指斥。法利

賽人因爲耶穌的前衛作風，竟然計劃要殺害他（見：馬太十二：9-14，馬可三：1-6，路加六：6-11）。耶穌也公然在「安息日」開啓一位生來就瞎眼在路邊求乞的盲人，法利賽人也不放過他（見：約翰九：1-34）。一次耶穌和門人在「安息日」經過麥田，因肚子餓就摘取一些麥穗止飢，恰巧被法利賽人看見就加以指責。耶穌則以："人子是「安息日」的主"，來宣稱這個"爲人而設"的聖日（不是"人爲安息日而設"）不可成爲宗教人的重擔（見：馬太十二：1-8，馬可二：23-27，路加六：1-5）。

（一）耶穌反對宗教重擔之具體教導

耶穌不但在當代對於「摩西律法」（Moses' Law）『十誡』的第四誡提出挑戰性見解，也對於後代「猶太教」神學家（經學士）、猶太會堂拉比所發展而出的"口頭律例"（Oral Custom）加以批判。有一次從耶路撒冷（猶太省都會）來了一群經學士與法利賽人敬虔主義者，公然指責耶穌的門人"不洗手"就吃飯的不是。原來那個時代的猶太教徒都持守祖先遺傳下來的口頭律例，強調要按規定洗手才能夠吃飯，在市面上買回的食物不洗過也不可吃。其他尚有：如何洗杯盤、銅器、鍋子的規例，甚至怎樣清理床舖也有所規定，實在是一種宗教信仰所加諸於信徒的重擔（見：馬可七：1-4）。耶穌的回應是：這一群假冒僞善的宗教家只會持守古人遺傳及拘守過時的傳統，卻技巧地放棄上主的命令，拒絕『十誡』的精神。像摩西教人"孝敬父母"（第五誡命），他們竟然主張：只要將奉養父母的東西獻給上主就不必照顧父母。如此做等於拿"口頭律例"之遺傳來抵消上主的命令（見：馬太十五：1-9，馬可七：5-13）。

　　檢視《馬太福音書》五章至七章所記載有關耶穌教導的『山上寶訓』，就可以看出當代「猶太教」根據"口頭律例"加諸於猶太教徒的宗教重擔。就如：隨便休妻（五：31-32）、發誓（五：33-37）、復仇（五：38-42）、恨仇敵（五：43-48）、誇耀施捨做善事（六：1-4）、虛偽的虔誠祈禱（六：5-8）、造作的禁食（六：16-18）、自以為是的論斷人（七：1-6）等等。耶穌的指責及批判當然不是要消滅「猶太教」，而是要加以革新。所以他說（馬太五：17-18）：

　　　"不要以為我來的目的，是要廢除摩西的《律法與先知》（猶太教經典），我來不是要廢除，而是要成全其真義。我實實在在的告訴你們，只要天地（世界）存在的一天，律法的一點一畫都不能廢掉，一直到萬事的終點。"

　　接著耶穌提出一反「猶太教」現世主義及形式主義的見解，指出八種反現世功利的"真正福份"（五：3-12）、擺脫傳統的宗教重擔，做"世上的光"及"地上的鹽"來榮光天父上主（五：13-16）。又古人教人"不可殺人"，耶穌卻教人"不可動怒"，連謾罵人"傻瓜"和"廢物"也不可（五：21-26）。古人教人"不可姦淫"，耶穌提醒人連有"淫念"之動機都不可（五：27-30）。古人教人"不可背誓"，耶穌則強調"是、就說是，不是、就說不是"（五：33-37）。向天父祈禱不必多言、重複，在隱密中祈禱最好，也要如同"父子交談"（「主禱文」的內容）一樣（六：5-15）。務要"積財於天"（善用財物於慈善行為之上），以及建立"健全的人生觀"（六：19-34）。追求眞理如同"進窄門"一樣不容易（七：13-14）。宗教人要進入"天國"（上主為天父，人類是兄弟姊妹的"生命共同體"），單單用嘴巴去稱呼："主啊，主啊"是沒有用的，只有用行為去實踐天父上主的旨意者才可以進得去（七：15-23）。健全的信仰根基如同蓋房子一樣，務要建立於"石磐"（象徵健全的宗教）之上才會穩固（七：24-25）。這就是耶穌強調的眞正宗教精神，也可以說是耶穌言下的"容易的軛"及"輕省的擔"，所以世人應當加以學習。

（二）耶穌指責宗教重擔的製造者

「宗教」在歷史上出現當初，其創教者之教導單純、精神可嘉，所以相當吸引信眾歸信。一旦歷經長期發展，又受到出身（學經歷）不同及性格涵養不同的宗教領袖之教條解釋以至誤導，其偉大的精神就會喪失，從而變爲十分累贅之宗教重擔。此一現象，世界任何一個出現於人類歷史上的「宗教」都有（包括基督宗教），何況是耶穌時代的「猶太教」！

在耶穌看來，當代「猶太教」的"宗教重擔"之製造者，就是經學士（猶太教神學家）與法利賽人（假冒偽善的宗教狂熱者）。因此在《馬太福音書》（二十三：1-36），就記載耶穌公開指責他們的不是，給他的門人及跟隨的群眾知道：

"經學士與法利賽人站在摩西的地位上解釋律法，你們要遵從他們的教訓，但是不可模仿他們的行為。因為他們只會說不會去做。他們用又重又難背負的重擔加在別人的肩膀上，他們自己不肯動一根手指頭去減輕別人的負擔。" （見馬太二十三：1-4）

這群偽善宗教人的罪狀還有很多，就像表面的敬虔，佩帶經文袋誇耀自己之敬虔、加長衣袍的繸子、在宴會上爭首位、會堂裡也有特別座、喜歡人家在公共場所問候他們，稱他們「先生」（老師）及「大師」（馬太二十三：5-12）等等偽善之行為。

接著，耶穌直指這群經學士與法利賽人有災禍（要遭殃了）！為的是他們犯了下列之錯誤：

1. 他們故意"關閉天國之門"：自己不想進去，卻也不讓想要進入的人進去（馬太二十三：13）。

2. 他們用盡辦法說服人皈依入教，卻故意"將他塑造成為和他們一樣惡的惡棍"（教棍）。所以他們該下地獄（馬太二十三：15）。

3. 他們是"瞎子引導瞎子的大笨蛋"（愚人），教導人指著耶路撒冷聖殿的金器與祭壇亂發誓言（咒誓），因此污辱聖域（馬太二十三：16-22）。

4. 他們是"瞎眼的嚮導"，因為摩西律法中的重要教訓：像"公義"、"憐憫"、"信實"不去強調及教導人，反而教導人只要奉獻"香料"（如薄荷、八角、大小茴香）的十分之一給上主就可以。他們只重視儀式細節，不注重宗教精神。正如同人"只懂得濾出飲料中的一隻小蟲，卻將一頭大駱駝硬要吞下肚"一樣，只注重細節，又硬拗自己的歪理（馬太二十三：23-24）。

5. 他們外表斯文，如同杯盤外面被洗得乾淨一樣。原來他們僅具虛偽之外表，裡面卻充滿"貪慾"及"放縱"（馬太二十三：25-26）。

6. 他們外表看來十分公正，內心卻充滿"邪惡"。這正像"那粉刷過的墳墓，外表好看，裡面卻是死人腐爛的骨頭"（馬太二十三：27-28）。

當時位於猶太省的都會耶路撒冷（Jerusalem）是「猶太教」唯一"聖殿"之所在地（其他各地的禮拜場所叫"會堂"），因此成爲經學士和法利賽人這一群宗教重擔製造者之重鎮（集中地）。加上祭司集團撒都該人壟斷"聖殿"之牛、羊、鴿子祭牲的買賣，阻礙猶太教徒自由進入"聖殿"敬拜上主，使其變成"賊窩"。耶穌因而決定犧牲自己，公然大無畏進行"潔淨聖殿"之行動（見：馬太二十一：12-17，馬可十一：15-19，路加十九：45-48，約翰二：13-22）。此一發生於耶路撒冷的重大事件，終於導致撒都該人的祭司集團（也是宗教重擔的製造者），決意要以擾亂治安的叛亂犯罪名置耶穌於死地。爲此耶穌不得不爲耶路撒冷哀哭：

"耶路撒冷啊！耶路撒冷啊！你殺害先知，又以石頭打死上主差派來此的使者。我多少次像母雞保護小雞一樣把你們的孩子聚集在翅膀下，可是你們不願意！瞧吧，你們的聖殿有一天將要成為人煙絕跡的荒場。"（馬太二十三：37-38）

主後七十年羅馬帝國將軍提多斯（Titus, 40-81，後就任羅馬皇帝），為對付猶太人反抗軍而將聖城耶路撒冷澈底毀滅，"聖殿"被拆毀夷為平地，僅剩下一面「哭牆」。猶太人也因此被迫離開故鄉流浪於世界各地，終於應驗耶穌的感嘆！

二、台灣社會的宗教重擔

台灣人的傳統宗教——「儒教」、「道教」、「佛教」，所合參的「民間信仰」（Folk Beliefs），向來崇尚多神主義（polytheism）。因此怪力亂神的迷信行徑成為台灣社會信眾的宗教重擔。老人家常教導後輩不可放棄祖先的遺傳，尤其是類屬於宗教文化內容的那些"風俗習慣"。所謂："新例無設、舊例無滅"的俗語，正好說出了保護此一不合時宜禮俗的教導。時代在不斷改變，那些壓迫現代人腦筋的古老"宗教公式"（諸如：敬禮神鬼儀式、算命、相命、風水說、迷信時間吉凶等等），台灣人卻改變不了，迄今尚在社會上流行。人在今日的台灣一大早看到電視機畫面，它首先播放的是：今日屬於某某星座的人"宜做什麼"，某某星座的人"不可去做什麼"。2014年1月1日的「日曆」就明載：農曆歲次癸巳一〇三年（馬年），十二月初一日，胎神—"壬申日倉庫爐外西南"、喜神—"正南"、財神—"正南"、日煞—"南方"、日沖—"28歲虎"。宜：祭祀、齋醮、拆卸、移徙、入厝、修造、刀砧、出行、安葬。忌：嫁娶、破土、開井、安床。如果翻開是年的《農民曆》，其"年、月、日、時"的宜與忌的規定更是多如貓毛，使人不禁感嘆這類古老宗教公式加諸於現代人的"宗教重擔"實在太重！現代台灣人如果執迷不悟始終看時擇日，那就是將自我塑造成為「摩登原始人」（Modern Primitive），作繭自縛坐以待斃！時間及命運之吉凶，均由迷信而來。人只要做時間的主人，就不會去看時與擇日。只要做命運的主人，也不必去算命與相命。

另一種台灣社會可怕的"宗教重擔"，就是政治意識形態（Political ideology）被專制的外來獨裁政權「中國國民黨」加以宗教化，從而形成一種"政治宗教"（Political religion）這件事。這類"政治宗教"有二：「國家儒教」及「三民主義教」。中國國民黨政權就是利用它們來麻醉人心，製造大批儒家復古主義，教人始終做愚忠愚孝（阻礙民主理念的所謂忠孝節義）的乖乖牌順民。下列的表格可以簡明看出這兩種「政治宗教」的內容。

從下列的簡表應該可以領略「中國國民黨政權」如何利用"政治宗教"統治台灣人民之事實。過去這個專制政權時常強調"政教分離"。根據下表之呈現，因為有一個「國家儒教」及「三民主義教」，其政治謊言就不攻自破！不幸的是，這個外來政權自佔領斯土台灣迄今，已經進入第69年

中國國民黨專制政權的政治宗教

國家儒教 （State Confucianism）	三民主義教 （Political Quasi-Religion）
教主：孔夫子（至聖先師）	教主：孫中山（黨父）
經典：《四書》、《五經》	經典：《三民主義》
教義：「四維」、「八德」	教義：建國方略、大綱
宗旨：家庭主義（Family-ism）	宗旨：黨國主義（Party Statism）
主神：大成至聖先師（孔子）	主神：黨父孫中山、英明領袖蔣介石
儀式：祭孔大典（各縣市）	儀式：動員月會、週會、官方典禮
祭長：大成至聖先師奉祀官（孔家裔孫）	祭長：中國國民黨黨主席
祭司：總統、內政部長、縣市長	祭司：各縣市黨部主委、機關首長
信徒：全國人民（跨宗教）	信徒：黨員、軍公教人員
教規：封建復古道德倫理	教規：忠黨等於愛國
目標：教育百姓做順民	目標：三民主義統一中國
政治：維護「家國」（Family State）	政治：維護「黨國」（Party State）

（1945年至2014年）。這類政治宗教的"宗教重擔"如今依舊加諸於台灣人民身上，使台灣人民似乎心甘情願去做"中國奴"，更使台灣社會無法有著實質的民主化。請看國家立法院於69年來都在中國國民黨控制之下，政黨輪替（2000年至2008年）僅是一種"民主假象"。陳水扁總統一下台就被中國人的馬英九關到現在（2014年），這正可以證明這類「政治宗教」之可怕。因為上列兩個政治宗教，始終為外來的中國邪惡政權背書，強使這類"政治宗教的重擔"加諸於台灣人民身上，悲哉！

下面將針對「台灣民間信仰」（Taiwanese Folk Beliefs）加諸於台灣社會宗教人的"宗教重擔"：神觀的重擔、民俗的重擔及命運觀的重擔三個段落，做個簡要之討論。

（一）神觀的重擔

「台灣民間信仰」於本質上言，是多神論的"巫術宗教"（magico-religion）。宗教人與諸神之間的關係，是"我與它"（I-it）的非倫理關係，也就是：人是驅使神類的主人，神類是人所利用的對象（人是主、神是僕）。旅日基督徒作家蔣中山醫師曾經寫文章投稿於『台灣教會公報』，稱此一現象為"阿拉伯燈神式信仰"。話說《天方夜譚》故事中有一個擁有"神燈"的人，可以任意驅使被監禁於"神燈"裡面的燈魔，來滿足他所要求的任何東西。此即"人是主，神是僕"之怪現象。另外，台灣民間"宗教人"為了祈安求福及消災解厄，就定期有請道士、法師、童乩主持祭典，舉行三年一科，以至五年、十年、十二年、六十年不等的"建醮"（大拜拜）。儘管美其名曰：祈安清醮之"民俗活動"，其勞民傷財的物質和金錢之浪費，對於一般民眾而言委實是個宗教重擔。何況尚有敬神明的"燒香點燭"不但污染了新鮮空氣，也把廟宇內部雕樑畫棟之裝飾及各尊神像，都燻得烏黑難看。每逢祭典大拜拜時震耳欲聾的鞭炮聲，非但製造噪音，也大大影響環保。

台灣社會宗教人有一種："寧可信其有，不可信其無"的劣根性。因此造神運動盛行，只要神棍造什麼神，善男信女都會去膜拜。說什麼，就信什麼，只要能夠祈安求福就可。因為神棍（教棍）敢講，善男信女就去信。結果神棍騙財騙色的案例層出不窮，人利用神明犯罪的行止實在可惡之至！至於善男信女的信仰態度因為一味追求靈驗（靈聖），也變得非常放任。同樣的一尊媽祖（天上聖母），就北港媽祖、新港媽祖、大甲媽祖，都比其他各地的媽祖靈驗，因此香火鼎盛，添油香的錢收入可觀，如同開一所"廟店"。其他各地的媽祖除了只有進香謁祖廟的份以外，也只能望廟興嘆，根本沒有收入。而追求神明靈驗保庇的極端表現，就是媽祖不靈驗改拜王爺、王爺不靈驗改拜大道公（保生大帝）、大道公不靈驗就太子爺、關帝爺、上帝公（玄天上帝）、王母娘娘，以至有應公、大樹公都好，一直拜到宗教人自己認為靈驗者為止。這一「宗教學」上所稱的"交替神信仰"（kathenotheism）導致民間的迷信盛行，從而形成善男信女心靈上很不健全的"宗教重擔"。由於台灣人信奉的神明絕大多數來自中國,因此和彼岸中國的宗教文化割不開。其後遺症就是因此喜愛前往中國進香謁祖,從而被中共這一無神論政權統戰還不自覺。此一政治性的"宗教重擔"導致台灣人難以獨立建國!

(二)風俗的重擔

「風俗」(custom)是民間信仰的"口頭經典"(非明文記載又牢不可破的典章)。台灣人的先人以"新例無設、舊例無滅"的俗語維護它,從而形成一些和新時代脫節的奇怪禮俗,也成為現代台灣人婚喪及其他慶典禮俗必須奉行的重擔。台灣民間傳統風俗的兩大主流即"歲時禮俗"及"生命禮俗",兩者所加諸於宗教人的重擔,不外維護吉祥的「禁忌」(taboo)太多,使人怕東怕西的沒有放膽做事的自由。

1. 歲時禮俗的重擔

台灣民間依據《農民曆》(農曆之曆書)行事,每天都迷信於擇日擇時:宜做什麼、忌做什麼。而且更以宗教儀禮協助"時間"渡過關口。就如一年有十二個月,"一、三、五、七、九"的單數月份及日子被視為不吉,因此均必須要用"節慶"之宗教儀式來加以過關:

元月一日:「元旦」祭拜天公(玉皇上帝)

三月三日:「三日節」(清明)前後十日前往墳地掃墓

五月五日:「五日節」(端午節)驅五毒及祭水鬼(龍船祭)

七月七日：「七娘媽生」是婦女、情人及兒童之節日

九月九日：「重陽君生」是老人必須外出郊遊之過關節日

又台灣人忌"九"這個數字，因此"農曆元月九日"歸給「天公」（玉皇大帝）做生日（天公生）就可以過關。又忌每個月的"十五"（農曆二十九日或三十日的一半），所以元月十五歸給「三界公」（三官大帝）之一的「上元天宮」做生日，七月十五歸給「中元地官」做生日，十月十五歸給「下元水官」做生日。迷信時間數字之吉凶而導致宗教人無法自由行事（西方人士也怕十三日逢星期五），這不能不說是"歲時禮俗"加諸於宗教人心靈上的宗教重擔。

2. 生命禮俗的重擔

台灣民間的"生命禮俗"有：誕生禮、成年禮、婚姻禮、祝壽禮及喪葬禮。這類禮俗出自先人對於人生過程中的"危機期"（關口）之體驗，因而用宗教禮儀協助人過關。台灣人因為對於"九"（極數）的數字有所禁忌而視其為不吉，所以年紀一旦逢"九"（如：九歲、十九歲、二十九歲、三十九歲、四十九歲、五十九歲、六十九歲、七十九歲、八十九歲、九十九歲），都是一個沖犯生命安全的危機期（關口），因此要特別留意。為此也往往教人要在神明之前"下願"、給神明"做契子"（義子），以至多做善事"積功德"來渡過關口期。在"生命禮俗"中最重要的兩個禮儀，就是"婚姻禮"與"喪葬禮"。所以禁忌之迷信（譴損）特別多，行事很不自由，明顯成為現

代人生活上的重擔。以"婚姻禮"爲例，男女雙方議婚時要先比對"生庚八字"，符合才可進行婚事，否則就告吹。爲此女生的"生庚八字"都造假才嫁得出去，男生則不必，所以才有："男命無假，女命無眞"的俗語在民間流傳。親迎時，禮車要掛上"竹梳肉"，以防止沖犯「白虎神」（一旦白虎吞胎，新娘就會不孕）。此外的禁忌及麻煩之細節、時間與金錢的浪費，使新婚的當事人結過一次婚就很認命，不敢再結第二次婚。至於"喪葬禮"也是禁忌一大堆，除了依禮祭葬外，也要做"七七四十九天功德"（做旬），好讓屍身入土爲安，也要協助亡靈移民陰間。爲此，"生命禮俗"也是台灣人的一種背得很重之"宗教重擔"。

（三）命運觀的重擔

台灣社會宗教人信奉"命運天定宿命論"（來自「儒教」與「道教」之影響）。這類傳統命運觀教人相信："落土時、八字命"（人一出生的年、月、日、時、乾造坤造性別"八個甲子字數"會決定他一生之命運）。而且"命"（先天）不可改，"運"（後天）則可以由熱心敬神及做善事加以改變。因此父母都會爲出生不久的嬰兒"排八字"算命，男孩的"八字"好壞由天安排斷不能改。女孩的"八字"一旦算出有不吉之處，父母都會拜託算命先生造假，以便於長大成人議婚"提八字"做親時可順利過關。所以民間這句："男命無假，女命無眞"的俗語，就是指此而言。從命運天定宿命論衍生而出的「算命術」，比較流行者有"四柱推命法"與"紫微斗數"，爲人算命的術士從此也在民間成為個人的命運顧問。此外尚有「相命術」（有：面相、手相、形態相、摸骨相），以及屬於後天的「姓名學」、「印章相」及「占卜」（有：籤詩占、鳥占、米卦、金錢卦），都是由這種命運觀衍生而來的。問題是：這種命運觀使人只會重視自己的命運，因而忽略了 "命運共同體" 的重要性，也教人一旦遇到各種生活上的困難，諸如家庭風波、事業不順、病痛不離身時，都會埋怨自己的 "命底" 不好，大大影響個人的進取心，以及甘心去做命運的奴隸。"命底" 既然這麼不好，因此奮鬥努力有何用？這就是這種不健全命運觀所引出的心理重擔，教每個人乖乖做命運的奴隸。

　　另外，佛教那種 "種瓜得瓜、種豆得豆" 與因果業報密切關係的 "命運自造宿命論"，雖然教人努力行善積功德，卻也欠缺社會大眾 "命運共同體" 的理念。人人若都相信命運自造，行善所積聚者是自己的功德，如何能去關心一個民族的未來命運呢？還有一種和命運問題有關的 "宗教重擔"，就是迷信「風水」（陽宅風水與陰宅風水）。「風水」信仰使人留意 "方位"（東、西、南、北）之吉凶，以及擔心 "沖犯"（丁字路口的路沖、柱沖、房屋沖），因此影響房屋以及墳墓建築之美觀。宗教人要擺脫命運觀的重擔並不困難，只要他勇敢去做 "土地" 的主人，就不會去 "看風水"，認真去做 "命運" 的主人，就不會去 "算命" 與 "相命"，從而能夠培養出社會大眾邁向一家親「地球村」（Global Village）的 "命運共同體" 理念。

三、耶穌是宗教重擔的釋放者

　　一個健全的宗教信仰是不會製造"宗教重擔"給宗教人背負的。原因無他，因其信仰內容健全而合理，切實又能夠撼動人心。進而鼓勵人人善用生命與上主同工，去改造這個世界。為何耶穌敢於大膽宣告他是"宗教重擔"的釋放者呢？（見：馬太十一：28-30之經文）因為他的教導遠比「猶太教」的宗教領袖有權威，而且很輕省（見：馬太七：28-29）：

　　"耶穌講完這些話（山上寶訓），群眾對他的教訓感到十分的驚奇。因為耶穌跟那些經學士（猶太教神學家）不同，他的教訓帶有權威性。"

　　上列這一段話是當代猶太教徒對於耶穌教導內容之評語（其內容即『山上寶訓』）。由此可見，耶穌的教導十分前衛、切題、又能夠深入人心，如同輕省的擔子容易給人接受。到底耶穌所教導"輕省"的信仰內容為何？最重要者有下列幾點：

（一）父性化神觀

　　耶穌於「主禱文」（馬太六：9-15）這段經文中，明白提出"父性化神觀"之理念。此一輕省又很人道主義之神觀，是傳統的「猶太教」所沒有的。因為根據『十誡』的第四誡，上主是沒有名字的，所以不可用"名字"亂稱呼祂（見：出埃及記二十：7）。 "耶和華" （Yahweh）只是這獨一無二 "創始成終的上主" 之代名詞 （見：出埃及記三：14-15）。這一全能又是以色列人 （猶太人） 列祖之神的上主，演變到耶穌出現的時代，就成為猶太教徒很難親近，而且隱居於耶路撒冷聖殿 「至聖所」 的 "萬王之王、萬主之主" ，唯有祭司長 （大祭司） 一年才有一次機會進入 「至聖所」 敬拜之神。猶太教徒前往耶路撒冷聖殿朝聖 （信徒平時持守 「安息日」 的禮拜是在各地會堂），也得靠著祭司為中間人 （中保者） 向這位 "萬王之王，萬主之主" 獻祭代求，他們根本無法親自和這位高高在上的神見面的。

可是耶穌卻一反 「猶太教」 傳統，教導人可以直接稱呼上主為 "天父" ，也可以用 "我們在天上的父親" 的親密稱呼向祂祈禱。因此耶穌所教導的唯一神之神觀，變得很 "父性化" ，而且又深具人情味 （參照：馬太七：7-12）。為此，宗教心理學家弗洛姆 （Erich Fromm） 在其 《心理分析學與宗教》 （*Psychoanalysis and Religion*, 1950） 一書裡，就將 《舊約聖經》 中的神觀稱為： "極權的上主" （authoritarian God），而稱 《新約聖經》 中耶穌的神觀為： "人道的上主" （humanistic God）。如此比較之下，耶穌所提出的 "父性化神觀" ，使信徒人人都可以親近，又敢於開口向祂祈求。畢竟祂是一位 "慈愛的天父" ，不是一位高高在上又喜愛受人供獻祭品及尊崇讚美的 "萬王之王，萬主之主" ，如同台灣民間神類稱王稱帝，愛錢 （焚化金紙） 又愛吃 （供奉牲禮） 的神類一樣。

（二）善用生命的人生觀

　　耶穌在『山上寶訓』（馬太五章至七章）的教導中，提出一個積極人生去善用生命的人生觀（見：馬太六：19-34）。他所教導的內容先從“積聚天上的財寶”開始，教人以敏銳眼光理財，多做利他的公益事業，勿做「守財奴」（見：馬太六：19-24）。繼而強調人的“生命”比生活上的必需品“衣服”與“食物”都可貴。所以勿為身上穿的衣服操心，也勿為食物憂慮。畢竟人類生命遠比食物與衣服重要。“什麼人能夠藉著憂慮使「生命」多活幾天？”這是耶穌的質問。於是他用天空的飛鳥為例，來回應為“食物”憂心的問題：牠們不種糧食也沒有收穫穀物，或存糧於穀倉裡，天父上主尚且養飼牠們，何況人類豈不比鳥兒更貴重？又用山谷中的百合花和野地的花草之生命力（vital force）回應為“衣服”操心的問題：一朵山谷中百合花之自然美，勝過所羅門王（King Solomon）榮華富貴顯赫時所穿的王袍。最不被重視的野地花草今朝出現，明天枯萎被拔除扔在火中燒燬，上主也將它們打扮得如此美麗又欣欣向榮。為此，祂當然也會給人衣服穿。“你們的信心太小了！”（馬太六：30）這是耶穌對於那些為“衣服”操心，為“食物”憂慮的人群之儆告。接著耶穌指出：那些整天為吃的、喝的、穿的操心的人，都是缺乏信心者。因為他們所追求的僅只有這些物質而已，何況天上的父親（上主）早就知道他們所需要的這一切物質（見：馬太六：31-32）。對於耶穌而言，人生最有價值者，是“理念”不是"物質"。這一最有價值之理念，就是追求"上主的國"（上主之主權）的實現（馬太六：33）：

> "你們要先追求上主國度（上主之主權）的實現，遵行祂的旨意（追求社會公義），祂就會將這一切物質都供給你們。"

所謂"上主國度"簡單的定義，就是一個告白"上主是天父，人類都是兄弟姊妹"之「生命共同體」。因此沒有貧富不均及不公不義的社會問題，是一個互愛、互助、彼此關照，尊重人權、實踐社會公義，又能夠善用生命與上主同工，促進世界和平的「地球村」（Global Village）。此一"善用生命"及"追求上主國度"，沒有對生命抱絕望的人生觀，是使人勇於逆來順受又能夠苦得起的真理。為此耶穌提出一個"今天能更好"的人生觀（馬太六：34）：

> "因此，你們不要為明天憂慮，明天自有明天的憂慮。一天的難處，一天擔當就夠了！"

這就是宗教信仰的輕省福音！人間貧富不均及專制政治蹂躪人權，因此引發社會不公不義的問題，這正是"上主國度"（上主之主權）不能實現於人間所致。反觀中國國民黨獨裁政權之那種喊了六、七十年也無法在斯土台灣實現的"明天會更好"政治口號，只能說是加諸於人民身上的"政治重擔"及"政治騙局"而已。

（三）實存的終末論

　　耶穌時代的「猶太教」普遍流行著一種和猶太民族主義有關的"千禧年王國論"（Millenarianism）。猶太人相信：猶太民族將要在上主創世的第七千年掙脫異族之欺壓，在普世為王掌權統治一千年。所以"千禧年王國論"是一個憧憬猶太民族復興，締造太平盛世的烏托邦。這類信仰也深深影響古今的「基督教」，就像基督於末日再臨時，基督聖徒將跟基督一同做王掌權普世一千年（見：啟示錄二十：1-6）。基督教旁門「耶和華見證人」（Jehovah's Witnesses）的創始人羅素（Charles Taze Russell, 1852-1916），就著作《千禧年黎明》（*Millenial Dawn*, 6 vols, 1886-1904）這部書，來宣傳他的末世論教派。值得留意的是：昔日耶穌並不重視這類「猶太教」的末世論，因其只會叫人期望歷史終末的來臨（如同："明天會更好"的口號一樣，永遠難以兌現），忽略日日所面對的生存問題。也就是說，這類信仰是一種"宗教重擔"，使宗教人生活於末世夢境中而忽略"人性"軟弱（原罪）的問題。為此耶穌的先驅施洗約翰（John the Baptist）在猶太曠野呼籲猶太教徒務要"悔改"，因為"天國"近了。進而批評那些加諸猶太教徒許多沉重"宗教重擔"的偽善宗教領導者為"毒蛇之類"（見：馬太三：1-7）。他為人施行"人性悔改"之洗禮，同時介紹隨他後來的那一位（指耶穌）比他更偉大，為的是他將是"宗教重擔"（猶太教舊教條）的釋放者（見：三：8-12）。

耶穌強調"實存的終末論"（Existential eschatology），認為"終末"不是永遠都在期待未來的"千禧年王國"，而是現今就可以達成的"人性之重生"。施洗約翰介紹耶穌是用"聖神和火"給人施洗的（見：馬太三：11），為要使軟弱之人性（原罪）能夠因此而"重生"（見：約翰三：3, 5）。「洗禮」（Baptism）之意義，在於象徵"舊人性"之終末：原罪（original sin）的人性與耶穌一同釘死於十字架、死、埋葬，重生的人性與耶穌一同復活，從而獲得"實存之永生"。所以耶穌說："我就是生命的糧食"（約翰六：35），及"我就是復活，就是生命，⋯⋯凡活著信我的人一定永遠不死。"（約翰十一：25-26）使徒保羅有關「洗禮」之教義，就是根據耶穌的教導而來（見：羅馬書六：1-8）。他更進一步的將受洗歸於耶穌基督一事，用"人性"之"新創造"來加以強調（見：哥林多後書五：17）。為此使徒保羅自我告白：

> "現在活著的不再是我自己，而是基督在我生命裡活著。"（加拉太書二：20）

保羅為了告白他"在基督裡"（in Christ）有被新造（重生）以及"生死相安"之經驗，他教導腓立比教會的基督徒：

> "因為對我來說，我活著是為基督，我死了更有收穫。"（腓立比書一：21）

由此可見，"實存的終末論"比難以兌現的"千禧年王國論"更為實際，這就是耶穌強調的輕省福音。古今基督教會為要使基督徒能夠經驗這一"實存的終末論"，就用「洗禮」（進入聖會的"入會禮"）來象徵與基督一同復活，用「聖餐」（Holy Communion）來象徵分享耶穌基督的永生（與主結連）。藉著這兩個「聖禮典」，使基督信徒生存於這個苦樂與共的世界，能夠積極人生，樂觀人生，進而生死相安！

結語

就上面一連串段落之討論，已經足以肯定：耶穌是宗教重擔之釋放者。因為他不但具有先知性的革新言論，更有先知性的仗義行動。而且深深影響初代使徒的宣教內容，尤其是使徒保羅的作品（如：《羅馬書》與《加拉太書》就將其譜成基督教教義）和「公同書信」（如：《希伯來書》強調「舊約」與「新約」之間的類比論，《約翰一書》詮釋上主的愛），就樹立「基督教」輕省的福音之主要內容。然而「基督教」經過漫長歷史之演變，加上於不同時代中所形成的教團體制及教職人員之領導，又製造出許多連耶穌都不懂的"宗教重擔"加諸於基督徒身上。其中最明顯的「基督教」之"宗教重擔"，不外派別太多。其中不僅有普世三大教團組織：「羅馬大公教會」（Roman Catholic Church，就是「天主教」）、「東方正統教會」（Eastern Orthodox Church）以及「改革教會」（Reformed Church, or Protestant Church，由十六世紀宗教改革運動而來的新教團），也有為數可觀的「類似基督教」（Quasi Christianity）教派（就如：摩門教、耶和華見證人、家庭教團及統一教）。的確現代「基督教」所出現的眾多宗派已經使人眼花撩亂，已經形成連耶穌看了都會搖頭的"宗教重擔"。此一現象導致教外人士不敢接近基督教會（阻絕天國門戶），這點正是基督教教界應該省思之處。據筆者所知道的，時下台灣社會已有110個以上的基督教宗派，而且各唱各的調，很難互相合作。筆者相信：教派主義的「基督教」不可能宣揚耶穌所教導的"輕省福音"，也無法救拔世人。能夠救拔世人者，惟有耶穌所教導的"道路、真理、生命"（見：約翰十四：6）之輕省福音，不是那些制度化的基督教團體。

2014.02.06

二　耶穌誕生之意義

"耶穌基督降生的事記在下面：他的母親馬利亞已經許配了約瑟，還沒有迎娶，馬利亞就從聖神懷了孕。她丈夫約瑟是個義人，不願意明明地羞辱她，想要暗暗地把她休了。正思念這件事的時候，有主的使者在夢中向他顯現，說：「大衛的子孫約瑟，不要怕！只管娶你的妻子馬利亞過門，因她所懷的孕是從聖神來的。她將要生一個兒子，你要給他起名叫耶穌，因為他要將自己的百姓從罪惡裏救出來。」這一切的事成了，就是要應驗主藉先知所說的話，說：必有童女懷孕生子；人要稱他的名為以馬內利。（以馬內利翻出來就是「上主與我們同在」。）約瑟醒了，起來，就遵照主使者的吩咐把妻子娶過來；只是沒有和她同房。等她生了兒子（有古卷：等她生了頭胎的兒子），就給他起名叫耶穌。"

馬太一：*18-25*

耶穌（Jesus）誕生於當代羅馬帝國殖民地：巴勒斯坦猶太省的伯利恆（Bethlehem），如今已經超過兩千年（今年是2013年）。普世基督徒年年都在按時慶祝這個號稱"Christmas"的「聖誕節」，西方習慣於每年的十二月二十五日慶祝這個節日，東方教會卻於每年的一月六日舉行慶祝。而且這個節日流傳至今，已經成為跨民族、跨文化及跨宗教的一個普世歡樂之慶典，卻很少有人去思考耶穌於人類歷史上誕生之真正意義為何。當然基督徒於年年慶祝「聖誕節」（台灣的國民黨政府故意將它稱為「耶誕節」）之時，不但於禮拜中重述耶穌誕生的聖經故事，更要思考其中之意義。尤其是天父上主如何藉著耶穌降世去拯救世人免於沉淪，因而得到「永生」（從現世延續到來世之生命）這件事。

《馬太福音書》（一：18-25）用一個「宗教學」上所稱的"感生神話"（信仰語言），來描述耶穌的誕生。故事言及：耶穌的母親馬利亞（Mary）已經和一位有為的年輕木匠約瑟（Joseph）訂婚。在成婚之前，馬利亞知道自己已經由「聖神」（Holy Spirit）感孕，肚子大了起來。她的未婚夫約瑟為人正直，獲悉他的未婚妻馬利亞懷孕之後（因未婚懷孕在那個時代是私通男人的死刑重罪，見：利未記二十：10，約翰八：1-11），心地仁慈的約瑟不願意公開羞辱她，陷她於死罪，因此決定要秘密解除婚約。當約瑟正在考慮這件事時，上主使者在夢中向他顯現，並且向他說：「大衛的後代約瑟不要疑惑及害怕，儘管娶馬利亞為妻宰。因為她是從『聖神』感孕大肚子的。她將要生一個兒子，你要給他取名叫『耶穌』。因為這個嬰孩長成之後，將拯救他的子民脫出他們的罪惡。」這件事情的發生，是要應驗上主藉著先知以賽亞（Isaiah）所宣示之預言（見以賽亞書：七：14）：

> "有童女（處女）將要懷孕生一個兒子，他的名字要叫「以馬內利」（Emmanuel）。「以馬內利」的意思就是上主和我們同在。"

約瑟醒了之後，就按照上主使者所指示的去做，和馬利亞正式成婚。但是在馬利亞生下孩子以前，沒有跟她同房實行夫妻生活。孩子生下來了，約瑟就按照上主使者的交代，給嬰孩取名叫「耶穌」（Jesus）。

一、關於耶穌誕生的故事

在《新約聖經》（*New Testament*）四本耶穌傳記的「福音書」之中，只有《馬太福音書》及《路加福音書》有記載相當動人的耶穌誕生故事。而最早的《馬可福音書》（作於主後65年至70年之間）卻沒有記載耶穌誕生的故事，其第一章第一節僅宣稱："上主的兒子耶穌基督是「福音」的源頭。"之後開始介紹施洗約翰如何成為耶穌之先驅，為"上主的國"（天國）之「福音」預備道路。至於《約翰福音書》第一章則以希臘哲學的用語（當代受希臘文化影響的人士所理解者），強調耶穌是天父上主的"聖言"（Logos, or the Word，又譯做"道"）

之化身（也即"道成肉身"或"聖言成了血肉之身"）。這位由"上主聖言"（道）所化身的人格——耶穌之來臨，其最重大之使命就是將看不見的上主完全彰顯出來（見：約翰一：18）。耶穌將要成為人類之"人性"代贖的祭品，其角色就是要除掉世人之人性原罪的"上主羊羔"（見：約翰一：29, 36）。因為上主藉著摩西（Moses）頒佈「律法」（相等於創立猶太教），然而救贖人類人性之原罪的「恩典」與「真理」（基督教福音），唯有來自耶穌基督（見：約翰一：17）。所以耶穌之來臨不是要審判及定罪這個世界，乃是要凸顯天父上主無條件的愛於人間（見：約翰三：16-17）：

> "上主那麼愛世人，甚至賜予祂的獨子，要使所有信祂的人不至於滅亡，反而得到永恆的生命。因為上主差遣祂的兒子到世上來，不是要定世人的罪，而是要藉著祂來拯救世人。"

由此可見，約翰對於耶穌誕生之意義，其強調的內容頗具宗教哲學意味。下面就來重述《馬太福音書》及《路加福音書》所記載的耶穌誕生故事。

（一）東方星象家前來朝拜聖嬰（馬太二：1-12）

耶穌誕生於猶太省伯利恆城之時（大約主前四年），正當羅馬帝國殖民政權的分封王希律（King Herod）當政。其時有一群來自東方的星象家（波斯教的占星師"Magi"）訪問耶路撒冷

（Jerusalem）。因為他們從占星術得知有一位新王誕生在猶太省境內，所以特地跋涉長途前來朝拜。這群星象家打聽得知：新王誕生在猶太地（Judea）的消息，的確驚動了當時執政的希律王。當時害怕王權不保心中十分不安的希律王，立即下令召集「猶太教」（Judaism）的祭司長及神學家（經學士），詢問他們有關"基督"誕生之先知預言有關的地點。他們引用先知彌迦（Micah）的預言，直指這位新王的誕生地是猶太省的伯利恆（見：彌迦書五：2）。於是希律王暗中召見那些來自東方的星象家，查問那顆"新王之星"出現的正確日子。之後指示他們前往伯利恆，務必尋找那位將要成為新王的嬰孩。然後於回程時還要向希律王回報。而且騙他們說希律王也要去拜訪他。東方的星象家出發前往伯利恆之時，那顆"新王之星"再度出現。並且指引他們，一直到達嬰孩誕生的地方才停住。這群星象家找到屋子就進去，一看到嬰孩和他的母親馬利亞（約瑟也陪伴在馬利亞身邊），就立刻伏拜嬰孩。而後他們打開寶盒，恭敬地以"黃金"（Gold）、"乳香"（Frankincense）、"沒藥"（Myrrh）為厚禮獻上，慶賀他們完成朝拜新生王之任務。他們於回程前夕在夢中再度受上主使者指示，勿從原路回見希律王，因為他另有所圖。他們就從另一條路回到自己家鄉，回絕希律王召見的陰謀。不料這件事引發暴君希律的一場大屠殺，以致伯利恆地區兩歲以內的幼兒均難逃他的毒手而被殺害（見：馬太二：16-18）。所幸約瑟受上主使者在夢中指示，將年幼的耶穌和其母馬利亞緊急帶往埃及避難，從而逃過一劫。他們住在埃及一段很長時間，一直到希律王死後才回到國內，定居於加利利省的拿撒勒（Nazareth of Galilee，見：馬太二：19-23）。

十分顯然的，作者馬太（Matthew）記載這個故事之目的，旨在將耶穌這位人類的救主之誕生和以色列民族救星摩西之誕生做個比較。這兩位偉人生於暴君迫害的生死存亡時代，耶穌險遭希律王（King Herod）屠殺，而摩西則險遭古埃及法老王（Pharaoh, king of Egypt）陷害。然而這兩位創造歷史的嬰孩所面對的危機最後均能化解，日後都成為人類之救主（耶穌）及以色列民族之救星（摩西）。這實在是上主奇妙的攝理！

（二）牧羊人朝拜聖嬰（路加二：1-21）

重視歷史的《路加福音書》作者路加（Luke），特別指出：耶穌係誕生於羅馬帝國首任皇帝奧古斯都（King Caesar Augustus, 63 B.C.-14 A.D.）下令其殖民地人民辦理第一次戶口登記的時代。那一年正當居里扭（Cyrenius）任敘利亞（Syria）殖民地總督，也即主前四年（4 B.C.）之時。其時居住於加利利省的拿撒勒木匠約瑟（Joseph），帶著已經訂婚，但是又從聖神（Holy Spirit）懷孕（見：路加一：30-38）的馬利亞（Mary）回到原籍猶太省（Judea）的伯利恆（Bethlehem）登記戶口。抵達伯利恆時因找不到客棧，就暫住馬廄。馬利亞產期到了，就生了頭胎嬰兒。她用布包著嬰兒，將嬰兒放在馬槽裡當搖籃。是夜有一群在伯利恆野地放牧露宿的牧羊人目睹上主使者向他們顯現，他們於驚惶中聽見上主使者宣告："不要害怕！今天在大衛城裡（伯利恆）有一位救主誕生了。你們要進城朝拜他。」這位聖嬰的記號是：他們將會發現有一位用布包著睡在馬槽裡的新生兒，他就是萬民所期望的主基督（見：路加二：10-12）。接著忽然有一大隊天軍跟著那位上主使者出現頌讚上主（路加二：14）：

「願榮光歸於至高之處的上主，
　願地上和平（平安）歸於祂所喜愛的人。」

　　牧羊人聽命上主使者的宣告，就集體進城。終於找到住在馬廄裡的約瑟、馬利亞，和躺在馬槽裡的聖嬰。他們於是恭敬地向聖嬰膜拜，而後回到人群中宣揚聖嬰誕生之喜訊。聽到這事的人都十分驚奇牧羊人的際遇，認為太不可思議！馬利亞則將牧羊人的證言牢記在心，反覆思想其中的意義。聖嬰出生八天之後，父母按照猶太人的習俗為他施行「割禮」（割包皮）。同時為這位聖嬰取名叫「耶穌」（Jesus），這個名字係聖嬰未成胎以前，上主使者為他所取的。

　　《路加福音書》的作者記述這個耶穌誕生故事係以歷史為基礎，目的在於強調：耶穌是一位生於羅馬帝國首任皇帝時代的歷史人物。而耶穌誕生的好消息，首先宣示給牧羊人知道這件事，也凸顯耶穌是平民之救主。尤其是聖嬰誕生於卑微的馬廄，用普通的布包著躺在馬槽裡。這件事正意味著：上主選擇以凡人身份親近世人，使苦難的人間因著他的誕生而充滿希望與平安（和平）。所以天使才頌讚：「榮光歸上主，平安（和平）歸世人！"

二、耶穌誕生之於人類的意義

現代世界的「聖誕節」（Christmas）不但是普世基督徒慶祝耶穌誕生的節日，也是一個跨國家民族與宗教的歡樂慶典。儘管「聖誕節」已經成為世界文化遺產之一，卻很少有人去認真思考其中的真正意義。更有甚者，今日世人已經將它當做一個俗化慶典，將這一天當做狂歡取樂的節日。尤其是近年來台灣各地縣市政府也在每年十二月一到，都在熱鬧的廣場樹立"聖誕樹"（Christmas Tree），其製造歡樂之氣氛勝過耶穌誕生的意義。話說回來，基督徒以"禮拜"（Worship）為主慶祝這個節日，目的不僅是在重述耶穌誕生的故事，也必須去認真思考其中之真正意義。耶穌降世救贖人類，的確是一件歷史大事。所以這個上主因為愛這個問題世界而投胎降世的故事歷久彌新，代代重述。畢竟這件上主訪問人間之歷史大事，是真實的基督教"福音"（Gospel）。

關於《馬太福音書》及《路加福音書》所記載這兩個耶穌誕生故事之於人類的意義，將分別以下列兩段加以探討。

（一）耶穌是普世的基督、大祭司及先知

從《馬太福音書》記述的耶穌誕生故事，可以領會他的降生非常不平凡，是由「聖神」投胎於馬利亞身上而後才出生於約瑟家庭的。稍後有東方的星象家（波斯教的占星祭司

"Magi"）觀察到一顆"新王明星"出現於猶太地區，而走了很遠的路程及一段很長日子才來到伯利恆（今日的巴勒斯坦自治區）朝拜新生王耶穌。並且獻上當代的寶貴禮物：黃金、乳香、沒藥。此事因為引發希律王注意，而恐惶其王位被奪。當這群東方星象家回國之後，即下令屠殺伯利恆地區兩歲以下幼兒。約瑟因此帶著馬利亞和嬰孩耶穌前往埃及避難，一直到暴君希律王死亡之後才回國定居於加利利省的拿撒勒。為此，耶穌也被人稱為"拿撒勒人"。

值得注意的就是：耶穌誕生事件的確震驚國際，使東方的星象家（「波斯教」的祭司）特地跋涉長途前來朝拜。《馬太福音書》作者對於耶穌誕生故事所凸顯的意義，正是耶穌這位聖嬰孩是為"普世萬民"以及世上"各種宗教"而降生的，非只為以色列民族（猶太人）而已。同時這群朝拜聖嬰的國際人士（不是只有三個人）所獻給聖嬰的禮物："黃金"、"乳香"、"沒藥"，也各有它們重要之象徵意義。

1. 黃金（Gold）——象徵耶穌是基督（天國君王）

"黃金"（gold）在古今人類社會均被視為貴重之金屬，所以在《舊約聖經》之記載最多。它除了用作各種飾物外，帝王之冠冕也用純金製作（見：撒母耳記下十二：30）。此外，耶路撒冷聖殿也有黃金器具，藉以象徵高貴（見：列王紀上六：19-29）。黃金也用以製造偶像，早期以色列人在西乃曠野流浪時，就造了一頭埃及式"金牛"去膜拜（見：出埃及記三十二：1-4）。先知但以理也以巨人的"精金頭部"，來象徵巴比倫王尼布甲尼撒（King Nebuchadrezzar, 605-562 B.C.）的權威與尊榮（見：但以理書二：37-38）。

　　至於東方星象家（Magi）朝拜聖嬰耶穌所獻上三項貴重禮物之一的"黃金"，乃是直接象徵耶穌就是"基督"（受膏立的天國君王）。他不僅是以色列人的"天國"（上主國度）之和平仁君，也是普世人類的"救世明王"。所以聖嬰堪受這份尊貴的禮物——"黃金"。《新約聖經》中的「啟示錄」這卷文獻，也以象徵性筆法描述"人子的耶穌"頭上戴著「金冠」（見：啟示錄十四：14）。由此足見，東方的星象家因為發現嬰孩耶穌是一位真正普世的"救世明王"（救世主），所以特地以"黃金"為禮物獻上。只是這位"救世明王"之聖嬰，不是一位騎戰馬充滿殺氣的獨裁者，而是親近人類的朋友（見：約翰十五：12-14）。

2. 乳香（Frankincense）——象徵耶穌是大祭司（神人之間中保者）

　　"乳香"（frankincense）是一種產自阿拉伯南部葉門（Yemen）的樹脂所抽取之香料，古代近東世界已經普遍在使用（見：雅歌書三：6）。尤其是宗教儀式的用途更廣，摩西（Moses）就曾經應用"乳香"於「會幕」（Tabernacle，敬拜上主之聖所）裡敬拜上主（見：出埃及記三十：34）。祭司長亞倫（Aaron）領導以色列人向上主供獻"素祭"（見：利未記二：1, 2, 15, 16）之時，要焚燒"乳香"。可是獻"贖罪祭"時則不用（見：利未記五：11，六：15，民數記五：15）。"乳香"，顧名思義色白，產地除阿拉伯半島南部的葉門外，印度（India）與非洲

（Africa）也都有生產。總之，"乳香"是「猶太教」的祭司（priests）領導信徒向上主獻祭時所用的重要香料。明白"乳香"的宗教功用，再來思考東方的星象家將它當做重要禮物獻給聖嬰耶穌的象徵意義。

這一群東方的星象家不僅以"黃金"爲獻禮，來凸顯聖嬰耶穌是爲全人類降世的天國君王（救世明王），更以"乳香"爲獻禮來凸顯聖嬰耶穌將成爲引導人類敬拜上主的大祭司（Highest Priest）。關於這點，《新約聖經》中的「希伯來書」作者，將其詮釋得最爲精彩。這位作者證言：「舊約時代」的至高上主祭司 —— 撒冷王麥基洗德（Melchizedek, king of Salem）是「新約時代」的大祭司 —— 耶穌基督（Jesus Christ）之預表（見：希伯來書七：15-27）。做爲新時代上主與人類之間中保者的"大祭司耶穌"，如今坐在天上至高權力者（上主）寶座之右邊，主持著天上和地上的獻祭（禮拜），成爲神人之間的中間人（見：希伯來書八：1-6，九：15）。所以說，東方星象家的"乳香"獻禮，正象徵著耶穌是人類（非只有猶太人）的大祭司，因爲他將引導人類認識上主及敬拜上主。

3. 沒藥（Myrrh）—— 象徵耶穌是先知（正義的犧牲者）

"沒藥"（myrrh）於古代近東世界以至古埃及而言，是一種寶貴的香料，與"沉香"（aloes）、"桂皮"（cassia）香料同樣被重視（見：詩篇四十五：8，箴言七：17，雅歌三：6，五：1, 5, 13）。"沒藥"盛產於阿拉伯半島南方，它係農夫從一種矮小灌木，刺其樹皮摘取其樹膠所煉製而成。其樹味香樹脂澀苦，可做麻醉藥。主耶穌在十字架上受苦刑時，羅馬兵丁曾經用“沒藥”滲酒給他減輕痛苦，但是耶穌拒之不喝（見：馬可十五：23）。古埃及君王法老（Pharaoh）死亡，屍身被製成“木乃衣”（mummy）的香料，“沒藥”就是其中之一（其他尚有“沉香”、“桂皮”與“肉桂”）。古代近東世界都習慣於使用“沒藥”做防腐劑處理屍體，足見這種寶貴的香料用途很廣。

先知角色是時代安危的守望者，也是上主審判人間是非善惡的代言人。為此先知往往說人所不敢說的諫言，從事人所不敢做的抗爭行動。先知往往必須犧牲生命去創造歷史，以悲劇性的行動終其一生，所以是先知以賽亞（Isaiah）所證言的“受苦僕人”（見：以賽亞書五十三：1-12）。來自東方的一群星象家將“沒藥”做為寶貴禮物獻給聖嬰耶穌，就是用它來象徵耶穌將是一位因正義而犧牲之先知。因為耶穌生來就被視為先知（見：馬太二十一：11），而他最具代表性的先知行動，除了斥責當代「猶太教」神學家文士、會堂的拉比，及偽善的法利賽黨人外（見：馬太二十三：1-36，馬可十二：38-39，路加十一：43-46，二十：45-46），就是進行“潔淨耶路撒冷聖殿”的抗爭行動（見：馬太二十一：12-17，馬可十一：15-19，路加十九：45-48，約翰二：13-22）。這些先知性行動，終於使耶穌被羅馬帝國殖民政權以叛亂犯罪名：“猶太人的王”處死於十字架上（見：馬可十五：2, 18, 26）。耶穌死後有一位法利賽人仕紳尼哥底母（Nicodemus）會同亞利馬人的約瑟（Joseph of Arimathea）帶著“沒藥”和“沉香”混合的香料，用麻布包裹耶穌的屍體安葬於洞穴中（見：約翰十九：39-42）。其實耶穌的先驅施洗約翰（John the Baptist）早就預告，這位先知耶穌就是救贖人類祭品的「贖罪羊羔」（見：約翰一：29, 36）。而施洗約翰這位偉大的先知，也因指責希律安提帕（Herod Antipas, 21 B.C.-39 A.D.）的罪惡而被砍頭犧牲（見：馬太十三：1-12，馬可六：14-29，路加九：7-9）。因此用"沒藥"象徵偉大先知之犧牲，的確很有意義。

（二）耶穌賜給普世人類平安

《路加福音書》所記載耶穌誕生的故事，充分凸顯「福音」的平民化。因為救主誕生的好消息，首先由上主使者傳達給在野地牧羊的牧羊人，使他們比東方的星象家早先一步前往伯利恆敬拜聖嬰。只是這位聖嬰耶穌的誕生非只為以色列民族之救贖而降生，而是為全人類而來。為此，超然的天軍才頌讚："願榮光歸於至高之處的上主，願地上和平（平安）歸於祂所喜愛的人。"（路加二：14）而這一句天軍之頌讚詞，已經充分凸顯聖嬰耶穌誕生之於普世人類的意義。耶穌降世能引導世人"榮光上主"，又能夠促進"地上和平"，及使世人經驗"苦難中的平安"，這的確是普世人類真正的希望！

1. 關於"地上和平"的問題

根據《馬太福音書》（十：34-39）所記載的耶穌言論，明白指出他的來臨將會帶來一場因人人"跟隨耶穌"而出現的

"反和平"紛爭：

> "不要以為我（耶穌）是帶和平到世上來的。我並沒有帶
> 來和平，而是帶來刀劍！"（馬太十：34）

　　原因是：人要決心"跟隨耶穌"就得背負苦得起的十字架（象徵犧牲生命），做出追求真理（愛主耶穌）而受迫害的重要決定。為此就可能使兒子反抗父親、女兒反抗母親、媳婦反抗婆婆，人的仇敵就是他自己的家人！此一事實，不能不說是"地上和平"之逆證。可是人要"跟隨耶穌"去宣揚天國福音（參照：馬太十：16-25），就得面對與"和平"互相矛盾之"紛爭"與"迫害"。所以耶穌教導跟隨他的門人，要跟從他就得準備犧牲生命（相等於破壞"和平"），以此行動去贏得真正的生命！

> "那不肯背起自己的十字架來跟著我（耶穌）的腳步走
> 的，就不配跟從我。那想保存自己生命的，反而要喪
> 失生命。那些為了我而失落生命的人，反而要得到生
> 命。"（馬太十：38-39）

　　這樣看來，跟隨耶穌宣揚「福音」之行動是一種"反地上和平"的逆證行動。目的是要促使真正的"地上和平"出現於人間，使天國（上主國度的生命共同體）臨到地上，如同在天上一樣（見：馬太六：10）。

2. 上主與人同在的和平（平安）

　　主前第八世紀的先知以賽亞曾經預告：上主將會使一位不平凡的嬰兒降臨人間，藉以表達 "以馬內利" （上主與人類同在）之事實（見：以賽亞書七：14）。也就是說，當上主與人同在（以馬內利）之時，地上就有和平！其實 "上主與人同在" 的 "和平" ，就是上主的來臨將帶給人間 "平安" 的意思。因爲耶穌誕生，正是上主訪問人間之事實。天使所宣告的 "地上和平" ，就是耶穌的來臨將會帶給人間有 "眞實的平安" 。只是 "眞實的平安" ，唯有 "主所喜悅的人" （苦得起的人）才能夠得著。畢竟這種 "平安" （和平），不是台灣人那種現世功利的求平安與添福壽，而是 "苦得起" 才能夠擁有的眞平安！因爲耶穌明言：

　　　　"我將平安留給你們，我將自己的平安（苦得起的）賜給
　　　　你們。我所給你們的，跟世人所給的不同。所以你們不
　　　　要愁煩，也不要害怕。" （約翰十四：27）

　　當耶穌宣告：他將要走上十字架道路而和門人離別，而門人也要因受祭司集團及羅馬官方迫害而分散，僅只留下自己孤單一人。其時耶穌強調：只要和他連結，他們在苦難中也有平安：

　　　　"我把這件事告訴你們，是要使你們因與我連結而有平

安。在世上你們有苦難，但是你們要勇敢及放心，因為我已經克服了這個世界。"（約翰十六：33）

這就是"以馬內利"（上主與人同在）的和平（平安）！只要上主與人同在，人人都會"苦得起"。

結語

《馬可福音書》作者的證言，已經直接說出耶穌降生之於人間的真正意義。他直指耶穌降世之目的，是要成為一位服務世上人間的僕人。至終甚至犧牲自己的生命拯救眾生：

"因為人子（指耶穌）的來臨不是要來受人服事（伺候），而是來服事（伺候）人。並且為了救贖人間大眾，從而獻出自己的生命。"（馬可十：45）

使徒保羅（Paul）也證言，耶穌基督降世是以"奴僕"（僕人）的角色來服務人間。上主為了服務人間就必須降世成為人類，以人類的形體出現做僕人服務人間，又自甘卑微犧牲於十字架上，完成救世大功。之後在歷史上受高舉，使天上、人間、地下的眾生因此敬拜他，尊崇耶穌是"救世主"：

"耶穌原本具有上主本質，卻無濫用和上主同等的特權。反而自願放棄一切取奴僕的形相。他成為人，並以人的形體出現。他自甘卑微，甚至順服至死，犧牲於十字架上。因此上主高舉他達到至高位置，歸給他那超越萬名之上的名號，使天上、人間、和地底下眾生都得向他下拜。眾口要宣認：「耶穌基督是主。」從而同領天父上主的榮耀！"（腓立比書二：6-11）

2013.12.22

耶穌聖名

在《新約聖經》四本「福音書」（馬太、馬可、路加、約翰的耶穌傳記）之中，只有《馬太福音書》及《路加福音書》有提到耶穌誕生的故事。尤其是關於"耶穌"（Jesus）這個名字的命名，係來自上主使者加百列（Gabriel）於馬利亞（Mary，耶穌母親）的未婚夫約瑟（Joseph）之夢中，特別交代他要做這件事（見：馬太一：20-21）。然而《路加福音書》（一：26-28）則記述：上主使者直接找上馬利亞，預告她將要懷孕生一個兒子，要給他取名叫"耶穌"。因為他將要成為偉人，被稱為"至高上主的兒子"（路加一：31-32）。由此見之，上主使者曾經分別於夢中啓示馬利亞的未婚夫約瑟（馬太之記述），以及啓示約瑟的未婚妻馬利亞（路加之記述），務必將她所生的兒子命名為"耶穌"。就「基督教」（Christianity）信仰而言，"耶穌"這個名字其信仰意義的重要性是可以理解的。因為這個名字不只是"聖名"，也包含著"拯救者"的意思："因為他將拯救他的子民脫離他們的罪惡。"（見：馬太一：21）由此可見，"耶穌"這個聖名，是有關「基督教」拯救觀的重要名字。

一、從經文之記述談起

《馬太福音書》（一：18-25）的經文內容，係（一：1-17）有關 "耶穌基督的家譜" 之延伸。其中很重要的這句："那被稱為基督的耶穌，是從馬利亞生的"（一：16）的說辭，即是介紹耶穌基督誕生經過之引言。同樣的記述，也見之於《路加福音書》（一：26-28，二：1-7）。

（一）在室女馬利亞感孕（一：18）

在《馬太福音書》的作者心目中，耶穌是由在室女（童女）馬利亞（Virgin Mary）所生的 "基督"（Christ，即猶太人所期望的 "彌賽亞" 這一被膏立的救世明王）。所以才有這句："那被稱為基督的耶穌，是從馬利亞生的"（一：16）之認信（confession）。為此作者以下列的信仰告白來介紹耶穌的誕生：

> "耶穌基督誕生的經過是這樣的：他的母親馬利亞已經
> 跟約瑟訂了婚。但是在成婚以前，馬利亞知道自己已經
> 由聖神懷了孕。"（馬太一：18）

同樣的記述也見之於路加（Luke）這位福音書作者之證言，他卻特別指出馬利亞（Mary）是一位和大衛家族的約瑟（Joseph）訂過婚的在室女（童女），是一位完全順服上主天使加百列（Angel Gabriel）傳達上主旨意的約瑟未婚妻（見：路加一：

26-38）。

（二）未婚夫約瑟順服天使指示（一：19-21）

經文指出：已經和馬利亞訂親的未婚夫約瑟為人正直，當他獲悉未婚妻馬利亞已有身孕的消息之時，實在相當不解。因此不願意公開羞辱他的未婚妻馬利亞，打算秘密解除婚約。約瑟正在考慮此事之時，上主天使在"夢中"向他顯現，要這位大衛王後代的約瑟儘管放心娶馬利亞為妻室。因為馬利亞係來自上主"聖神"（Holy Spirit）所感孕，而且將會生下一個兒子。上主天使又特別交代約瑟說：

"你要給他（嬰兒）取名叫「耶穌」，因為他將拯救他的子民脫離他們的罪惡。"（馬太一：21）

不過路加（Luke）這位作者卻指出：上主天使直接要求馬利亞給她所生的兒子取名「耶穌」。因為這位嬰兒是未來的偉人，也是"至高上主的兒子"（見：路加一：30-32）。由此可見，約瑟和馬利亞兩人都分別受到上主天使的指示，要為這位"聖嬰"命名叫「耶穌」。而且他們兩人，均完全順服上主天使的指示。為的是這位由在室女馬利亞所生的"聖嬰"，負有拯救他的子民脫離罪惡魔障之偉大使命。

（三）先知預言之應驗（一：22-25）

作者馬太（Matthew）是一位博古通今的使徒。他知道在室女馬利亞感孕生子這件事是早期先知以賽亞（Isaiah）預言之應驗（見：以賽亞書七：13-14）：

"有在室女（童女）將懷孕生子，他的名字要叫「以馬內利」。（「以馬內利」的意思就是上主與我們同在。）"（見：馬太一：22-23）

馬利亞的未婚夫約瑟從夢中醒來之後，即照著上主使者所吩咐的話接納未婚妻馬利亞，並且成婚為夫妻。只是成婚之後沒有和馬利亞同房，直到嬰兒誕生之日（馬太一：24-25）。《路加福音書》的作者特別指出：這位"聖嬰"誕生於猶太省的伯利恆（Bethlehem），時在公元前四年羅馬皇帝該撒奧古斯都（Emperor Augustus）下令全國戶口普查之時。這一首次的全國性戶口登記，正值居里扭（Quirinius）擔任敘利亞（Syria）總督（見：路加二：1-2）。這位"聖嬰"出生之後，約瑟就按照上主使者所啓示，給他取名叫「耶穌」（見：馬太一：25）。而馬利亞也同樣得到上主使者的指示，要為其新生兒命名為「耶穌」（見：路加一：31-32）。關於這一「耶穌」名字的意義及其重要性，將在下段加以分析探討。

二、猶太人的名字

猶太人的雙親為兒子命名，其名字都有特別的含義。有些名字近乎台灣社會的命名原則。就以「觸景命名」的原則為例："以色列"（Israel）此一名字，就是雅各（Jacob）在便以利（Peniel，又譯做比努以勒）和上主使者摔角不分勝負所贏得的（創世記三十二：28）。台灣民間對於嬰兒的命名原則，大概有十：

1. 代序命名：群鴻、倫求、欣傑、帝惠、慶仁。
2. 觸景命名：春裕、秋貴、夏茂、冬榮、彩虹。
3. 地緣命名：東山、南海、北榮、西美、台福。
4. 屬望命名：文龍、賢瑋、玉秀、美惠、淑貞。
5. 記事命名：光復、台生、進財、福壽、分好。
6. 形態命名：阿肥、大頭、瘦猴、躼腳、矮鼓。
7. 托庇命名：天賜、神佑、佛助、主顯、主顧。
8. 壓勝命名：查某、和尚、乞喫、豬哥、蕃薯。
9. 五行命名：木山、金生、水來、火炎、土旺。
10. 天干命名：甲乙、丙丁、戊己、庚辛、壬癸。

就以上列十類台灣人為嬰兒命名人名的原則而論，《新舊約聖經》的命名原則只有：「觸景命名」（如："以色列"）、「地緣命名」（如："亞當"意即由土地而出）、「屬望命名」（如："夏娃"意即眾生之母）及「記事命名」（如："耶穌聖名"由上主使者啟示約瑟與馬利亞而來）等四類。下面就來探討《舊約聖經》中代表性人物及《新約聖經》中代表性人物的名字，來做個簡要介紹。

（一）舊約代表性人物的名字

1. 亞當（Adam）

名字意即：〝用地上塵土所造有生命的人類。〞（創世記二：7）

2. 夏娃（Eve）

名字意即：〝由男人肋骨所造的眾生之母。〞（創世記二：21-23）

3. 該隱（Cain）

名字意即：〝由上主幫助所得來的兒子。〞（創世記四：1）

4. 塞特（Seth）

名字意即：〝由上主所賜替代亞伯（Abel）的一位兒子。〞（創世記四：25）

5. 以撒（Isaac）

名字意即：〝上主使莎拉（Sarah）歡笑。〞（創世記二十一：5-7）

6. 以掃（Esau）

名字意即：〝身體長毛的紅孩兒。〞（創世記二十五：24-25）

7. 雅各（Jacob）

名字意即：〝手緊緊抓住以掃腳跟的孩子。〞（創世記二十五：26）

8. 流便（Reuben）

名字意即：〝上主體貼利亞（Leah）苦情使她生子，藉以換取丈夫之愛情。〞（創世記二十九：32）

9. 西緬（Simeon）

名字意即：“上主因利亞不受丈夫所寵愛而特地賜給她兒子。”（創世記二十九：33）

10. 利未（Levi）

名字意即：“丈夫會因利亞為他生了三個兒子而深愛她。”（創世記二十九：34）

11. 猶大（Judah）

名字意即：“這次我（利亞）要讚美上主。”（創世記二十九：35）

12. 但（Dan）

由拉結（Rachel）女婢辟拉（Bilhah）為丈夫雅各所生的兒子。名字意即：“上主為我（Rachel）伸冤所賞賜的兒子。”（創世記三十：6）

13. 拿弗他利（Naphtali）

由拉結女婢辟拉為雅各所生的第二個兒子。名字意即：“我跟姊姊利亞爭鬥終於贏了。”（創世記三十：7）

14. 迦得（Gad）

由利亞女婢悉帕（Zilpah）為丈夫雅各所生的兒子，名字意即：“我（利亞）真是幸運。”（創世記三十：11）

15. 亞設（Asher）

由利亞女婢悉帕為雅各所生的第二個兒子，名字意即：“女人都會以我（利亞）是真有福氣的婦女。”（創世記三十：13）

16. 以薩迦（Issachar）

名字意即：“上主報賞給我（利亞），因我將女婢悉帕給

了丈夫。"（創世記三十：18）

17. 西布倫（Zebulun）

名字意即："上主賜我（利亞）貴重禮物能夠為丈夫生六個兒子，現在丈夫會善待我。"（創世記三十：19-20）

18. 約瑟（Joseph）

名字意即："上主除去我（拉結）的恥辱，求上主再賜給我兒子。"（創世記三十：22-24）

19. 便雅憫（Benjamin）

名字意即："好運氣（幸運）的兒子。"其母拉結給他取名便俄尼（Beroni），意即"愁苦的兒子"，因母親為他難產而死（創世記三十五：16-18）。

20. 摩西（Moses）

名字意即："從水裡拉出來的孩子。"（出埃及記二：10）

21. 撒母耳（Samuel）

名字意即："這是我（Hannah）向上主求來的兒子。"
（撒母耳記上一：20）

以上為「舊約」的代表性人物之名字，其他人物名字的意義引不勝引。由此足見，猶太人為兒女命名均賦予特定意義。

（二）新約代表性人物的名字

1. 施洗約翰（John the Baptist）

"為主預備道路"的偉大先知，取自瑪加比（Maccabees）獨立運動時代一位英雄約翰（John Hrcanus I, 135-104 B.C.當政）的名字，具民族解放的意義，以及象徵民族希望的名字。因他為猶太同胞施行悔改的洗禮，而有「施洗約翰」這個綽號（路加一：59-60, 63，三：1-4）。

2. 耶穌（Jesus）

具備 "他將拯救子民脫離他們的罪惡" 的重要意義（馬太一：21）。也就是 "拯救者"（救主）的名號，和「舊約」的 "約書亞" 名字類同。

3. 西門彼得（Simon Peter）

「西門」（Simon）這個名字也是瑪加比獨立運動時代一位英雄（Thossi Simon, 142-135 B.C.當政）的名字，具有恢復猶太民族獨立自主之期望。「彼得」（Peter）意思是磐石，具穩固及堅定氣魄意義（馬太十六：15-19）。

4. 安得烈（Andrew）

加利利漁夫，西門彼得之弟（馬太十：2）。

5. 雅各（James）

加利利漁夫，西庇太（Zebedee）的兒子（馬太十：2）。

6. 約翰（John）

加利利漁夫，雅各（James）之弟，與施洗約翰同樣取名於瑪加比獨立運動的英雄（馬太十：2）。

7. 腓力（Philip）

他是知識分子，採取希臘的名字 "腓力"（Philip）為名（馬太十：3）。

8. 拿但業（Nathaneal）

他是精研經典的知識分子，別號巴多羅買

（Bartholomew），意即多羅買（Tholomew）之子（約翰一：45-51，馬太十：3）。

9. 多馬（Thomas）

善於追求證據的知識分子，綽號低土馬（Didymus），也就是"雙生子"的意思（約翰十一：16，二十：14，二十一：2，馬太十：3）。

10. 馬太（Matthew）

原名"利未"（Levi），為替羅馬政府課人頭稅之不名譽稅棍。而後棄惡歸善成為耶穌的門人，並取名"馬太"（Matthew），意即"上主的恩賜"（馬太九：9-13，十：3）。

11. 亞勒腓之子雅各（James the son of Alphaeus）

又號稱"小雅各"，以便和加利利漁夫西庇太之子"雅各"有所分別（馬太十：3，馬可十五：40）。

12. 達太（Thaddaeus）

他又被稱為"雅各的兒子猶大"（Judas son of James），他的姓叫"達太"。見之於《路加福音書》（六：16）。又有個綽號叫利巴（Lebbaeus），意即"可愛的人"（馬太十：3，約翰十四：22-23）。

13. 奮銳黨的西門（Simon the Cananaean）

也即"游擊隊員西門"之意，是一位反抗羅馬帝國獨裁專制政權的愛國主義之奮銳黨員（Zealot）。後來成為基督教的宣教鬥士（馬太十：4）。

14. 加略人猶大（Judas Iscariot）

這位住在猶太省（Judah）加略地區（Iscariot）的耶穌門人，

因對耶穌的政治立場失望而出賣其師，最後以自殺終其一生（馬太十：4，馬可十四：10-11, 43-50，使徒行傳一：18-20）。

15. 抹大拉的馬利亞（Mary Magdalene）

也即"住在抹大拉（Magdalene）地區的馬利亞"之意，是一位跟隨耶穌的忠實女徒，親身目睹耶穌的死與復活（馬太二十七：55-56，二十八：1-10）。

16. 馬大（Martha）

善於款待耶穌的一位女徒，其妹"馬利亞"（Mary）卻非常欣賞耶穌的講道（路加十：38-42）。耶穌曾經施行神跡使其弟"拉撒路"（Lazarus）從死裡復活（約翰十一：38-44）。

17. 巴拿巴（Barnabas）

他原名"約瑟"（Joseph），係僑居「塞浦路斯」（Cyprus）的猶太人。信主之後變賣其田產捐給初代教會，因此使徒稱他做"巴拿巴"（Barnabas），意即"鼓勵者"（使徒行傳四：36-37）。他最大的貢獻是：帶領保羅（Paul）從事國際性宣教，自己也是國際宣教之開路先鋒（使徒行傳十三：1～十四：28）。

18. 保羅（Paul）

原名"掃羅"（Saul），是熱心的「猶太教」法利賽人，初期基督教會迫害者。後被復活的主耶穌選召悔改（見：使徒行傳九：1-19）。經巴拿巴引介進行國際宣教事工，並且改名"保羅"（使徒行傳十三：9-13）。

此外，在「新約」中尚有不少的人名不及列入，上列者僅是代表性人物。

三、耶穌聖名

在《新舊約聖經》中，稱為"耶穌"（Jesus）這個名字者（這一名字在《舊約聖經》的希伯來文叫做"Joshua"），一共有四位。第一位是"約書亞"（見：《約書亞記》，《使徒行傳》（七：45），《希伯來書》（四：8）。按希臘文的"耶穌"（Jesus）就是希伯來文的"約書亞"（Joshua））。二為耶穌的先祖"約書亞"（Joshua），和合本與台語羅馬字聖經譯做"約細"（路加三：29）。三為猶太裔基督徒亦稱"耶穌"Jesus（聖經譯做"耶數"），綽號"猶士都"（Justus），是保羅的宣教同伴（歌羅書四：11）。四為主耶穌本人。上主使者托夢給約瑟及馬利亞為他命名"耶穌"，則有其特殊意義（馬太一：21，路加一：30）。

就字義上言，"耶穌"（Jesus, or Joshua）這個名字具有拯救者（救世主）的重要意義。猶太人父母因為期待兒子能夠為國為民效勞，才會為他們的兒子命名做"耶穌"。何況「主耶穌」（Lord Jesus）的名字，係上主使者啟示約瑟（Joseph）與馬利亞（Mary）所命名者，所以可說是一個"聖名"（The Holy Name）。對「基督教」（Christianity）而言，"耶穌"是個「拯救觀」的名字。為此在這個名字前後才加上"基督"（Christ）。有時候"耶穌基督"及"基督耶穌"並稱（馬太一：18，羅馬六：11）。按"基督"（Christ）是希臘文，即希伯來文的"彌賽亞"（Messiah），是"受膏立的王者"的意思。也指"受膏立的「先知」與「祭司」"。這麼說，"耶穌基督"此一複合稱謂，即指出：耶穌是拯救人類的一個「上主國度」（生命共同體）之「和平仁君」，爲人類伸張正義之「偉大先知」，以及爲罪人之中保者的「大祭司」。下面將以：“耶穌”是基督教拯救觀的名字，以及“奉耶穌聖名”之意義，這兩個段落來加以探討。

（一）“耶穌”是基督教拯救觀的名字

早在上主使者吩咐約瑟（Joseph）和馬利亞（Mary）要爲這位由聖神（Holy Spirit）感孕所生的嬰孩命名做“耶穌”之時，就啓示一個「拯救觀」的重要意義：

“因爲他要拯救他的子民脫離他們的罪惡。”（馬太一：21）

爲此，《馬太福音書》的作者特別指出：那就是先知以賽亞（Isaiah）預言之應驗，即“耶穌”的降生是“以馬內利”（Emmanuel）── 即“上主與人類同在”之開始。這就是“耶穌聖名”之第一個含義。也就是說，《以賽亞書》（七：14）有關上主將訪問人間的預言，已經應驗於稱做“耶穌”這位已經誕生的“聖嬰”之身上。

值得注意的，就是：《馬太福音書》特別記述其他「福音書」（馬可、路加、約翰）所沒有的一則東方占星師（Magi）前來朝拜“聖嬰耶穌”的故事（見：馬太二：1-15）。其時，這群東方的占星師獻上三件禮物給“聖嬰耶穌”，那就是黃金（Gold）、乳香（Frankincense）、沒藥（Myrrh）。這些禮物象徵這位名叫"耶穌"的聖嬰，具備著三種救世使命：

1. 上主國度的"大仁君"

用「黃金」（Gold）為象徵，明白指出"耶穌"就是「上主國度」（天國）之君王（大仁君）。這個國度不是世俗之王國，而是以"上主為天父，人類都是兄弟姊妹"的一個生命共同體之社會。所以是一個以"博愛"與"公義"為金律，以期在地上實現如同在天上的和平國度。

2. 上主國度的"大祭司"

用「乳香」（Frankincense）為象徵，指明"耶穌"正是人類與天父上主之間的中保者，即"大祭司"角色（參照：希伯來書八：1-6）。按「乳香」是大祭司用於向上主獻祭時的供品。"耶穌"正如同大祭司一樣，於上主國度裡成為神人之間的中保者，為他的眾兒女代求。

3. 上主國度的"大先知"

用沒藥（Myrrh）為象徵，明指"耶穌"正是上主國度的偉大先知。將來會因為伸張正義，而在政教首府的耶路撒冷（Jerusalem）潔淨聖殿。也將因這次的「耶路撒冷事件」而犧牲於十字架上，成為"贖罪的羊羔"（參照：約翰一：29, 36）。藉以救贖人類免受人性罪惡之審判，帶領罪人與上主和好。所以「沒藥」（Myrrh）是為主耶穌的犧牲埋葬的高貴防腐藥品，是為"上主的羊羔"之犧牲及復活所準備的禮物。

總而言之，上列的"三項禮物"由東方的占星師獻給"聖嬰耶穌"，就是表明他將成爲"救世主角色"，並且將以"大仁君"、"大祭司"、以及上主的"大先知"之身份加以呈現。所以說，"耶穌"是基督教「拯救觀」的一個名字，這就是《馬太福音書》作者的見證。

（二） "奉耶穌聖名"之意義

宗教人一向沒有「整體」與「部份」的嚴格分野，也即信仰對象的"聖名"這「部份」就是祂（神）的「整體」，所以不可分割。爲此，世界諸宗教的信徒，都有奉其信仰對象的名字"祈禱"、"禮拜"及"祝福"的習慣。何況名字本身都被宗教人視爲"生命力"（vital force）之象徵，所以呼叫主耶穌的名字顯得十分重要。因爲當信徒虔誠提到信仰對象的名字之時，就如同信仰對象（神）整體臨在一樣。就像「猶太教」（Judaism）祭司時常奉"耶和華聖名"爲人祝福："願耶和華賜福給你、保護你。願耶和華的臉光照你，賞賜恩典給你。願耶和華向你仰臉，賜你平安。"（民數記六：24-26）「伊斯蘭教」（Islam）的穆斯林（伊斯蘭教信徒）在祈禱時一定先予告白："安拉是眞主，穆罕麥德是先知"之眞主與救主的名字才進行祈求。「佛教」（Buddhism）淨土宗（Pureland sect）的信徒用佛號"南無阿彌陀佛"做祈禱，以求來日能夠往生西天的淨土極樂世界。據此而論，普世基督徒"奉耶穌聖名"做禮拜、執行聖禮典，以至奉"聖父、聖子、聖神"名字爲人祝福，是理所當然的事。

1. 基督徒奉耶穌聖名祈禱

"祈禱"是基督徒和天父上主溝通的管道。因為上主是神，敬拜祂的人也要用心神與誠實敬拜祂（見：約翰四：23）。因為基督徒向天父上主祈禱之時，經驗了"永恆的現在"（eternal present），即永恆的上主臨在於有限的時空與祈禱者溝通之意。所以祈禱者於突破有限的時空中，將身心完完全全投靠上主。為此，基督徒用"奉耶穌聖名"於祈禱結束之前，來表示"心所願"（Amen）做結語，是近情合理的一件事。基督徒"奉耶穌聖名"祈禱，正表明他和主何等親近！因為基督徒的生存勇氣，即來自此一信仰力量。

2. 牧者"奉耶穌聖名"執行聖禮典

長老教會的「聖禮典」有"洗禮"（Baptism）與"聖餐"（Holy Communion）。傳統上，牧者在執行「聖禮典」時，均宣稱"奉主聖名"或"奉耶穌聖名"加以執行。就像："奉主聖名歡迎陪餐會員與主一同坐桌，恭守聖餐"的宣告。牧者為人洗禮時則宣稱："我用水給你施行洗禮，使你歸於聖父、聖子、聖神的名"等等，可以為例。不過台灣的「真耶穌教會」為信者施行洗禮時，都習慣於在溪流中（活水）施行，又只奉"主耶穌聖名"，而不用三位一體的"父、子、聖神"聖名施洗。無論如何，牧者"奉主聖名"或"奉耶穌聖名"（或"奉聖父、聖子、聖神"聖名）執行「聖禮典」，旨在表明：主耶穌以及三位一體上主，永遠和祂的子民同在。

結語

　　用上列經文的教導來探討"耶穌聖名"的原義，以及其所表達拯救觀的重要意義，不但可以使普世基督徒明白上主使者指示約瑟和馬利亞為聖嬰孩命名叫"耶穌"的用意，也使當代基督徒洞察天父上主救拔世人之用心及攝理。所以《聖詩》作者J.H. Young（?-1855）之作品收錄在「台灣基督長老教會」的《聖詩》第151首稱頌耶穌聖名（來自十九世紀長老教會的《養心神詩》）。其中兩節表達得非常生動：

　　　"耶穌尊名入我耳孔，若樂和諧之聲；
　　　　讚美祂名傳主愛疼，使天與地攏聽。"

　　　"稱呼耶穌盡我一世，到尾不敢放息；
　　　　雖然著死也無介意，到時使我復活。"

　　其實這首稱頌"耶穌聖名"的聖詩一共有五節，上面只節錄其中的第一與第五節做例，來闡明"耶穌聖名"之於基督徒的信仰意義。

2011.12.18

四 備辦主的路

施洗約翰的偉大使命

"上主的兒子（有些古卷沒有「上主的兒子」），耶穌基督的福音是這樣開始的。先知以賽亞在他的書上記載：「上主說：看吧，我要差遣我的使者；他要作你的前驅，為你開路。在曠野有人呼喊：為主準備他的道路，修直他要走的路徑！」果然，約翰在曠野出現，為人施洗，並且宣講（有些古卷作「施洗者約翰果然在曠野出現，宣講」）：「你們要悔改，接受洗禮，上主就赦免你們的罪。」群眾從猶太各地和全耶路撒冷到約翰跟前來。他們承認自己的罪；約翰就在約旦河裏為他們施洗。約翰穿駱駝毛的衣服，腰間繫著皮帶；吃的是蝗蟲和野蜜。他宣講：「在我以後要來的那一位比我偉大多了，我就是蹲下去替他解帶脫鞋子也不配。我用水給你們施洗，他卻要用聖神給你們施洗。」"

馬可福音書一：1-8

人類於歷史上要締造偉大的社會組織及事業，必須要有一位"開路先鋒"（Pioneer）的指引或啓蒙。就"偉大的社會組織"言，沒有「猶太教」（Judaism）之啓蒙，就不會出現「基督教」（Christianity）。沒有「猶太教」及「基督教」之啓蒙，也就不會有公元七世紀才出現的「伊斯蘭教」（Islam）。而東方的「印度教」（Hinduism）啓蒙「耆那教」（Jainism）及「佛教」（Buddhism）之創立，「印度教」及印度的「伊斯蘭教」又啓蒙了「錫克教」（Sikhism）之創立，可以為例。再就偉大事業的"開路先鋒"（先驅者）而論，公元第一世紀「猶太教」的偉大先知：施洗約翰（John the Baptist），就是「基督教」創始者耶穌（Jesus）的"開路先鋒"。如同公元前七至六世紀之間的猶太先知第二以賽亞（Deutero-Isaiah）的呼籲一樣（見：以賽亞書四十：3-5），施洗約翰正是一位"備辦主的路"的先知先覺。因為他的出現，使耶穌的宣教事工有所接軌。因此，施洗約翰可以說是「基督教」之所以能夠在歷史上出現的開路先鋒！「基督教」（Christianity）最早的"耶穌傳"（即「福音書」）：《馬可福音書》（一：1-8），開宗明義言及上主的兒子耶穌基督（Jesus Christ）的"福音"（Gospel）之開始（一：1），係由昔日先知所預言的那位開路先鋒之介紹。接著強調主前六世紀的「猶太教」先知：第二以賽亞的預言，已經應驗於施洗約翰之身上。因為他是一位"備辦主的路"的偉大先知（見：馬可一：2-3）。作者馬可（Mark）用簡單明瞭之語句，來介紹這位耶穌的先驅（馬可一：4）之發言：

"約翰在曠野出現，爲人施洗。並且宣佈：「你們要
離棄罪惡，接受洗禮。上主就赦免你們的罪（人性軟
弱）。」"

施洗約翰的呼籲簡要而有力，因此吸引了從猶太
（Judea）各地和耶路撒冷（Jerusalem）前來的群眾。其中有
法利賽人（Pharisees）、會堂的拉比（Rabbi），祭司階級成員
（Sadducees）及一般信徒，都到施洗約翰的跟前聆聽他的教
導。他們也因此悔改承認自己的罪（人性弱點）。施洗約翰就
在約旦河（the river Jordan）爲他們施洗（見：馬可一：5）。接著，
馬可又生動的介紹施洗約翰，明指他是一位苦行又十分謙卑
的偉大先知（見：馬可一：6-8）：

"約翰穿著駱駝毛的衣服，腰間繫著皮帶。吃的是蝗蟲
和山野的蜂蜜。他這樣宣佈：「在我以後要來的那一位
（指耶穌），比我偉大多了！我就是蹲下去爲他解開鞋帶
脫下鞋子也不配。我用水給你們施洗，他卻要用聖神給
你們施洗。」"

從上面這一段的記述，使咱看到施洗約翰偉大之處。他
的確是一位"備辦主的路"之偉大先驅者。沒有他大公無私
的介紹耶穌，爲耶穌的宣教舖路，基督教"福音"的開始就
不會如此順利。那麼施洗約翰這位偉大的先知有何來歷？他

和耶穌有否親戚關係？耶穌對他有什麼評語？這些問題均值得探討。

一、施洗約翰其人其事

根據《路加福音書》（一：5-80）之記述，可以大約認識施洗約翰的出身。這段經文描述施洗約翰和耶穌的誕生經過十分生動，也使咱知道他們有著姨表兄弟的關係。施洗約翰出身於「猶太教」祭司階級的家庭，其父撒迦利亞（Zechariah）是服務於耶路撒冷聖殿之祭司，母親以利莎伯（Elizabeth）正是耶穌母親馬利亞（Mary）的姊姊。施洗約翰是祭司撒迦利亞和其妻以利莎伯老來所得之獨生子，而年輕的馬利亞名義上的丈夫是約瑟（Joseph），這位女性卻是由"聖神"（The Holy Ghost）感孕生下耶穌。路加（Luke）這位「福音書」（耶穌傳）的作者生動的描述：當以利莎伯和馬利亞相遇時，兩位孕婦肚子裡的胎兒也跟著興奮雀躍（見：路加一：39-45）。施洗約翰早耶穌大約六個月出生，年輕時即習慣猶太曠野的生活，也在那裡宣揚"備辦主的路"之信息（見：馬太三：1-12，馬可一：1-8，路加三：1-18，約翰一：19-28）。就時間上言，施洗約翰於耶穌進入公生涯宣揚"天國福音"的半年前，就已經在猶太曠野聲名遠播。他的教導簡單有力，即勸導人悔改離棄罪惡，因為"天國"（上主為天父，人類是兄弟姊妹的生命共同體之社會）快要實現。他用約旦河裡"河水"為人施行"洗禮"，教人用行動表達悔改（重生）之決志。同時大膽指斥祭

司集團的撒都該人（Sadducees）及偽善的法利賽人（Pharisees）為
"毒蛇之類"（見：馬太三：7），因為他們能說不能行，外表
虔誠，內心惡毒又驕傲。這位成名以後的怪人先知始終以
"為主的來臨預備道路"的人自居，將隨後而來的耶穌介紹
給當代的猶太社會大眾。因為耶穌的角色太重要了。這位後
來居上的耶穌之偉大，依施洗約翰的自白是："我只是用
「水」為人施洗，他卻用「聖神」和「火」（淨化之意）給人
施洗。他比我偉大多了，我就是替他提鞋子（一作解開鞋帶）也
不配。"（見：馬太三：11）事實上，施洗約翰的確是一位偉大
的先知，這點可以從下列的討論看出來。

（一）洞察耶穌是「基督」之秘密

「共觀福音書」（馬太、馬可、路加三本「耶穌傳」）均記載：
耶穌進入公生涯之前接受施洗約翰的"洗禮"。儘管施洗
約翰加以拒絕，耶穌則以"盡人子的義"做為回應，因此
施洗約翰才為其施洗（見：馬太三：13-17，馬可一：9-11，路加三：21-
22）。然而施洗約翰卻於這件事上，洞察耶穌就是「基督」
（Christ）之秘密。經上做了這樣之記述（馬可一：10-11）：

> "耶穌一從水裡（約旦河中）上來就看見天開了，聖神像
> 鴿子降在他身上。從天上有聲音傳了下來，說：「你是
> 我的愛子，我喜愛你。」"

原來那句從天上傳下來的聲音是有玄機的，而且只有施

洗約翰這位 "施洗者" 洞察其中之眞義。

（1）這句："你是我的愛子" 之用語，正是猶太君王於大祭司（祭司長）給他加冕爲王的大典時，代表上主所說的 "加冕辭"。施洗約翰聽到此一來自天上的 "加冕辭"，即時洞察耶穌就是「基督」（天子），是上主國度（天國）這一人類生命共同體的大君王。只是這一位 "天國大君王" 也是普世人類的兄弟，不是掀起戰爭的暴君。是 "救世主"，不是專制的獨裁君王。

（2）這句："我喜愛你" 的用語，就是「猶太教」的 "祭司" 於就職典禮之時，主持典禮的大祭司（祭司長）代表上主所宣告的 "祝福辭"。這正明示：耶穌將成爲上主國度（天國）的 "大祭司"，也正是將自己的身體獻祭（贖罪祭）於十字架上的 "贖罪羊羔"。

由此足見，施洗約翰爲耶穌施洗之事件，相等於代表上主做爲「當代基督」的耶穌之加冕大典，以及將要做爲「大祭司」的耶穌之公生涯就任式。也就是說，施洗約翰於給耶穌施洗之過程中，深深洞察耶穌就是 "天國君王"（基督，也即彌賽亞）以及 "大祭司"（人類之贖罪中保）的重要角色。

（二）證言耶穌是「上主的羊羔」

《約翰福音書》（一：29-42）記載施洗約翰爲耶穌施洗之隔日，一看到耶穌向他走過來，就對他的門人說："看哪！上主的羊羔，就是除去世人的罪的那一位。"（一：29）施洗約翰的證言，正指出他不僅洞察耶穌是比自己更偉大的那一位，是"基督"（救世之主「彌賽亞」），是"大祭司"（引導世人認識上主的中保），更是要為人類贖罪（除掉人性弱點）的"上主羊羔"（一次性的贖罪祭品，祭壇就是各各他的十字架）。又過了一天，施洗約翰再度和耶穌相遇，又當著兩位門人面前證言耶穌是"上主的羊羔"（一：35）。其時原為施洗約翰的兩位門人西門彼得（Simon Peter）和他的弟弟安得烈（Andrew），也都成為耶穌的門人，同一天也和耶穌同住。而耶穌因西門彼得的跟隨，特別指他的名字將要多了一個"磯法"（Cephas，即指"Peter"（石磐）的意思），暗示西門彼得未來將成為教會的石磐（一：42）。當然施洗約翰證言耶穌是"上主的羊羔"一事，的確不同於「猶太教」的"彌賽亞"（Messiah）觀念（即榮耀的"基督觀"）。耶穌雖然是來自"大衛王統"（System of the King of David），卻是一位自我犧牲的"贖罪基督"（救世主），而非榮顯的猶太民族之"彌賽亞"（君王）。質言之，耶穌將成為一個因締造"上主國度"（天國）而犧牲於十字架上的"贖罪羊羔"（即贖罪祭品），此即施洗約翰的有力證言。

（三）指斥罪惡的偉大先知

施洗約翰一出現於當代的猶太社會，的確撼動民心，驚動「猶太教」的宗教領袖。尤其是擁有政治權力的撒都該人（Sadducees）及希律黨（Herodians）之政治人物。做為"備辦主的路"之偉大先知的他，本可以容易在猶太社會成名，可是他卻宣稱自己不是"基督"。因他自稱：只是一位用"水"在約旦河裡為人施洗者。可是他卻介紹隨後而來的那一位（指耶穌），要用"聖神"與淨化人心的"火"為人施洗。不只如此，施洗約翰更寬容大度允許他至少四個門人跟隨耶穌，他們就是：西門彼得（Simon Peter）及其弟安得烈（Andrew），雅各（James）及其弟約翰（John）。畢竟這位"備辦主的路"的開路先鋒，始終謙卑地強調後來的那位耶穌比他自己更偉大："他必興旺，我必衰微。"（見：路加三：16、約翰一：29-34）值得留意的是：路加這位十分注重歷史的「福音書」（耶穌傳）作者，清楚交代施洗約翰的宣教時期即：羅馬帝國皇帝提庇留該撒（Tiberius Caesar, 14-37 A.D.在位）治下第15年（29 A.D.），本丟彼拉多（Pontius Pilate）擔任猶太（Judea）總督，希律（Herod）做加利利（Galilee）分封王，其兄腓力（Philip）做以土利亞（Ituraea）及特拉可尼（Trachonitis）分封王，呂撒聶（Lysanias）做亞比利尼（Abilene）分封王，亞那（Annas）及該亞法（Caiaphas）做「猶太教」大祭司（the high-priesthood）之時代，也就是主後29年（路加三：1-2）。當他聲名遠播，全猶太地眾人都來親近他接受洗禮之時，他所宣揚之信息是：指斥「猶太教」宗教家及人民的罪惡，稱他們是"毒蛇"之類（路加三：7）。又以人道主義精神，教導人民將衣服及食物分給窮人（路加三：10-11）。勸告課同胞"人頭稅"的稅吏，千萬別收法定以外的稅金（路加三：12-13）。指導為羅馬帝國服務的軍人務要以法定的糧餉為知足，不可敲詐及強索人民的金錢（路加三：14）。同時警告猶太同胞勿自高傲慢，自以為是亞伯拉罕（Abraham）的子孫就是"選民"，就能夠逃避上主的清算及審判（路加三：7-9）。

凡是歷史上偉大之先知不但憂國憂民，更會大膽指斥當代君王之罪惡。就像先知拿單（Nathan）指斥大衛王（King David）強奪烏利亞（Uriah）之妻拔示巴（Bathsheba）之罪惡（見：撒母耳記下十二：1-15）。先知以利亞（Elijah）指斥北王國以色列王亞哈（King Ahab）謀殺義人拿伯（Naboth）強佔其葡萄園祖產之罪惡（見：列王紀上二十一：1-29），均可以爲例。施洗約翰因懷有“說人所不敢說，做人所不敢做”之先知性格，爲此對當權者所犯的罪惡無法容忍！當施洗約翰目睹加利利省分封王希律安提帕（Herod Antipas, 21 B.C.-39 A.D.）強佔其同父異母的兄弟，腓力一世（Philip I，即路加提及的以土利亞及特拉可尼的分封王）之妻希羅底（Herodias）與其同居，犯下亂倫罪之時，立即大膽指斥其罪惡。希律安提帕因此就將施洗約翰拘捕下監（見：路加三：18-20）。依據「摩西律法」（Moses' Law）之規定，希律安提帕這位分封王所犯者，是一種亂倫之重罪（見：利未記十八：16，二十：21）。馬太（Matthew）這位「福音書」（耶穌傳）作者，特別記載施洗約翰在獄中非常關心做爲“基督”的耶穌之角色及事工，於是差派門人求見耶穌，問起耶穌是否爲猶太同胞所期待的那一位“救世主”（馬太十一：2-3）。耶穌的回應也很直接：你們回去向施洗約翰報告，他的事工就是：“瞎眼者重見光明，跛腳者可以行走，痲瘋者得到潔淨，耳聾者可聽得見，死人再度復活，窮人聽得到福音。那對我的事工不疑惑的人多麼有福！”（馬太十一：4-6）然而耶穌卻肯定施洗約翰之先知性及其偉大使命，因此說了一句稱讚他的話（馬太十一：11）：

"我實在告訴你們，在人間沒有比約翰更偉大的人！但是在天國裡，最微小的一個都要比約翰偉大。"

關於施洗約翰之結局非常悲劇性，因為他就是因指斥加利利分封王希律安提帕亂倫之罪惡而犧牲（見：馬太十四：3-12，馬可六：14-29，路加九：7-9）。原本希律王無意處死施洗約翰。只是在希律王生日之時，希羅底女兒因跳舞使他歡心，因而答應她取下施洗約翰的頭為其母報仇。生前施洗約翰未曾進入希律王宮殿，諷刺的是直到他死後，他的頭顱才悲壯的進入王宮（馬太十一：10-12）。然而這位偉大先知之死使希律王良心不安，因此當他聞訊耶穌於加利利行了許多神跡奇事之時，卻自我安慰的相信那是施洗約翰復活之所為（馬太十四：1-2）。更有人說，他是先知以利亞再世（馬可六：15）。

二、備辦主的路

前已提及，《新約聖經》（*The New Testament*）的馬太、馬可、路加、約翰「四福音書」（四卷的「耶穌傳」），均認同施洗約翰就是主前六世紀的先知第二以賽亞所預言那位"備辦主的路"之偉大先知（見：馬太三：1-12，馬可一：1-8，路加三：1-18，約翰一：19-34）。基督徒如果要明白「猶太教」先知（第二以賽亞）於主前六世紀時代之呼籲，應該回顧其歷史背景才足以瞭解"備辦主的路"（或："為主預備道路"）之真正意義。

（一）主前六世紀猶太先知之呼籲

　　「四福音書」（馬太、馬可、路加、約翰這四本「耶穌傳」）均認同《以賽亞書》（四十：3-5）這位主前六世紀猶太先知（第二以賽亞）之呼籲，已經應驗於主後29年出現在猶太曠野的施洗約翰身上。因他正在為主後30年才開始宣揚"天國福音"的耶穌預備道路，做他的開路先鋒。那麼這位舊約聖經學者所稱之"先知第二以賽亞"有何時代背景？為什麼呼籲他的猶太同胞務必"備辦主的路"？根據《舊約聖經》（The Old Testament）學者之見解，這卷《以賽亞書》（The Book of Isaiah）至少可分為「耶路撒冷的以賽亞書」（一章至三十九章）及「第二以賽亞書」（四十章至六十六章）這兩部份。甚至也有「第三以賽亞書」（五十六章至六十六章）之說法。而且《以賽亞書》這部書橫跨三個時代，即亞述帝國時代（主前八世紀至主前七世紀）、巴比倫帝國時代（主前七世紀至主前六世紀）、波斯帝國時代（主前六世紀至主前四世紀）。而先知第二以賽亞的時代，介於巴比倫帝國及波斯帝國治世之間。主前586年南王國猶大被巴比倫帝國滅亡，猶太人被擄往巴比倫做亡國奴，而且其中多數是精英。其時耶路撒冷聖殿寶物被其搶奪一空，這個耶路撒冷都會也變成廢墟。「猶太教」信徒其時充滿失望與懷疑：為什麼唯一神上主（也是猶太人列祖之神）會被異族的巴比倫人打敗？錫安聖城耶路撒冷不是上主鎮在其中不會被異教徒毀壞嗎？而且被擄居住於巴比倫的猶太人，又時常被異教徒譏諷取笑："你們的神明在那裡？"（見：詩篇四十二篇這首

"流亡者的祈禱詩"）可是人類歷史明顯指出：世上沒有一個政權能夠萬世一系不會改朝換代的。主前538年巴比倫帝國終於被波斯帝國君王古列（Cyrus the Great, 600-529 B.C., 此王又被音譯為"居魯士"）所滅，他對被擄於異邦的猶太人寬容對待，甚至允許他們回國建立自治區。以致先知第二以賽亞誇讚古列王是"上主揀選的君王"（見：以賽亞書四十五：1）：

> "上主膏立古列，揀選他為君王。上主指派他征服列國，差派他去削減列國諸王之權力。上主要列國為古列王大開城門，不再關閉。"

先知又指出古列王是上主所指派之大君，為要幫助以色列選民（見：以賽亞書四十五：4）：

> "我（上主）指定你（古列王）幫助我的僕人雅各，扶助我所揀選的以色列。我（上主）指名呼喚你（古列王），你不認識我，我卻賜給你名號。"

於是先知明確宣佈：波斯王古列大君之勝利，是要使被擄的以色列選民獲得自由，重建聖城耶路撒冷（見：以賽亞書四十五：13）：

> "我（上主）親自使古列王得勝，我要削平他所走的道路。我（上主）要重建我的城市耶路撒冷，使那些被擄

的子民得到自由。沒有人僱用或賄賂他（古列王）做這件事。上主——萬軍的統帥這樣宣佈了。"

由此可見，先知第二以賽亞之出現，旨在鼓舞身處異邦的猶太同胞務要信靠列祖之神上主。因為祂已經興起波斯大君古列王打敗巴比倫帝國，使猶太同胞有機會回國重建聖城耶路撒冷，從而恢復以色列選民之尊榮。不過其前提就是"義人"要苦得起，在苦難逆境中信靠上主之引導。為此先知第二以賽亞記述四首以色列選民（義人）"受苦之意義"的詩歌（一，四十二：1-4；二，四十九：1-6；三，五十：4-9；四，五十二：13～五十三：12），藉以說明上主利用"苦難"來訓練義人（選民），藉以凸顯義人受苦之意義。既然以色列選民可以在波斯王允許之下回國重建家園，首要的條件就是同心協力"備辦上主的道路"，因為他們的苦難已經受夠了（見：以賽亞書四十：2-3）：

"有一個聲音呼喊說：要在荒野為上主預備道路，要在沙漠為咱的上主開闢大道。每一個山谷都要填滿，大小山崗都要削平。高低不平之地要使其平坦，崎嶇的地面要使它成為平原。那時候上主的榮耀要彰顯出來，全人類都看得見，上主這樣宣佈了。"

瞭解此一歷史背景，才可以明白為何"四福音書"之作者視這段主前六世紀先知之呼籲已經應驗於施洗約翰出現之時代。爲的是施洗約翰的出現是在重建猶太同胞的信心，以及使「猶太教」此一傳統信仰得以革新。藉此來"備辦主的路"，使耶穌的宣教事工有所接軌。

（二）"備辦主的路"──基督徒之使命

施洗約翰一生最大的貢獻，就是"備辦主的路"，做其隨後而來者的耶穌之先驅。這點正是當代「四福音書」（馬太、馬可、路加、約翰等"耶穌傳"）之作者所肯定的。耶穌於往後的時間中，能夠在「猶太教」所影響的猶太人社會中順利招收門人，雖然受到迫害卻又工作得如此成功，就是施洗約翰打先鋒（備辦主的路）之結果。那麼，現代基督徒到底能夠從施洗約翰的身上（或事工上）學到什麼？這點是值得探討的問題。下面僅舉兩個論點，來探討現代基督徒如何"備辦主的路"之時代使命：一是，基督徒理當盡一己之力"掃除宣教障礙"，二是，基督徒要有道德勇氣"堅持社會公義"。

1. 掃除宣教障礙

「基督教」是一個宣教使命相當強烈的宗教，個個基督徒均必須用言語及行動去傳達基督教"福音"之信息，這是耶穌的叮嚀（見：馬太二十八：16-20，馬可十六：14-18，路加二十四：36-49，約翰二十：19-23，使徒行傳一：6-8）。問題是：基督徒也是人，因此有人性的弱點。人要傳"福音"給親人朋友，自己與人的關係如果有"心結"、"誤會"、"仇恨"、"嫉妒"，它們正如同人情上的沙漠、山谷、大小山崗、彎曲難行道路等等一樣是重重障礙。爲此要先予以塡滿、削平，修直才能夠開闢平坦大道宣揚主的福音。此外，台灣基督教的派別眾多，山頭林立，他們如同高低不平的山崗，崎嶇不平的地面，彎曲難行的道路阻擋人親近主耶穌。所以也要剷平、修直，塡滿，才能夠開闢傳揚福音之大道，引導人人走進通往上主恩典的家鄉。再者，咱所處的社會各種宗教林立，除了傳統的「民間信仰」外，又有「儒教」、「道教」（混合於民間信仰）、「佛教」，以及眾多「新興宗教」。它們同樣如同沙漠、山谷、彎曲的道路一樣，阻礙人人接近眞神天父上主。雖然異教徒也是天父上主的兒女，可是基督徒如果沒有協助人人掃除迷信的沙漠，與阻礙人追求眞理的崎嶇不平山谷，以及修直神棍所造重重魔障的彎曲道路，台灣同胞是無法親近天父上主的。那麼如何掃除當今台灣社會之宣教障礙修直通往恩典福音的眞理大道，正是台灣神學教育以及全體基督徒之重要課題。所以說，掃除信仰基督福音之障礙（包括個人、教會、及多元宗教之重重阻礙），基督徒及教會才能夠“備辦主的路”，彰顯耶穌基督救世福音。

2. 堅持社會公義

前已言及施洗約翰爲了維護社會公義而指斥希律安提帕這個加利利分封王佔有兄弟之妻的亂倫罪惡，而被殺頭犧牲生命。因他爲了堅持「摩西律法」所賦予的社會公義，才死得十分悲壯，這就是偉大先知之下場。然而施洗約翰已經爲人權及社會正義樹立“備辦主的路”之基礎，值得後世敬仰及學習！耶穌教導他的門人和跟隨者要做"世間的光"和"地上的鹽"（見：馬太五：13-16），藉以影響人間社會充滿公平與正義，自由與人權，和平與友愛。因此基督徒要學像施洗約翰一樣做大時代之見證人，不但做鹽做光影響當今所處的社會，也要將耶穌基督愛與公義的福音傳達出去。像台灣這個宗教頻頻脫序神棍騙財騙色的畸型社會，人心彎曲不正又自欺欺人，那些神棍及教棍實在真像"毒蛇之類"，需要徹底認罪悔改。外來政權的國民黨政府於七十年來（1945-2015）一黨獨大，時下的總統馬英九謊言治國，稱其為"政治金光黨"之首並不為過（就如馬英九治國八年來的"六三三口號"及不能兌現就"捐半薪"承諾完全跳票可以為例）。為此，台灣的政治現狀如同死寂荒廢的沙漠、政客包庇奸商製造崎嶇彎曲的道路以及經濟高低不平的山谷，使人民感到非要將其改造、修直、削平不可，人權與公義因此才可以伸張！當然這要靠台灣社會選民的智慧和決心，以"選票"去改變現狀。還要再加上台灣全體基督徒勇於"備辦主的路"，宣揚公平正義及自由人權之福音，才能夠完全兌現。

人類社會的不公不義，的確阻斷"人與上主"、"人與人"，及"人與大自然"（環境污染為例）之間的和諧關係。因此台灣社會需要一種健全的宗教信仰，來引導人人親近仁愛與公義的天父。主前八世紀（761 B.C.）的先知阿摩司（Amos）教導他的猶太同胞，指出上主厭惡敬拜祂的節期及各種祭品。上主所喜愛者，就是公平及正義："惟願公平如大水滾滾，公義如江河滔滔。"（見：阿摩司書五：21-24）主前八世紀末（735 B.C.）的先知彌迦（Micah）也同樣做如此之呼籲：“世人哪！上主已指示你們何為善。祂向你所要的是什麼呢？只要你行公義，好憐憫，存謙卑的心，與你的上主同行。”（見：彌迦書六：8）據此而論，基督徒為人權伸張正義，為社會公義付出行動，正是“備辦主的路”（為上主預備道路）的一個重要時代使命。

2015.11.28

五　上主的羊羔

> "次日，約翰看見耶穌來到他那裏，就說：「看哪，上主的羊羔，除去（或譯：背負）世人罪孽的！」"
>
> *約翰一：29*

> "他見耶穌行走，就說：「看哪，這是上主的羊羔！」"
>
> *約翰一：36*

基督教所宣示的"拯救觀"和其他世界諸宗教最不同的一點，就是強調：上主爲救拔沉溺於人性原罪之世人，祂以化身人類的方式成爲贖罪祭品（羊羔）。而公開指出耶穌基督（Jesus Christ）就是上主的道（聖言）所化身的"贖罪羊羔"（上主的羊羔）者，就是施洗約翰（John the Baptist）這位當代偉大的悲劇性先知。他是一位住在猶太曠野生活刻苦的苦行師。

既然施洗約翰是一位洞察"上主的羊羔就是耶穌"的見證人，到底這位偉大先知有何來歷？他和耶穌的關係如何？

根據《路加福音書》一章及二章之記述：施洗約翰之父是耶路撒冷聖殿亞比雅（Abijah）班列祭司撒迦利亞（Zechariah），其母名叫以利莎伯（Elizabeth），而且和耶穌有親戚關係。他們夫妻兩人如同祖先亞伯拉罕（Abraham）及其妻撒拉（Sarah）一樣，於過了生育能力之老年時期才奇蹟般的生下其子施洗約翰。其實聖經做此描述之用意，旨在象徵一個民族復興希望之兌現。其間曾經有些戲劇性描述，就如上主使者加百列（Gabriel）預告以利莎伯將會年老懷孕生子之時，在祭壇值班的祭司撒迦利亞因為不相信而變成啞巴，直到孩子出生才恢復正常開口說話。又"約翰"（John）這個名字，也是上主使者所指示的。因為這是一個瑪加比（Maccabee）獨立運動時代英雄的名字。為此，上主使者特別指出（見：路加一：15-17）：

> "在主的眼中，他將是一個偉大人物。……他將要做主的先驅，堅強有力，像先知以利亞一樣。……他將要幫助人民來迎接主。"

同時指出：童女馬利亞（Mary）由聖神感孕懷胎之後，特地前往耶路撒冷的撒迦利亞家庭，向已經懷胎六個月的以利莎伯問安。兩人一見面，腹中胎兒就跳動。馬利亞因此作了一首"尊主頌"（見：路加二：46-56）。經上又指出：當施洗約翰誕生時，其父撒迦利亞才開口說話，並且作了一首"預言詩"來歌頌上主，因為他的孩子將成為"至高上主的先知"（見：路加二：57-80）。

一、施洗約翰之見證

施洗約翰在當代公開證言：耶穌是"上主的羊羔"這件事，其意義非凡。唯有一位大時代的先知，才有如此敏銳之洞察力。然而要明白施洗約翰之證言，必須從「猶太教」（Judaism）之獻祭（尤其是動物犧牲之燒祭）談起。

（一）猶太教的動物獻祭

猶太人的先祖亞伯拉罕（Abraham）、以撒（Issac）與雅各（Jacob），均為以游牧為生之族長（Patriarch）。而游牧民族之宗教儀式，都少不了以動物為祭牲的習慣，其中以公羊（羊羔）之祭牲最為普遍。在《創世記》（四：4）就有記載該隱（Cain）之弟亞伯（Abel）用頭胎最好的小羊（羊羔）為祭牲獻給上主而蒙悅納之事。族長亞伯拉罕曾經受上主指示：將其合法獨子以撒為祭品（人類祭牲）。他於摩利亞（Moriah）山上構築祭壇，正要下手將以撒做祭牲獻祭時被上主使者阻擋。那時所替代以撒之祭牲，就是一隻公羊（ram）。亞伯拉罕就將那個地點稱為"耶和華以勒"，希伯來語的意思是："上主會預備"或"上主會看顧"（見：創世記二十二：1-14）。以色列民族出埃及前夕，上主命令摩西（Moses）吩咐全體人民，要每一家的家長必須選一隻一歲大無瑕疵的公羊（lamb），綿羊（sheep）或山羊（goat）均可以為祭牲。每一家將羊羔宰殺之後，將其一些血塗在屋子的門框和門楣上。並且全家在屋子內吃烤的羊肉、苦菜和無酵餅。剩餘的要在當夜全數燒掉，不可留到第二天。人人都要整裝、束帶、穿鞋、持杖，準備走出埃及為奴之地。當夜上主使者降臨埃及全地，殺死一切門戶不塗羊血之頭胎生的人與牲畜。以色列人因每戶門上均塗抹羊血而平安無事，也從此順利出埃及。這就是「逾越節」（Lord's Passover）之由來（見：出埃及記十二：1-42）。由此可見，猶太人以"羊羔"為祭牲不但具備拯救之記號，也有贖罪之意義。猶太人的「逾越節」及「無酵節」（Unleavened）也從此出現成為牢不可破的傳統年節（見：出埃及記十三：3-10）。昔日以色列民族在西乃曠野游牧時，又發展出由大祭司亞倫（Aaron）主導的公牛及公羊的"燔祭"（燒化祭），藉以做為獻給耶和華上主之供物（見：利未記一：1-13）。當時的「平安祭」（peace offering）及「贖罪祭」（sin offering），也用無缺點的牛羊為"燔祭"（見：利未記三：1～四：35）。而用公山羊為"代罪羊"做為祭牲之條例，也從此出現（見：利未記十六：20-28）。當耶穌被施洗約翰證言為"上主的羊羔"之時（見：約翰一：29, 36），可以看出這件事就是和上述的「猶太教」獻祭之祭牲傳統有關。更直接的說，耶穌就是來自上主的"贖罪羊羔"，是要擔當世人原罪（人性弱點）的上主愛子（見：約翰三：16）。在此，施洗約翰之證言，已經明白指出耶穌降世之意義。

（二）施洗約翰之洞察力

閱讀《約翰福音書》（一：19-28）這段經文，就知道施洗約翰於耶穌尚未進入宣揚天國福音的公生涯之前，已經是一位名聲遠播的偉大先知。因為他在猶太省曠野獨自生活，身上穿駱駝毛衣服，腰間繫著皮帶，以山野的蚱蜢（蝗蟲）及野蜜為食物，過著苦行的修道士生活。然而他可是一位相當有說服力之先知，所宣揚之信息簡單有力："天國快實現了，你們要悔改！"結果上至耶路撒冷祭司、猶太教神學家的經學士、敬虔主義的法利賽人，下至農夫、漁夫及一般庶民，均對他有所期待，因此前來猶太曠野拜訪他。不過他卻不客氣的指斥祭司階級的撒都該人、經學士及法利賽人是"毒蛇之類"的偽君子。因為，他們能說不能行，外表都是虛偽作風。因期待這些猶太教領袖能夠澈底悔改，所以為他們施行"悔改的洗禮"（見：馬太三：1-12，馬可一：1-8，路加三：1-18）。大家必須留意的是：《約翰福音書》的作者，旨在強調施洗約翰是大時代的見證人。因為當他名揚猶太全地又各方人馬對他的呼聲有所期待之際，他對眾人公開否認自己既不是"以利亞"（Elijah）再世，也不是"基督"（Christ），而是一個"為主修直他要走的道路"的人（約翰一：19-23）。不僅如此，他因為有謙卑性格，更有敏銳之洞察力，所以一眼看出耶穌是比他自己更偉大的"上主的羊羔"（約翰一：29, 36），是要來擔當世人原罪（人性弱點）的那一位。

1. 他洞察上主作為

檢視「共觀福音書」（Synoptic Gospels，就是：馬太、馬可、路加這三本）所記載，耶穌主動請求施洗約翰在約旦河為他施洗。耶穌受洗之後剛從水中上來，施洗約翰就看見天開，聖神如同鴿子降臨在耶穌身上。又有聲音從天上傳下來說：「你是我親愛的兒子，我喜悅你。」（見：馬太三：16-17，馬可一：9-11，路加三：21-22）英國聖經學者亨德（A.M. Hunter）在其《新約神學簡介》（*Introducing New Testament Theology, 1963*）一書裡指出：

（1）「你是我親愛的兒子」這句話（引自：詩篇二：7），正是以色列彌賽亞（基督）王者之加冕用語，證言耶穌是「天國君王」。

（2）「我喜悅你」這句話（引自：以賽亞書四十二：1），就是上主僕人「祭司」與「先知」正式封立就任時的用語。

耶穌接受施洗約翰洗禮從水中上來時，「聖神」（Holy Spirit）如同鴿子降臨於耶穌身上之描述，正明顯指出：施洗約翰在主持耶穌就任天國福音的宣教師時，上主聖神封立耶穌為：君王（基督）、祭司與先知。只是這一重大的祕密記號，沒有人能夠看出來。當時只有施洗約翰，才能夠洞察出上主偉大之作為及耶穌之角色。

2. 他洞察耶穌之角色

施洗約翰為耶穌施洗（相等於君王之加冕、祭司、先知的封立儀式）之後，更洞察耶穌之角色是「上主的羊羔」（約翰一：29, 36），為普世人類贖罪（非只限猶太民族）之祭品。從施洗約翰之證言，可以領會這是劃時代的重大發現！對「猶太教」而言，摩西與亞倫所設：「贖罪祭」（燔祭或燒化祭）是以牛、羊、鴿子為祭品。其中尤其是「羊羔」（一歲大的公羊）用做祭牲者最大宗，目的在於贖人所犯的過失（行為上的過犯）。可是"上主的羊羔"此一祭品，則是上主之自我犧牲，目的在於解除人類之原罪（人性之軟弱"sin"），不是一般性的過失（guilt）而已。天父上主為其所造的人類解決"人性"（human nature）之原罪問題，祂的"道"（Logos）不僅要化身成肉為人（即耶穌基督），也必須成為救贖"人性"之祭品，就是"贖罪羊羔"。這是施洗約翰之重大發現，也只有一位偉大先知才有如此之洞察力。正因為如此，施洗約翰不僅甘心謙卑"為主預備道路"做耶穌的宣教先驅，耶穌也公開讚揚他是一位"婦人所生之最偉大的先知"（見：馬太十一：11，路加七：28）。先知之一生總是很悲劇性的，最後這位大時代見證人的施洗約翰也因為公然指斥加利利分封王希律安提帕（Herod Antipas, 21 B.C.-39 A.D.）奪取其兄希律腓力（Herod Philip I）之妻希羅底（Herodias）的亂倫罪惡，因此被設計陷害砍頭殉道（見：馬太十四：1-12，馬可六：14-29，路加九：7-9）。

二、上主羊羔是贖罪祭品

　　儘管施洗約翰採取「猶太教」（Judaism）用一歲小羊（羊羔）為祭牲的"贖罪祭"做引喻，來加以證言耶穌就是為贖回人類原罪本性而降生的"上主羊羔"。這當然和「舊約」（Old Covenant）之贖罪意義是不同的。因為在「舊約」（猶太教）所凸顯的"贖罪祭"，是用羊羔之犧牲代贖人人所做之過犯（guilt），而「新約」（New Covenant）的強調則是上主成肉的"道"（見：約翰一：1-18）成為"上主的羊羔"去救贖人類因墮落而有的"原罪"（original sin），即人類本性之弱點。爲的是人類之原罪阻絕與天父上主的關係，"上主羊羔"成爲犧牲代贖之祭品（十字架福音），終於促使罪人與天父上主和好（見：羅馬書三：23-26）。所以《約翰福音書》之作者，才公開做了下列之證言（見：約翰一：17）：

"因爲「律法」是傳自摩西的教導，「恩典」與「眞理」是藉著耶穌基督才有的。"

（一）人性原罪之解脫

當今世界有十一個被公認的國際性宗教，就是「波斯教」（Zoroastrianism）、「猶太教」（Judaism）、「基督教」（Christianity）、「伊斯蘭教」（Islam）、「印度教」（Hinduism）、「耆那教」（Jainism）、「佛教」（Buddhism）、「錫克教」（Sikhism）、「儒教」（Religious Confucianism）、「道教」（Religious Taoism）及「神道教」（Shintoism）。一般來說，"一神信仰"（monotheism）的「猶太教」、「基督教」、「伊斯蘭教」，對於"人性"（human nature）之見解是"人性本惡"，因此強調絕對的順服「上主」（神），以至需要「救世主」去拯救，才可以解脫人性之桎梏（也即贖罪或救贖）。"多神信仰"（polytheism）的「印度教」、「耆那教」、「佛教」、「儒教」、「神道教」，均主張"人性本善"，罪惡由後天而來。因此主張"自力修行"（修道）坐禪及善心積功德，人性才能夠藉此解脫。

做為一神主義（信仰父、子、聖神"三一神觀"）的「基督教」，和「猶太教」及「伊斯蘭教」之基本差別，在於"原罪"如何解脫的問題。後兩者認為人性因為有"原罪"，所以人人都容易犯錯。所以必須順服耶和華上主或安拉（神），遵從列祖之教導及先知規定之律例。萬一有行為上之過犯，除了接受嚴酷之刑罰（用以眼還眼之「復仇法」）外，就是獻上"贖罪祭"求神赦免。唯有如此才能夠使人性原罪獲得解脫。如此主張當然是注重"自力修行"的東方諸宗教所沒有的。至於「基督教」，雖然認為"原罪"（人性弱點）容易導致人類犯輕重都有的過失，然而無法用動物祭牲去贖罪抵消其過犯。畢竟"原罪"（人性弱點）使人與造物上主隔絕，誤用祂賦與人類的"自由意志"（Free Will）為所欲為，用邪惡行止反抗祂、背叛祂（見：創世記三：1-21）。對於「基督教」的教義而言，"原罪"因為教人類墮落離開樂園（見：創世記三：22-24），所以人性"原罪"之解脫非要信靠一位「救世主」不可。這位「救世主」就是耶穌基督。因為他降世目的，是要成為"上主的羊羔"（上主的「道」化身成為祭品），藉以救贖人類，解除其人性之"原罪"。

（二）耶穌是上主的羊羔

明白上述之探討，就能夠瞭解施洗約翰為何於耶穌接受他施洗的第二天做了以下之證言（約翰一：29）：

"看哪，上主的羊羔，是除掉世人之罪的。"

　　耶穌是"上主的羊羔"，是要擔當及除去世人的原罪之祭品。這正凸顯上主偉大的愛！因為人類本性邪惡，其"原罪"之解脫，非要有上主之自我犧牲成為贖罪祭品（上主的羊羔）不可。使徒保羅（Paul）的教義神學（Dogmatic Theology）就明白說明這點（見：羅馬書三：22-25）：

　　"上主使他們（人類）跟祂有合宜的關係，是基於他們信耶穌基督。上主如此對待所有信基督的人，任何差別都沒有。因為每一個人（世人）都犯罪，虧欠了上主的榮耀。然而上主白白賜與恩典，藉著耶穌基督的救贖使罪人稱義（建立合宜關係）。上主設立耶穌基督做贖罪祭品，藉著耶穌的寶血（犧牲）使人因信而蒙赦罪。"

　　使徒保羅認為：人類的本性因為有"原罪"之弱點，是無法像東方宗教（印度教、耆那教、佛教、儒教）那樣靠"自力修道"得救的。罪人之得救需要一位救主，就是耶穌基督。人類是"因信稱義"的（與自力主義的宗教強調不同），不是"修行得救"的。唯有信靠耶穌，才能夠和上主建立和好（復和）的關係。為何需要信靠耶穌呢？因為祂為人類之罪債犧牲（成為"上主的羊羔"），充分凸顯上主對於罪人無條件之愛（羅馬書五：8-10）：

"上主對我們顯示了無比的愛，當我們還是罪人之時，耶穌基督爲我們死了。由於祂的死，我們現在得以跟上主有合宜的關係。祂的死，更要拯救我們脫離上主的義憤。我們（罪人）原是上主之仇敵，但是藉著祂兒子（耶穌）的犧牲，使我們與上主建立和好（復和）的關係。"

《約翰福音書》的作者不僅記述施洗約翰證言耶穌是"上主的羊羔"，也用筆記述上主對於世上萬物"無條件的愛"（約翰三：16-17）：

"上主那麼愛世上萬物（世間），甚至賜下祂的獨生愛子給人類，要使所有信祂的人不至於滅亡，反而得到永恆的生命（永生）！因爲上主差遣祂的兒子到世上來，不是要定世人的罪，而是藉著祂來拯救世人！"

這就是「基督教」所詮釋的教義，也是世上任何一個教門難以比較的「拯救觀」。耶穌基督降世成爲"上主的羊羔"（做人類軟弱本性的「贖罪祭品」），正是證言此一重要意義，從而使世人認識上主之大愛！

結語

台灣基督長老教會（Presbyterian Church in Taiwan）的1965年版《聖詩》第103首（以「耶穌原本是上帝」爲題，英文標題是："The Hope of all the Ages"）的一節及二節，充分指出基督教拯救觀之內容：

1. 耶穌原本是上帝，臨到凡間來救世。
   舊約聖徒歷代久，攏是盼望這救主。
2. 主獻本身若羊羔，舊約禮數就廢無。
   免再獻祭祀筵席，耶穌已經獻夠額。

　　這兩節「聖詩」已經充分證言「基督教」有關耶穌做為 "贖罪羊羔" 之拯救觀（或救贖論）。因為上主為要解除人類 "原罪"（人性本惡）問題，必須用犧牲聖子耶穌所流的寶血去完成。也許人人會質問：那麼被殺的上主羊羔之 "祭壇" 在何處？直接的說，那就是在耶路撒冷郊外各各他（Golgotha）的十字架（見：馬太二十七：32-44，馬可十五：21-32，路加二十三：26-43，約翰十九：17-27）。所以《聖詩》第115首（「我心仰望十字寶架」，"When I Survey the Wondrous Cross"）的一節及三節，其內容表白得很感動人：

1. 我心仰望十字寶架，榮耀的主替我受罪。
   我前欣慕世上榮華，今願為主攏總放息。
3. 來看救主頭殼腳手，流出寶血慈愛憂愁。
   這樣愛疼自古未有，荊棘變成榮耀冕旒。

2014.04.12

六 耶穌超越人性誘惑

　　"當時耶穌被聖神引到曠野受魔鬼的試探。禁食四十晝夜之後，耶穌餓了。魔鬼上前對他說：「如果你是上主的兒子，命令這些石頭變成麵包吧！」耶穌回答：「聖經說：『人的生存不僅是靠食物，而是靠上主所說的每一句話。』」魔鬼又帶耶穌到聖城，讓他站在聖殿頂的最高處，對他說：「如果你是上主的兒子，你就跳下去；因為聖經說：上主要為你吩咐他的天使；他們要用手托住你，使你的腳不至於在石頭上碰傷。」耶穌回答：「可是聖經上也說：『不可試你的上主。』」最後，魔鬼帶耶穌上了一座很高的山，把世上萬國和它們的榮華都給他看。魔鬼說：「如果你跪下來拜我，我就把這一切都給你。」耶穌回答：「撒但，走開！聖經說：『要拜主——你的上主，惟獨敬奉祂。』」於是，魔鬼離開了耶穌，天使就前來伺候他。"

馬太四，1-11

現代世界有十一個宗教活潑於人類社會中，他們就是：「波斯教」（Zoroastrianism, or Parsiism）、「猶太教」（Judaism）、「基督教」（Christianity）、「伊斯蘭教」（Islam）、「印度教」（Hinduism）、「耆那教」（Jainism）、「佛教」（Buddhism）、「錫克教」（Sikhism）、「儒教」（Religious Confucianism）、「道教」（Religious Taoism）及「神道教」（Shintoism）。而這十一個國際性宗教，對於“人性”（human nature）問題之理解均不相同。就像「波斯教」、「猶太教」、「基督教」及「伊斯蘭教」，主張“人性”具善與惡的兩款面目，因此需要以宗教戒律加以約束，或需要一位“救世主”之拯救才能夠掙脫“人性枷鎖”。只是「印度教」、「耆那教」、「佛教」、「錫克教」、「儒教」、「道教」和「神道教」則相信“人性本善”，可以藉著修道、禪定、出家、做善事（功德）等等，使“人性”達到解脫、圓滿，以至天人合德之境界。值得留意的是：「基督教」的拯救觀係以“人性論”入門。因其從「猶太教」的“人性墮落論”（見：創世記三章的出樂園故事）爲出發點，強調人類都有“原罪”（original sin），也就是“人性之弱點”。更妥切來說明，不外“人性”具備「善」與「惡」的兩款面目。「善」就是人性之“天使律”，「惡」就是“魔鬼律”。這兩款“人性”善惡之律，時常因物慾、虛榮心及權力慾之“誘惑”（temptation）而陷入於鬥爭之中。爲此，基督徒必須能夠得勝“誘惑”，才有資格成爲“上主的兒女”。

一、經文的故事

《馬太福音書》（四：1-11）記載耶穌（Jesus）於進入宣教生涯之前，先於猶太曠野禁食四十晝夜。之後，其"人性"受到魔鬼（惡者）誘惑及考驗的故事。同樣的故事於《馬可福音書》（一：12-13）及《路加福音書》（四：1-13）均有記載，只是前者之記述比較簡略，後者之描寫十分生動，次序卻有些不同。本文之探討係以馬太（Matthew）這位作者之記述為依據。作者顯然有意將耶穌（Jesus）和摩西（Moses）這位"以色列民族英雄"做個類比：摩西曾經在西乃曠野的山上停留四十晝夜不吃不喝（禁食），而後頒佈『十誡』兩塊法版（約法），因而成為「猶太教」的開山祖師（見：出埃及記三十四：27-28）。耶穌這位人類救星，同樣必須體驗四十晝夜的禁食及"人性"善惡兩面之考驗，才足為人類信靠之對象。

故事指出：耶穌於約旦河接受施洗約翰（John the Baptist）洗禮之後，受聖神（Holy Spirit）引導赴曠野禁食四十晝夜，思考來日公生涯之宣教事工。之後其"人性"受到惡者（魔鬼）的三次"誘惑"（temptations），但始終均能夠超越而得勝，而得到善者（天使律）的支援。這三次的"誘惑"如下：

（一）肉慾之誘惑（馬太四：1-4）

故事言及：耶穌於禁食四十晝夜之後，其肉慾的自然反應就是肚子餓，想吃一些食物。其時惡者魔鬼（evil）出現誘惑他將"石頭"變成食物，來彰顯他是"上主的兒子"。耶穌的即時回應就是：

> "人的生存不是單靠食物，而是靠著上主口中的每一句
> 話。" (耶穌引自：申命記八：3的經文教導)

這樣，耶穌果然得勝"肉慾"之誘惑 (白話字版聖經譯做
"試"，漢文版聖經譯做"試探"，其實原文是"誘惑"的意思，即凸顯人性
之弱點)。

（二）虛榮心之誘惑 (馬太四：5-7)

這次惡者魔鬼抓住人性常有的自誇、傲慢、出風頭，及
才能本事的"虛榮心"來誘惑耶穌，即帶著耶穌前往耶路撒
冷聖殿的最高處挑戰他說："你若是上主的兒子，就跳下去
吧！"並且引用《詩篇》(九十一：11-12)的話挑戰他：

> "因為上主要為你命令祂的天使，用他們的手扶住你，
> 以免使你的腳在石頭上碰傷。"

其時耶穌隨即根據舊約聖經《申命記》(六：16)的話加
以回應，來抗拒惡者之誘惑：

> "不可試探 (test) 上主，你的真神！"

於是耶穌再次得勝惡者對自己"虛榮心"及"傲慢"之

誘惑，保持住上主的兒子之謙卑及自尊心。

（三）權力慾之誘惑 （馬太四：8-11）

惡者魔鬼對耶穌的第三次誘惑，就是人性之中最難抗拒之"權力慾"。故事指出：惡者魔鬼引導耶穌上了一座高山，將天下萬國及其榮華富貴給他看。並且宣告："如果你跪下伏拜我，我就把這一切都給予你。"（四：8-9）其時耶穌斥責惡者："撒旦，退下走開！"（四：10）隨即引用《申命記》（六：13）以及《撒母耳記上》（七：3）的話來打敗惡者之誘惑：

> "理當敬拜上主你的真神，只可敬奉祂。"

經歷三次的惡者魔鬼誘惑，耶穌都以上主的話語加以征服。從此惡者離開耶穌，聖善的使者（天使）就來伺候他。

可是這個耶穌之人性受惡者魔鬼誘惑三次的故事，不能就此結束。重要的是：它凸顯了基督教的"人性觀"，也就是"人性"具備著「善」（天使律）與「惡」（魔鬼律）這兩款真面目之事實，因此需要做個探討。

二、人性的兩款面目

傳統上這一"耶穌受試"（受誘惑）的故事，均不以"人性觀"加以論述。並且將耶穌（Jesus）、魔鬼（devil）、天使

（angel）三者，以三個角色分別加以討論。事實上這個故事所凸顯的意義，不外指出"人性"（human nature）的兩款眞面目：「善」（天使律）及「惡」（魔鬼律）的二律內涵。耶穌是一位歷史人物，他既然是人類始祖亞當（Adam）的後裔，就有"人性"之弱點，也即所謂之「原罪」（original sin）存在。這是《創世記》第三章有關始祖亞當及夏娃（Eve）"出樂園故事"之重要教導。只是"人性"也有「上主形相」（image of God）與「上主氣息」（breath of God）之神性本質（見：創世記一：27，二：7）。據此而論，"人性"就具備「原罪」（魔鬼律）及「神性本質」（天使律）這款"二位一體"之組合，人人均可以其"自由意志"（free will）去選擇「善」（與神同行）或「惡」（受魔鬼誘惑而墮落）之自由。始祖亞當（Adam）和夏娃（Eve）就是因爲選擇吃"善惡果"（魔鬼律）而墮落被逐出「樂園」，"人性"（人類本性）從此有了「原罪」（見：創世記五：1-24）。

耶穌既然是歷史人物，自然具備善惡兩兼之"人性"。他於禁食四十晝夜之後，面對惡者（人性之魔鬼律）三次之誘惑，可謂是很自然的一件事。因爲耶穌超越惡者對其"肉慾"（食物）、"虛榮心"（自傲）及"權力慾"（登上天下王者之權位）之誘惑，才能夠於日後完成救世使命，協助人類掙脫人性桎梏。

（一）耶穌得勝人性誘惑

耶穌大約三十歲時進入公生涯宣揚「天國」（Kingdom of

Heaven）之福音。這個故事指出：耶穌做為「天國」之宣揚者，必先淨化自己之人性弱點，得勝"肉慾"、"虛榮心"及"權力慾"（做人間政治領袖）之誘惑才能夠勝任。在此必須留意的是：「天國」（上主國度）就是一個以"上主為天父，人類是兄弟姊妹"的"普世性生命共同體"，也可以說是「福音」（Gospel）的內容。欲成為「天國」福音的宣揚者，必先超越"人性"之各種誘惑才有資格。當初耶穌可能有其私慾的"人性觀"，擬以"肉慾"、"虛榮心"及"權力慾"來建造世俗國度。後來他改變主意，其使命感超越人性私慾之各種誘惑。畢竟耶穌明白下列三點：

1. 人活著並非單靠食物

曾經禁食四十晝夜的耶穌，一旦結束其禁食時難免"肚子餓"。若依耶穌的權能言，他可以使石頭變成食物來滿足自己的肉慾。他也一時思考用"石頭變食物"的神跡，使猶太人來擁護他做救世主，因為當時的猶太人太缺乏食物了。可是這類以變把戲使石頭變成食物的方法，正是他的人性弱點，是惡者（魔鬼律）之詭計。畢竟"人活著並非單靠食物，而是靠著上主口中的每一句話"。以此去面對人性之誘惑，才有生存的意義（見：申命記八：３）。

2. 不可試探上主權能

猶太人熱衷於目睹"神跡"，因為善於行神跡的人往往會被認同為人間的先知或領袖。耶穌既然要獻身於「天國」

聖工，其人性也受到自傲的"虛榮心"所挑戰。那就是釋放他行神跡異能的本事："從聖殿最高處一躍而下也不會受傷"之本領。可是這種出風頭又自傲的虛榮心，正是一種自甘墮落之人性誘惑。因為一個負有宣揚「天國」將要臨到人間的偉大領袖，必須與上主同行而謙卑隱藏其實力，以服務世人為本務。所以他必須棄絕"虛榮心"的誘惑，才足以為人間之領袖。為此耶穌才引用《申命記》（六：16）"不可試探你的上主"的有力經句，來得勝此一人性自傲之誘惑。

3. 唯獨敬拜真神

　　"權力慾"可說是"人性"的大挑戰之一，畢竟人人都想出人頭地，甚至做人間的領袖（君王）去奴役別人、支配同胞。所以耶穌的人性受到"權力慾"之挑戰，是極其自然的一件事。然而耶穌降世目的，並非要做人間政治性的彌賽亞（Messiah，即王者）。所以當其"人性"中的惡念頭（用魔鬼做象徵）引導耶穌登上高山，要做俗世君王（用天下萬國及其榮顯地位給他看）的"權力慾"誘惑之時，耶穌即時拒絕。並且引用《申命記》（六：13）及《撒母耳記上》（七：3）的"唯獨敬拜上主，只能敬奉祂"之經文，來超越自己那種欣慕俗世權力之慾望。因為耶穌是「天國」的和平仁君（見：以賽亞書九：6），不是歷史上騎戰馬在世界各地耀武揚威的獨裁又專制之君王。也就是說：耶穌的人性必須超越這一奴役人類的"權力慾"，才可以領導世人親近上主，敬拜天父。

（二）耶穌有天使般的人性

當"耶穌的人性"得勝惡者三次誘惑之後，聖經言及：當惡者（魔鬼）離開之時，有天使到來伺候他（見：馬太四：11）。這正指出：耶穌的人性從此不再受到惡者（魔鬼律）所支配，而有"天使律"的相伴來服務人間。也就是說，從此耶穌擁有天使般的人性，將要開始爲「天國」聖工盡力。耶穌的"天使律人性"，具體表現於他的教導及行事。

1. 耶穌的教導帶有權威性

在《新約聖經》的四本福音書（馬太、馬可、路加、約翰）之中，最有名的教訓，就是馬太這位作者所記載的『山上寶訓』（Sermon on the Mount，見：馬太五章至七章）。作者馬太在這三章的『山上寶訓』之結語寫道（見：馬太七：28-29）：

> "耶穌講道完了，群眾對他的教訓都感到十分驚奇。因爲耶穌的教導跟他們的經學士不同，他的教訓帶有權威性。"

查考耶穌教訓的內容，不但改變「猶太教」的傳統老調，更很有創新。就如他所探討的「福」，是做天國民必備的"八福"（馬太五：3-12）。天國民也要做世光與地鹽來榮光上主（馬太五：13-16）。而且對於「摩西律法」（Moses' Law）也有新的詮釋，諸如：殺人、訴訟、報仇、淫亂、休妻、起誓、愛敵人、施捨等等的教導，均一反傳統老調（見：馬太五：17～六：4）。論及「祈禱」一事，更以"主禱文"立下榜樣（見：馬太六：5-15）。又提出追求「天國」之「人生觀」，教人勿生存於憂慮之中過日子（見：馬太六：16-34）。教人勿論斷人的是非、有所需求就向天父上主求討、並且要進窄門追求永生之道。要做個真正的宗教信仰追求者，將信仰建造於穩固的石磐上（見：馬太七：1-27）。由此足見，唯有一位具有天使般人性的人，才有如此有權威的教導。耶穌就是這樣的一個人！

2. 耶穌的行事充滿仁愛與公義

根據「四福音書」（馬太、馬可、路加、約翰所記載的「耶穌傳」）之證言，耶穌一生之行事為人，充滿仁愛與公義表現。就像耶穌始終以仁愛的行動醫治眾多病人（見：馬太八：14-17，馬可一：29-34，路加四：38-41），於安息日使生來就瞎眼者重見光明（見：約翰九：1-34）。耶穌的人道主義更協助一個犯姦淫罪唯一死刑的婦人，掙脫死罪重生（見：約翰八：1-11）。他真正是一位弱勢人群的朋友，勇敢向當代「猶太教」宗教家宣稱："人子來是要找尋和拯救迷失的人。"（見：路加十九：10）又說："我告訴你們，稅棍和娼妓要比你們先成為「天國」的子民。"（馬太二十一：31-32）說到"愛敵人"的社會倫理，耶穌用一個"善心的撒馬利亞人"故事，來加以闡明（見：路加十：25-37）。由此可以明白，耶穌係以行動來證言愛心，不是口說無憑者。這點正也可以說明：耶穌具備天使般的人性。

　　耶穌是個重視社會公義的人，所以奉行「天國」的“仁愛”與“公義”的社會倫理。在耶穌看來，天國民的社會倫理是：“人與人的關係”就是“仁愛”（包含愛敵人的愛），即犧牲的愛（sacrificial love），非「猶太教」那種彼此互相間“愛人如己的愛（mutual love）就夠。至於對人間的組織，即“人與制度（體制）的關係”就要強調“公義”。也就是社會上不公不義的制度，人人除了指斥其不是以外，就是要以行動抗爭，藉以喚起社會改革。耶穌一生就留下了榜樣：他公開斥責當代宗教家經學士及敬虔主義的法利賽人之偽善，因為他們滿口是摩西律法及口傳律例，卻能說不能行。他們喜愛高位並且驕傲不謙卑，阻礙人進入「天國」，因此他們將受上主懲罰（見：馬太二十三：1-36）。再者，耶穌一生最偉大的公義行動，就是以繩為鞭擊打耶路撒冷聖殿祭司集團所包庇剝削信徒的奸商，潔淨賊窩一樣的耶路撒冷聖殿（見：馬太二十一：12-17，馬可十一：15-19，路加十九：45-48，約翰二：13-22）。此一在當代大轟動的“耶路撒冷事件”，終於導致他犧牲生命，被羅馬帝國總督彼拉多（Pilate）及猶太教祭司集團以“猶太人的王”之政治犯罪名處死於十字架上（見：馬太二十七：11-14，馬可十五：2-5，路加二十三：3-5，約翰十八：33-38）。由此可見：耶穌的人性因具天使的樣式，才能夠勇敢的為猶太社會主持正義，為宗教之淨化而犧牲生命。所以耶穌一生的行止都在凸顯人性之光輝，留下仁愛與公義行動的社會倫理模式。

三、學像耶穌超越人性之誘惑

人類最大的內在敵人，就是其"人性"的「原罪」（魔鬼律）。爲此，人人儘管如何努力以其「善性」（天使律）去做善事，積功德、從事社會服務，仍然敵不過自己的"肉慾"、"勢利慾"（虛榮心）及"權力慾"之誘惑。或許使徒保羅（Paul）在《羅馬書》（七：15-19）之告白，就可以知道"人性"的「善」與「惡」兩律之間的自相矛盾：

> "因爲我所願意的（善），我偏不去做；我所痛恨的（惡），我反而去做。……既然如此，我所做的並非我眞正的作爲，而是在我裡面的罪（魔鬼律）在做的。我也知道，在我的本性裡面沒有良善。因爲我有行善（天使律）之意願，卻無行善的能力。我所意願的善我偏偏不去做；我所不意願的惡，我反而去做。"

之後，保羅不得不感嘆"人性"的弱點（邪惡）始終困擾著他，使他內在之「善」（天使律）與「惡」兩個律時常在交戰。幸而他並不因此失望，因其相信主耶穌之救拔。爲著是主耶穌已經超越人性之各種誘惑，因而完成救世大功（見：羅馬書七：21, 24-25）：

> "因此我發覺有一個法則在作祟，當我願意行善的時候，邪惡（魔鬼律）老是糾纏著我。……我眞苦啊！誰能

救我脫離這使我滅亡的身體（人性）呢？感謝上主，藉著我們的主耶穌基督，因為他使我得救。"

"人性"淨化及擺脫惡者（魔鬼律）的支配，當然是要學像耶穌得勝誘惑，更要信靠耶穌的救贖及幫助，才能夠加以達成。

（一）約翰文學的儆告

《新約聖經》的「約翰文學」（約翰福音書、約翰一、二、三書，前者為「福音書」，後三卷為「公同書信」），其中《約翰一書》（二：15-16）有一段類似《馬太福音書》（四：1-11）耶穌受惡者（魔鬼律）誘惑故事之儆告，提醒當代基督徒拒絕這世界惡者之誘惑：

"不要愛這個世界（指惡者勢力），或任何屬於這世界的事物。如果你們愛這世界，就沒有愛天父上主的心。因為一切屬於世界之事物，好比：肉體情慾（肉慾）、眼目情慾（勢利慾）、和今生的驕傲與虛榮（權力慾）。這些都不是從天父來的，反而是從這世界（惡者的勢力）而來的。"

作者指出："人性"之中的"肉體情慾"（食慾、性慾、物質私慾），"眼目情慾"（看熱鬧之勢利慾），以及"今生的驕傲"（權力慾及虛榮心），均是這世界人性之中"魔鬼律"的流露。基督徒必須學像耶穌超越這些人性之弱點，才不會被這世界（人性的魔鬼律）所奴役，身心才能夠達到真正的自由。從此就會善用生命，與神同工。

（二）使徒保羅的教導

做為「基督教」代言人的使徒保羅，同樣相當關心基督徒人品問題。他教導小亞細亞（Asia Minor）加拉太地區（Galatia）的信徒有關 "聖神和人的本性" 論題時，特別強調要順從聖神的引導，勿一味滿足自己本性的慾望。因為本性（人性）之慾望和聖神敵對，使人無法去做自己所願意做的好事。也就是說，好事（善的天使律），唯有接受聖神的引導才做得到（見：加拉太書五：16-18）。保羅指出人本性之慾望有「惡」（魔鬼律）與「善」（天使律）兩類，而且兩者的表現都不同。他言及人性的「惡」（魔鬼律）之具體表現，有十五類以上。具備這類本性者，均不能成為上主國度之子民（見：加拉太書五：19-21）：

> "人本性之慾望顯而易見表現於：淫亂、穢行、邪蕩、崇拜偶像、巫術、仇恨、鬥爭、怨恨、惱怒、自私、分派、結黨、嫉妒、酒醉、宴樂狂歡、及其他類似之事，我始終警告你們，做這種事的人，一定不能成為上主國度的子民。"

接著保羅又介紹受聖神所引導的人性（即「善」的天使

律），就會結出"聖神的果子"來榮神益人（見：加拉太書五：22-23）：

> "至於聖神所結的果子，就是：仁愛、喜樂、和平、忍耐、仁慈、良善、忠信、溫柔、節制。這些好事是沒有任何律法會加以禁止的。"

保羅又強調，那些學像耶穌的基督徒，其邪惡及情慾之本性，都釘死於十字架上了。他們從此有聖神引導的新生活，擁有做好事的新生命。因其惡質本性已經被淨化了，所以不再被慾望所奴役及控制（見：加拉太書五：24-25）。

結語

人類既具有「善」與「惡」相兼之"人性"，因此可說沒有一個人是完人。耶穌是人類歷史上之人物，他當然也有其"人性"受惡者誘惑之困擾。然而他憑"上主的話"（聖言）一一加以超越克服，從此進入他的公生涯能夠完成救世使命。基督徒生活於現代形形色色的社會中，無時無刻都在面對眾多的誘惑，對自己的本性面臨極大的挑戰。為此必須謹慎生活，求聖神幫助及引導加以超越及克服。二十世紀初期俄國大文豪托爾斯泰（Leo Tolstoy, 1828-1910），在他的短篇小說中收錄一篇：《小鬼和麵包皮》的故事，說到人的本性如何墮落的經過。故事的內容言及：一個小鬼（Imp）奉鬼王

（Devil）之命，在人間迷惑人犯罪。小鬼前往鄉下農莊尋找一個早晨就出門耕作的窮農夫，趁著他不注意時將其裝在衣服裡一塊早餐用的麵包皮（crust）偷走了，並且等待著窮農夫因喫不到麵包皮時的咒罵。當窮農夫休息正欲吃早餐時，卻找不到麵包皮止飢。他心裡雖然不悅，不但沒有咒罵，反而希望那個跟他一樣窮的人可以受用那一塊麵包皮。不久農夫又快樂的上工去了。小鬼偷了麵包皮又聽不到農夫的咒罵，只見鬼王大怒，責備小鬼的方法不對。就限其三年內要成功的迷惑那個窮農夫使他墮落，否則就將其泡在聖水中受苦。於是小鬼想出一個妙計，就是變做工人去協助那個窮農夫。第一個年頭小鬼獻計教導農夫在低濕地撒種，結果穀物大豐收，有許多餘穀收藏在穀倉。第二年因多雨，小鬼教導農夫在山坡高地種穀，結果同樣是大豐收。於是農夫就將餘穀製成烈酒，邀請親友前來大飲特喝。於是小鬼請鬼王前來驗收其計謀，順便看大家酒醉時的熱鬧及醜態。其時兩鬼目睹農夫因醉意而謾罵妻子，又聽到客人講了許多不雅的酒話。大家於三杯酒下肚之後，不但個個站立不穩，又開始吵架起來，人人都原形畢露！那時鬼王大悅，誇讚小鬼誘惑農夫成功，並加以獎賞一番。於是小鬼發表其打敗農夫的感想，言及"人性"之中本來就有"獸性"的狐狸、豺狼及豬之習性，當農夫窮困時，這種人性中的"獸性"不會發揮，僅麵包皮裹腹就知足。一旦富裕又用餘糧製成烈酒和親友暢飲作樂時，農夫就出現責罵妻子的"狐狸性"，親友也暴露互相吵架的"豺狼性"，以及三杯下肚之後爛醉如泥的"豬子性"就會發作起來倒地亂滾,像野獸一樣原形顯露!

　　這個故事不外指出:過著受苦日子的農夫,其性格純真,如同天使一樣會爲別人的需求著想。一旦富裕起來懂得飲酒作樂之時,其獸性便會發作起來,肉慾的魔鬼律也因此勝利。所以基督徒當學像耶穌,於自我人性的善惡鬥爭中,以堅強之信念加以超越,勿被惡者(魔鬼律)所奴役及打敗。

2016.06.04

揭露「基督」之秘密

"過了六天，耶穌帶著彼得、雅各，和雅各的兄弟約翰，暗暗地上了高山，就在他們面前變了形像，臉面明亮如日頭，衣裳潔白如光。忽然，有摩西、以利亞向他們顯現，同耶穌說話。彼得對耶穌說：「主啊，我們在這裏真好！你若願意，我就在這裏搭三座棚，一座為你，一座為摩西，一座為以利亞。」說話之間，忽然有一朵光明的雲彩遮蓋他們，且有聲音從雲彩裏出來，說：「這是我的愛子，我所喜悅的。你們要聽他！」門徒聽見，就俯伏在地，極其害怕。耶穌進前來，摸他們，說：「起來，不要害怕！」他們舉目不見一人，只見耶穌在那裏。下山的時候，耶穌吩咐他們說：「人子還沒有從死裏復活，你們不要將所看見的告訴人。」門徒問耶穌說：「文士為甚麼說以利亞必須先來？」耶穌回答說：「以利亞固然先來，並要復興萬事；只是我告訴你們，以利亞已經來了，人卻不認識他，竟任意待他。人子也將要這樣受他們的害。」門徒這才明白耶穌所說的是指著施洗的約翰。"

馬太十七：1-13

人類歷史上任何一個民族一旦陷入於生死存亡危機之時，都會期望一位民族救星出現去解救他們。猶太人（以色列民族）也不例外。猶太人於世界歷史上，是個十分悲劇性的民族。他們的祖先亞伯拉罕（Abraham）、以撒（Isaac）、雅各（Jacob）原係游牧民族，在中東地區過著爭戰掠奪的生存競爭之生活有一段長久的日子。之後因巴勒斯坦（Palestine）地區飢荒而得到埃及首相約瑟（Joseph，以色列十二支派族長之一）之協助，移居埃及尼羅河三角洲歌珊（Goshen）之地，過著農耕畜牧的生活（見：創世記四十六：28-34，四十七：6）。如此一直過著平順生活，直到古埃及王國改朝換代之後，以色列民族就不幸淪為埃及王法老（Pharaoh）之奴工。可能從第十八王朝君王圖特摩斯二世（Akheperkare Tuthmosis II）在位時（即大約於1512-1504 B.C.），開始被奴役，前後達430年至450之久。

後來摩西（Moses）這位埃及王室之貴族（由以色列奴工之子轉變為王子），勇敢領導以色列奴工脫出埃及為奴之地。並且採取以色列之列祖的一神論宗教（猶太教）將他們團結起來，協助他們棄除奴役其心靈的埃及多神信仰，從而走向自由的道路，為來日的獨立建國做準備。摩西死後由其繼承人約書亞（Joshua）領導以色列民族越過西乃曠野，以游牧民族慣用的游擊戰術逐步佔據迦南（Canaan），即現今的巴勒斯坦全境。

七、揭露「基督」之秘密 | 137

他們開始學習農耕技術,同時也受到迦南及異教文化之挑戰。約書亞給以色列十二支派分割佔領地之後,算是完成了摩西未能完成之使命。他死後隨即進入「士師時代」。在此後兩百多年間,以色列人不斷由「士師」（Judges）領導抵抗四周圍的迦南人及外敵。傳統的「猶太教」（Judaism）一神信仰也受迦南的多神信仰所影響,以色列人因此也敬拜迦南農耕神明的"巴力"（Baal）、"亞斯她錄"（Ashtaroth）及"亞舍拉"（Asherah）。

後來終結「士師時代」的偉大士師撒母耳（Samuel）,爲求團結以色列民族的十二支派來抵抗強敵非利士人（Philistines）,因而著手建立「聯合王國」。其中國王有三位:掃羅王（King Saul）、大衛王（King David）及所羅門王（King Solomon）。大衛王將非利士人強敵及四周外敵打敗,締造了史無前例之黃金王國。其子所羅門王也憑其父大衛之餘蔭及豐富的國庫,建造耶路撒冷（Jerusalem）的聖殿及城牆。可惜所羅門王將王位給無能的兒子羅波安（Rehoboam）繼承,因其昏君作爲而致使「聯合王國」分裂爲:北王國「以色列」（Kingdom Israel）,及南王國「猶大」（Kingdom Judah）。北王國的首任君王爲:耶羅波安（King Jeroboam）,受以色列十族支持,建都撒馬利亞（Samaria）。南、北兩個王朝各由歷任的19個君王所領導。而北王國「以色列」於公元前721年被亞述帝國（Assyrian Empire）征服而滅亡。南王國「猶大」也於公元前586年被巴比倫帝國（Babylonian Empire）所滅。猶太人從此成爲無國之民,其中精英也被擄往敵國成爲次等國民。雖然一百多年後波斯帝國（Persian Empire）征服巴比倫帝國，猶太人有機會回國建立自治區，重新恢復聖殿崇拜又修復耶路撒冷城牆，卻仍然是強國之附庸。及至希臘帝國（Greece Empire）取代波斯帝國統治時代，雖然猶太人有機會建立百年之久的「瑪加比祭司王朝」（Maccabees' Dynasty），可惜於公元前一世紀又被羅馬帝國（Roman Empire）滅亡而進行其殖民統治。就在這種歷史背景之下，猶太人始終抱著"彌賽亞"（Messiah，即基督）出現之期待及希望，藉以拯救他們掙脫外國的殖民統治。而以往歷史上猶太人心目中的"彌賽亞"（基督），就是猶太民族之拯救者摩西（Moses）與耶和華宗教之拯救者以利亞（Elijah）兩人。

一、從經文內容談起

　　《馬太福音書》（十七：1-13）這段耶穌在巴勒斯坦加利利省的"山上變貌"故事，《馬可福音書》（九：2-13）及《路加福音書》（九：28-36）都有同樣之記述。由此足見耶穌在加利利的"山上變貌"是個大事件，所以上列三卷的「共觀福音書」才會記上一筆。故事發生之背景是：耶穌帶領十二位門人前往加利利省邊城該撒利亞腓立比（Caesarea Philippi），和門人探討有關他自己角色問題："人說人子是誰？"及"你們說人子是誰？"而"山上變貌"事件，是在彼得回答：耶穌就是"基督"（猶太人心目中的拯救者）的六日之後（見：馬太十六：13-20，馬可八：27-30。但路加九：18-21則說是八日之後）。原來該撒利亞腓立比係黑門山麓的山城，東邊、北邊及南邊三面環山。希律王（King Herod, 37-4 B.C.在位）執政時，曾經於該城建造古羅馬的田林畜牧之神「潘」（Pan，上半身人，下半身羊，頭上長角）的一位神明之石廟，因此該城以潘尼亞（Panea）為名。後來希律王之子希律腓力（Herod Philip I）為尊崇羅馬皇帝該撒提庇留（Caesar Tiberius, 14-37 A.D.在位）及為自己留名，而有 "該撒利亞腓立比" 這個山城的新名字。值得留意者，這座山城不同於巴勒斯坦沿海的港都該撒利亞（Caesarea），因這個城市係希律王（Herod）以十二年時間為紀念羅馬帝國首任皇帝該撒奧古斯都（Caesar Gaius Octavius Augustus, 27 B.C.-14 A.D.在位執政）而命名。耶穌於六天前在該撒利亞腓立比這個加利利省邊界山城，和十二位門人提出有關自己角色之質問，明顯和六日之後他在加利利省西北方的 "山上變貌" 一事有直接關係。其主旨在於揭露他就是 "基督" 之秘密。

（一）耶穌僅帶著三位門人上山變貌

根據「共觀福音書」（馬太、馬可、路加）之記述，耶穌於該撒利亞腓立比向十二位門人預告他將要受苦、被殺犧牲、第三天從死裡復活（見：馬太十六：21）的六天後，帶著三位出身加利利漁夫的愛徒：彼得（Peter）、雅各（James）和約翰（John）兩兄弟，悄悄上了高山。之後，耶穌在他們的面前變換形像：耶穌的面貌像太陽一樣的明亮，衣服也潔白光亮。突然三位門人看見摩西（Moses）和以利亞（Elijah）出現，他們和耶穌交談。這突然出現的一幕使三位門人十分驚喜，老大的彼得隨即向耶穌建議：

> "主啊，我們在這裡真好！如果你願意，我就在這裡搭三座帳棚，一座給你，一座給摩西，一座給以利亞。"
>
> （馬太十七：4）

彼得正在說話之時，有一片光明燦爛的雲彩正籠罩著三位門人。當然如此情境，正是要揭露一位真正"大時代彌賽亞"（基督）之序幕。不是像彼得那種僅為這三位偉人在山上搭三座帳棚，永遠留住他們在山上之理想主義而已。畢竟現實的理想主義，和揭露"彌賽亞"（基督）之秘密及其救世使命，是無關緊要的。

（二）上主揭露耶穌是基督之秘密

當初十二位門人跟隨耶穌之動機，不外期待耶穌能夠成為推翻羅馬帝國政權的"世俗彌賽亞"（政治的基督），目的是在耶穌擁有政權時能夠得到一官半職。如此期望可從彼得在該撒利亞腓立比的告白："你是基督，真活上主的兒子"（馬太十六：16），以及西庇太（Zebedee）之妻找上耶穌為其兩子雅各和約翰求左相右相之高官一事（馬太二十：20-28），清楚的看出來。也許這是耶穌故意帶著彼得、雅各、約翰這三個門人上山目睹他的變貌一事之主要原因。目的是要他們明白，耶穌並非"世俗的基督"。經上清楚交代：彼得建議要

在山上搭建三座帳棚，分別給摩西、以利亞及耶穌之時，不
但有一片燦爛的雲彩圍繞他們，也從雲中傳出上主的聲音
（見：馬太十七：5）：

"這是我親愛的兒子，我喜愛他。你們要聽從他。"

三位門人一聽到這樣的聲音非常害怕，因此都俯伏在地
上。其時耶穌走過來拍拍他們，叫他們起來不要害怕。他們
抬頭一看，只見耶穌在那裡。和他同列的摩西和以利亞都不
見了。耶穌帶門人下山時，特別交代勿將所看到的異像告訴
他人，因爲時機未到。於是門人問耶穌關於以利亞將要來臨
之事。耶穌回應：以利亞已經來過了。其時三位門人才明
白，耶穌是指著施洗約翰（John the Baptist）說的。因爲施洗約
翰如同先知以利亞一樣，將成爲"至高上主的先知"（見：路
加二：57-80），又強而有力的呼籲人悔改，從而成爲主（基督）
之先驅（見：路加一：15-17）。可是比這更重要的一件事，就是
施洗約翰是首先洞察耶穌是"新時代彌賽亞"（基督）之先
知。因爲當耶穌就近施洗約翰領受洗禮之時，這位偉大的先
知聽見聖神宣告："這是我的愛子，我喜愛你。"（見：馬太
三：17，馬可一：11，路加三：22，約翰一：32-34）由此可見，施洗約
翰是證言："耶穌就是基督"之秘密的第一個人。至於耶穌
在山上變貌時與摩西、以利亞同列一事，的確別具非常重要
之救世意義。

二、摩西與以利亞

如果以色列民族沒有摩西（Moses）與以利亞（Elijah）的領導，這個民族不是被同化於異族的埃及人一途，耶和華宗教（猶太教）也有可能從地球上消滅。因此耶穌在“山上變貌”之時和摩西與以利亞同列一事，的確具有特別之意義。為的是摩西帶領在埃及為奴430年（或450年）的以色列同胞脫出埃及為奴之地，使他們獲得自由的生活。所以是民族之彌賽亞（救星），也是「猶太教」（Judaism）之創設者。以利亞這位先知於北王國以色列昏君亞哈王（King Ahab）的王后耶洗別（Jezebel）企圖消滅「猶太教」（耶和華宗教）之時，拯救此一民族宗教免於被異教消滅，所以成為以色列宗教之救星及宗教改革之偉大先知。

（一）摩西是以色列民族之拯救者

主前十三世紀（即三千三百年前）古埃及王法老（Pharaoh）有計劃屠殺以色列奴工初生的男嬰之時，摩西誕生在一個利未族（Levi）的奴工家庭。其父名暗蘭（Amram），母名約基別（Jochebed），將其愛了隱藏三個月之後，命其女米利暗（Miriam）把他裝箱丟進尼羅河（Nile River）。在九死一生之間，幸運被法老王的公主救起收養，因而成為王子，在王宮裡接受四十年的王子教育（見：出埃及記二：1-10）。四十年後摩西眼見以色列同胞被埃及人奴役之苦況，有著奴隸同胞血緣的摩西因此義憤填胸為奴工抱不平。一日目睹埃及工頭無情的凌虐以色列奴工，憤而打死那個工頭。因事情被奴性難改的以色列奴工舉發，從此逃亡於米甸地區（the land of Midian）。摩西幸運娶該地族長及祭司長葉特羅（Jethro）的女兒西坡拉（Zipporah）為妻，又生了兒子革舜（Gershom）。然而上主記念以色列選民之苦難，決定起用摩西領導他們掙脫古埃及法老王之奴役（見：出埃及記二：11-24）。

1. 上主選召摩西

摩西在米甸祭司之處娶妻生子的四十年後，上主於何烈山（Horeb, the mountain of God）選召他。並且接受這位"自有永有"（自然而然）沒有名字的列祖之神（揀選亞伯拉罕、以撒、雅各為選民的耶和華）派遣，回到埃及拯救被奴役近450年的以色列同胞（見：出埃及記三：1-15）。摩西果然順服上主這位"自然而然"（自有永有）的列祖之神，勇敢回到埃及。但面臨兩種很大的阻力：一個是如何以非武力方式直接向法老王政權為以色列同胞爭取自由，以便他們脫出埃及為奴之地。另一個是如何將烏合之眾的奴隸同胞團結起來，以便恢復他們的民族尊嚴，實現出埃及的期望。關於摩西如何為以色列同胞爭取自由的奮鬥事跡，可見之於《出埃及記》四章至十五章之記述。

2. 摩西完成使命

抱著無比勇氣及使命感的摩西，其返回埃及的第一步，就是和兄長亞倫（Aaron）及其姊米利暗（Miriam）建立領導階層的鐵三角。他們一面對抗奴役以色列同胞的法老王專制政權，爲同胞爭取自由。另面用心將以色列同胞團結起來，宣示列祖之神耶和華始終記念他們在埃及被奴役之苦情，要拯救他們脫出爲奴之地。問題是：在古埃及王朝做了430以上的奴隸同胞已經完全忘記列祖之神耶和華，都在敬拜古埃及那些"人身動物頭"的太陽神及眾多神類，如何恢復他們的列祖宗教及民族意識呢？於是摩西創立「猶太教」（Judaism）這個「一神主義宗教」（Monotheism），來對抗奴役自己同胞的「多神主義宗教」（Polytheism），成功將以色列民族團結起來。摩西所宣揚的福音是：皇帝崇拜（法老王是太陽神化身）和人身動物頭的眾多神類（諸如：Amon、Ra、Isis、Horus、Osirus、Ptah等等古埃及神明）都在奴役以色列同胞，列祖之神耶和華這位全能獨一真神（見：出埃及記六：3）卻要拯救以色列選民。結果摩西完成使命，突破萬難領導同胞脫出埃及爲奴之地。並且以『西乃約法』（Covenant of Sinai）及『十誡』（Ten Commandments），建立「猶太教」體系，從此成爲以色列民族之拯救者，教猶太人代代紀念。

（二）以利亞是耶和華宗教之拯救者

繼摩西以後，被以色列民族公認的最偉大先知就是以利亞（Elijah）。因爲他是耶和華宗教的拯救者。沒有這位先知的宗教改革，耶和華宗教早就被腓尼基（Phoenicia）的異教所同化，從歷史上被消滅了。根據《列王紀下》（二：8-11）明載，以利亞最後被一輛火馬拉的"火焰車"載走升天而去。

因為這位古先知沒有見到死亡，所以當施洗約翰出現於猶太曠野號召猶太人悔改受洗之時，當代的猶太人都認為是以利亞之再世（見：馬太十六：14，約翰一：21）。為此，當耶穌在"山上變貌"和摩西及以利亞同時出現（等於與兩位以色列民族的拯救者同列），其意義就很不平凡。

1. 以利亞之出身

以色列十二支派族群裡，先知以利亞屬於拿弗他利支派（Naphtali）。他是居住於基列（Gilead）的提斯比人（Tishbite）。而以利亞（Elijah）這個名字的意思是："耶和華是上主。"（Yahweh is God）主前九世紀（876 B.C.）當北王國以色列於第七代君王亞哈（King Ahab）執政時期，他蒙召為先知。當時因為亞哈王娶了西頓王（King of Sidon）謁巴力（Ethbaal）女兒耶洗別（Jezebel）為王后，引進腓尼基的異教諸神巴力（Baal）及亞舍拉（Asherah），並且在首都撒馬利亞為其建廟築壇。為此，「耶和華宗教」（猶太教）在那個時代幾乎將被消滅（見：列王紀上十六：30-33）。以利亞就是在「耶和華宗教」（猶太教）危機之中，蒙召為先知。他勇敢挺身而出，直接和亞哈王室及異教巫師進行熱烈之抗爭。

2. 以利亞之勝利

先知以利亞之事跡可謂充滿近乎"神人"（God-Man）之行止。就如：他因為亞哈王室之背棄上主，而宣告以色列國內將有三年半沒有雨水，遍地因此飢荒（見：列王紀上十七：

1-7）。其時他不得不接受西頓的撒力法（Zarephath）一位寡婦之供養，並行了神跡使寡婦重病的兒子從死裡復活（見：列王紀上十七：8-24）。然而使他名留青史的一件大事，就是以利亞為拯救「耶和華宗教」（猶太教）而和450位巴力（Baal）的法師（巫師）在迦密山（Mount Carmel）鬥法，結果大獲全勝。因而使以色列人重新投靠上主，「耶和華宗教」從此復興（見：列王紀上十八：1-40）。不僅如此，先知以利亞也是一位力主人權與社會公義的人道主義者。當義人拿伯（Naboth）的葡萄園祖業，被亞哈王與王后耶洗別徵收用計奪取，拿伯又被他們謀殺。終於使先知以利亞冒生命危險，勇敢前往王宮指斥亞哈王與王后耶洗別之邪惡行徑。同時預告他們將不得好死，結果完全應驗（見：列王紀上二十一：1-24，二十二：37，列王紀下九：30-37）。先知以利亞一生與主同行，具當仁不讓的精神。他冒生命危險將快被消滅的「耶和華宗教」自異教勢力中搶救出來，這點使他在以色列歷史上足以和摩西同列。

三、耶穌──人類的拯救者

耶穌在加利利的山上變貌，和摩西與以利亞同列出現，旨在顯示"耶穌是人類的拯救者"這點。如前所討論者，摩西拯救在古埃及被法老王所奴役的「以色列民族」，以利亞則拯救快被以色列王亞哈與王后耶洗別消滅的「耶和華宗教」（猶太教）。可是新時代的彌賽亞（基督）耶穌，卻要拯救全人類，不只是以色列民族（猶太人）而已，其真實的意義在此。當代耶穌的十二位門人所期待者是一位政治的彌賽亞（政治基督），這是他們跟隨耶穌之目的。彼得在該撒利亞腓立比的告白："你是基督，真活上主的兒子"（見：馬太十六：16），耶穌也稱讚他有先見之明（見：馬太十六：17-19）。然卻因彼得所期待的"基督"（彌賽亞）是政治上拯救猶太人的榮耀英雄，不是受苦與犧牲救世的人類拯救者。因此後來彼得又被耶穌斥責爲"撒旦"與"絆腳石"（見：馬太十六：23）。這點正是耶穌故意帶領彼得（他阻止耶穌之犧牲）、雅各與約翰兩兄弟（曾經通過母親向耶穌求政治權位）上山，親眼看見他在山上變貌的直接原因。目的在於教導他們：耶穌是爲全人類而來的"受苦基督"，不是爲以色列民族而來的"政治基督"。下面之探討，將可明白其中之重要真義。

（一）山上變貌是"基督"之封立儀式

前已言及，當耶穌進入公生涯接受施洗約翰洗禮之時，聖神（Holy Spirit）如同鴿子降臨宣告："這是我親愛的兒子，我喜愛他。"（見：馬太三：17，馬可一：11，路加三：22）因此施洗約翰是發現耶穌就是"基督"的第一個人，但卻保守秘密。因爲他洞察耶穌的角色是"受苦的基督"，而公開證言耶穌是擔當人類原罪的"上主的羊羔"（見：約翰一：29, 36）。耶穌在加利利山上當著三位門人（彼得、雅各、約翰）面前變換形像，並和摩西及以利亞同列。那時從燦爛雲彩傳出："這是我親愛的兒子，我喜愛他，你們要聽從他"的宣告。其實這樣的宣告，相等於"基督"（Christ）的封立儀式。爲何這麼強調呢？原因如下：

　　1.“你是我親愛的兒子”，是來自《詩篇》（二：7）的話，是以色列君王加冕典禮時大祭司所宣告的用語。相等於封立耶穌是“天國君王”。

　　2.“我喜愛他”這句話，是引自《以賽亞書》（四十二：1），就是做為上主僕人的“祭司”與“先知”封立時，主持儀式的大祭司所宣告之用語。

　　這等於是：上主當著彼得、雅各、約翰面前，封立耶穌為“基督”（天國君王）。同時也指出：耶穌是為人類贖罪的大祭司及擔負偉大先知之使命。

（二）耶穌是“人類的基督”

　　基督教（Christianity）最重要的教義，就是證言：耶穌是人類的基督。真神上主人類之肉眼無法看見，能夠將上主真實本相彰顯出來者，就是耶穌。所以《約翰福音書》（一：18）證言：

　　　　“從來沒有人看見上主，只有父心懷中的獨生愛子，把他啟示出來。”

　　就《約翰福音書》的作者而言，耶穌這位天父之獨生愛子，就是天父上主的「道」（聖言）之化身（一：1-18）。他將成為替人類贖罪（救拔人性軟弱之原罪）之祭品，也就是“上主的羊羔”（一：29, 36）。耶穌是“人類之基督”，為拯救世界及彰顯（啟示）天父上主的大愛而降世（三：16-17）。耶穌也是釋放人性自由的“真理”（八：32），是引導人類親近天父上主的唯一“道路”，及使人類獲得“永恆生命”之主（十四：6）。所以耶穌足以為“人類的基督”，以及“淨化人性”之救世主。因此在全本的《新約聖經》之中，各卷作者均以“耶穌基督”或“基督耶穌”來稱呼他。為的是強調：耶穌就是普世人類的基督。

結語

　　關於耶穌在加利利的山上變貌所凸顯的意義，於上面已經有詳細的探討。耶穌降世以猶太人的形像及當代猶太人所期待的“基督”之角色，來宣示天父上主對於人類的愛與拯救。這誠然是超民族、超文化、超宗教的上主之奇妙攝理。雖然耶穌的“山上變貌”事跡，一面在於糾正其門人彼得、雅各及約翰不健全的“政治基督”觀念，卻也是天父上主對於“受苦基督”（天國君王即贖罪犧牲的基督）的一場加冕典禮，以及耶穌做為“大先知”（仗義執言進行社會公義行動）及“大祭司”（成為“上主羔羊”之自我犧牲獻祭）的封立儀式。所以說，耶穌於“山上變貌”之時和摩西及以利亞同列出現，是一場“揭露基督救世使命”的秘密之重要儀式，非只有一個異像而已。

2014.06.15

八　耶穌的「理想國」

在《馬太福音書》的『山上寶訓』（五章至七章）裡面，耶穌於“主禱文”（Lord's Prayer）的開頭，就教導他的門人一個十分重要的“上主國度”之「理想國」理念（見：六：9-10）：

> “我們在天上的父親，願人類都尊崇你的聖名。願你的國度降臨，願你的旨意實現在地上，如同在天上一樣！”

又教導跟從他的眾人說（見六：33）：

> “你們唯獨要追求上主的國度以及祂的義（主權之實現），祂就會把你們一切的需求都給予你們。”

從這兩段耶穌的教導，就可以看出他強調一個超越世俗性質的「理想國」。因為這個「理想國」是一個能夠在地上建立的“生命共同體”。為要闡明耶穌的「理想國」之意義，就得慎重做一個分析。畢竟耶穌所提出的「理想國」是貫通神人之間重要關係的，所以和世俗的國度不同。因此《馬太福音書》的作者用"天國"（見：馬太十三：31, 33, 38, 44-47），《馬可福音書》及《路加福音書》的作者則以"上主的國"（上帝國）來加以說明（見：馬可四：26, 30-31，路加十三：18-19）。為何耶穌使用"國度"（Kingdom）這一政治用詞，來闡明"一個生命共同體"的偉大理念呢？有些學者認為和當代希臘文化的影響有關。

一、從國家觀念談起

主前五世紀，古希臘哲學家蘇格拉底（Socrates, 470-399 B.C.）的得意門生柏拉圖（Plato, 427-347 B.C.）著作了一部影響後世頗大的政治性作品：《理想國》（*The Republic*，又譯作《共和國》）。其中提出一個理想國家應該實施何種制度之理論，並且談及教育、心理、生育控制優生學、及社會道德倫理問題。當然最主要是他的政治學，因為柏拉圖強調「賢人政治」或「貴族政治」（Aristocracy），也即由社會特權階級所治理的國家政策。這點當然和耶穌的「理想國」（"天國"或"上主的國"）大大不同，可是影響深遠。

（一）柏拉圖的「理想國」

古希臘哲學家柏拉圖（Plato）出身於希臘雅典城邦（Athens）的名門家庭，大約生於主前427年（427 B.C.）。

他的政治哲學受其師蘇格拉底（Socrates）之影響頗大，以
"道德就是知識"爲立論依據。他是第一所希臘哲學學園
（Academy）的創始者，強力批判古希臘政治的"眞善"與
"僞善"問題。柏拉圖一生的代表作有和其師蘇格拉底交談
的《對話錄》（The Dialogues），和《法律篇》（The Laws），以
及《理想國》（The Republic）。其中以後者的《理想國》這部
作品影響後代甚鉅。因爲"道德就是知識"是「理想國」的
基本政治哲學，其必然之傾向就是那些受過正規教育的哲學
家、科學家、學者、貴族，均應該擁有決定性的政治權力，
從而形成「理想國」的"賢人政治"或"貴族政治"。問題
是：這類"貴族政治"之背後尚有"人性問題"之存在，畢
竟怎麼樣的政治人物就會形成怎麼樣的國家。也就是說：一
國之政治，隨著統治者性格之變化而變化。因爲國家之走
向，是國中統治階級之"人性"善惡所製造出來的。爲此，
更好的國家必定要有更好的人加以領導。事實上，柏拉圖的
「理想國」的確有許多值得商榷之缺失。就如：寡頭形式的
貴族政治，確實也存在著許多政府"無能"（incompetence）之
事實。這點對於忠誠於憲政的一般人民，可以說是十分不公
平的。何況柏拉圖的「理想國」尚有不健全的"共產主義"
之傾向，重男輕女的"公妻制度"，不太人道的"優生學婚
媾"，十分不公平的"正義"見解（弱肉強食）等等。因此可
見文獻上的「理想國」，就是柏拉圖描繪出來的一個難以出
現的「烏托邦」（Utopia）而已。儘管如此，這部文獻對於後
代歷史的影響力實在不小。

（二）柏拉圖「理想國」之影響

　　就政治史立場來看，自從柏拉圖的《理想國》這部文獻出現之後，的確影響後代人類社會之政治思想甚巨。單就「基督教」的教會歷史而論，主後第四世紀教父聖奧古斯丁（St. Augustine, 354-430）的名著：《上主的城市》（The City of God, 22 vols., 426 A.D.）這部書爲其代表。羅馬大公教會（Roman Catholic Church，即華人所稱的「天主教」）的「教皇制度」（或「教宗制度」）這類"基督教神權政治"體制，即建構於聖奧古斯丁之理論。主後第六世紀的首任教皇（教宗），就是大貴鈞利（Gregory the Great, 540-604）。另者就是十六世紀依據神權政治理念出現之教會組織。英國政治家托瑪斯‧摩爾（Thomas More, 1478-1535）的作品：《烏托邦》（Utopia, 1516）一書，即直接受其影響而作。

1. 聖奧古斯丁之《上主的城市》

　　希波（Hippo）大主教聖奧古斯丁（St. Augustine），是一位"新柏拉圖主義"（Neoplatonism）的古教父。爲了捍衛基督教對抗當代異教之影響，因此作了《上主的城市》這部書。在奧古斯丁看來，人類一生下來就居住於兩個城市之中：他出生的城市及上主的城市。因此人類同時是這兩個城市之居民。人類的"世俗的城市"使人人順應肉體之私慾，因此生活在仇恨與鬥爭的本性之中，從而引發社會罪惡與戰爭。至於人類居住的"上主的城市"則是以愛心爲基礎所形成的生命共同體，並且建立在上主的國及救贖的盼望之上。它又能夠增長及擴大於全地。"世俗的城市"是撒旦的王國，由墮落的天使所統轄。"上主的城市"是地上天國，由基督執掌統治（此即奧古斯丁心目中的「基督聖會」）。顯然地，奧古斯丁的"上主的城市"，終於形成後代「教皇制度」的神權政治模式。義大利（Italy）的梵蒂岡市（Vatican City），這個影響今日世界的羅馬大公教會（天主教）之「宗教國」也因此而成立。

2. 托瑪斯·摩爾的《烏托邦》

　　十六世紀的英國，因政治混亂而導致社會不安，人民在昏庸無德君王亨利八世（King Henry VIII）統治之下，過著貧窮又不快樂的日子。那時有一位英國貴族托瑪斯·摩爾爵士（Sir Thomas More）用拉丁文模倣柏拉圖的《理想國》（或作《共和國》）一書，寫作一本諷刺性的《烏托邦》。只是作者卻不敢在暴君統治下的時代出版，一直到他死後的第十六年（1551年）才被譯成英文出版問世。該書內容分上、下兩篇：上篇描述舊時代的英國社會人人生活於貧困之慘狀，及政治的黑暗面。下篇則以神秘島嶼阿矛羅特（Amaurote）為其「烏托邦」，描述一個理想國之夢境。這個「烏托邦」國度實行絕對均富的社會主義，也就是一個不切實際的"合作式共和國"（cooperative commonwealth）。它在中央政府領導下，政治上是一個單元，經濟上是一個整體。人民居者有其屋，每戶都有一座花園。人人一天工作六小時，其他時間就是休閒與娛樂。國中沒有玩弄法律的司法官及律師，犯罪之刑罰是一種改過自新的手段。而且宗教信仰完全自由，沒有強迫人信仰宗教之事。國人反對戰爭，需要抵抗野蠻人時才雇用外國傭兵去作戰。男女婚姻必須身體檢查，一旦離婚不得再婚。人若罹患無法醫治的重症時，就鼓勵他自殺。人人用黃金做垃圾桶，國內教育則一律免費。據說現代的國際共產黨員，人人必讀此書。畢竟「烏托邦」的國度僅是一種政治夢想，它根本無法在人類社會中完全實現！

二、探討耶穌的「理想國」

　　耶穌所教導的「理想國」不同於柏拉圖所夢想的國度（共和國），也不是托瑪斯·摩爾那個難以實現的「烏托邦」。因為耶穌的「理想國」是基督教（Christianity）的信仰內容，一種已經實現卻尚未完成的國度。當今世界近七十億人口之中，已經有超過二十五億人口是這個國度——「基督聖會」的公民。它不但影響西方文化及東方人的價值觀，更抓住東、西方人民之人心。不管主後第一世紀出現的"基督教理想國"有否受到"柏拉圖理想國"之影響，畢竟前者的"王國"（Kingdom）和後者的"共和國"（The Republic），其內容全然不同。雖然耶穌借用當代"君權政治"（Monarchy）的"王國"（Kingdom）之政治性用語去詮釋他的 "天國"（Kingdom of Heaven）或 "上主的國"（Kingdom of God），來宣示一個"生命共同體"理念，目的在於闡明"上主"為"天父"，"人類"都是"兄弟姊妹"（Fatherhood of God, Brotherhood and Sisterhood of mankind）之「福音」（Gospel），也是以宗教信仰爲基礎的一個可以實現於地上的國度（也即 "基督教會"）。所以不同於柏拉圖式的「理想國」及托瑪斯·摩爾式的「烏托邦」，如此重要之分別必先弄清楚。

（一）主禱文的「理想國」

"主禱文"（Lord's Prayer）是耶穌在『山上寶訓』（馬太五章至七章）中教導門人及跟隨者如何祈禱天父，同時也是將耶穌的「理想國」凸顯出來的重要文獻（見：馬太六：9-13）。雖然 "主禱文" 是人人對天父的祈禱，卻也明白指出耶穌的「理想國」之重要教義。

1. 上主是一位父親（六：9）

"我們在天上的父親，願人都尊你的名爲聖。"（六：9）

這句禱文雖然指出 "上主" 之超然性（在天上），卻強調 "上主" 和 "人類" 的關係如同父子。因爲祂（造物主）是具備父性愛的 "天父"，是遠勝於人間父子關係唯一眞神，所以 "天父" 之稱謂是祂的 "聖名"。根據《舊約聖經》（出埃及記二十：7）的『十誡』第三誡命所指："上主聖名不可亂稱呼" 之教導，再比較耶穌敬導人稱呼上主爲 "天父" 這件事，已經是個「神觀」之大突破。這正指出：耶穌的「理想國」之君王不是一位遙不可及的獨裁暴君，而是一位人人可以親近的"天父"。然而"天父"爲超然之唯一眞神，所以人人應當將"天父"之稱謂尊爲"聖名"。也就是說，尊敬"天父"爲至大，正是"上主的國"之公民和祂溝通（祈禱）之第一步。

2. 天父兒女的祈願（六：10）

> "願你的國降臨，願你的旨意行在地上，如同行在天上。"（六：10）

惟有天父上主的兒女，才知道祈求"上主的國"降臨，以及促使天父上主旨意行在地上如同行在天上！那麼誰有資格做天父上主的兒女（也即成爲"天國公民"）呢？耶穌的回應是："凡實踐我天父旨意者，就是我的兄弟姊妹和母親。"（見：馬太十二：50，馬可三：35，路加八：21）由此見之，天國公民（理想國的公民）就是實踐天父上主旨意的人。也唯有天國公民才懂得祈求天父旨意行在地上如同行在天上一樣。天父上主的「聖國」（天國）降臨地上，人間才有"人權"、"公義"、"和平"及"福樂"（幸福）。這個在地上的"天上理想國"，其中的公民都知道稱呼上主爲"天父"。在這個天父上主的國度裡，大家都是"尊天父上主爲聖"的兄弟姊妹。所以天國公民祈求天父上主「聖國」之降臨至爲重要，因爲"天國"（耶穌的「理想國」）是一個天父的大家庭，人類的生命共同體，更是基督福音所宣揚之重要內容。

3. 天父兒女之需求 (六:11-13)

"我們日用的飲食,今天賜給我們。赦免我們的虧負,如同我們赦免虧負我們的人。勿使我們遇見誘惑之考驗,拯救我們脫離那惡者的手。"(六:11-13)

這些禱文指出:天國公民(天父兒女)之需求是日常的飲食不欠缺(能夠填飽肚子),學習天父能夠赦免人人的虧負,以及得勝惡者(邪靈)之誘惑。

(1) 祈求日用飲食 (六:11)

耶穌的「理想國」(天國)十分重視天國公民的"肚子問題"——日用的飲食。因為天國公民的肚子一旦沒有填飽,就無法安心敬拜天父上主。難怪英國前坎特布里大主教威廉·騰普(Archbishop William Temple, 1881-1944)就曾經說過:"基督教是十分重視填飽肚子的宗教"這句話。也可以說,天父上主重視天國民賴以生存之飲食(人類之生存權),所以容許天國公民祈求天父賜給他們日用之飲食,使他得有健康之身心與上主同工。

(2) 祈求天父的赦免及赦免人 (六:12)

天國公民重視他與天父上主關係之倫理,因此知道自己"人性"之弱點,因而先求天父上主之赦免。從此推展到人際關係之倫理,用愛心及包容去赦免虧負他的人。先求天父上主之赦免而後去赦免人，乃是促進人間和平之人際關係倫理，也是天國公民必修之功課。當然無條件去赦免辜負他的人，在人間社會是很困難的一件事。然而這正是成為天國公民的基本要求，為要學習"天父的完全"而有所作為（見：馬太五：48）。

（3）祈求得勝誘惑（六：12）

天國公民也有"人性"之弱點，那就是於生活上時刻要面對各種誘惑之考驗。昔日耶穌的"人性"（他有"神性"及"人性"）曾經受到誘惑："食慾之誘惑"，也就是用石頭變餅止飢，餵飽自己又餵飽人人，教人因此擁護他為救世主（見：馬太四：1-4）。"權能之誘惑"，就是用特技神跡，從高處跳下而不受傷，教人相信他為救世主之角色（見：馬太四：5-7）。"政治權力之誘惑"，就是如同爬上高山頂峰一樣之政治高位，領導同胞反抗殖民政權（羅馬帝國政府）以做民族之救星彌賽亞（見：馬太四：8-10）。最後耶穌均以"上主的話語"加以得勝，使"魔鬼律"失敗，"天使律"勝利（見：馬太四：11）。在現實生活上，天國公民的確受到來自各方面之誘惑，就如：金錢慾、色情慾、權力慾等等之誘惑。除非他擁有健全之宗教信仰，委實難以克服。所以人若屈服於各種之誘惑，就犯了"人性"不健全（魔鬼律勝利）之罪！為此，天國公民就得祈求天父搭救他們脫離惡者之手。

（二）追求耶穌的「理想國」 (天國)

耶穌教導人追求他所強調的「理想國」（「天國」或「上主的國」）。因為這個國度一旦降臨，社會將會有公平正義，物質需求也不缺乏。

> "唯獨先追求「上主的國」之實現，遵行祂的旨意，祂就會把一切需求都供給你們。" (馬太六：33)

耶穌的「理想國」係以"上主為天父，人類都是兄弟姊妹"為理念的一個生命共同體。這個國度一旦臨到，人類社會才有真正的和平，人權與公義，人人才會真正生活於不愁衣食物質的均富社會中。據此而論，「基督教」所強調的福音，就是這一個"人類生命共同體"之「理想國」（福音的內容即「上主的國」）。為此，天國公民不但要去追求"上主的國"及實踐"上主的旨意"於地上人間，更要時時祈禱這個「理想國」的降臨。

1. 追求「天國」臨到之理由

耶穌強調他所宣示的國度（天國）是"無價之寶"，是如同隱藏於田地裡的寶藏（見：馬太十三：44）。「天國」也如同最貴重的"真珠"，當富商發現它之時，就會變賣一切財富購買它（馬太六：45-46）。其實"天國的寶藏"，就是教人得救的"基督福音"。因為"基督福音"引導人人認識天父上主，使人人認識自己人性之弱點，進而悔改成爲天父兒女。從而在「天國」這個生命共同體的大家庭中互相接納，貧富平等互助，人人生活無慮。其實地上的基督教會，就是這個國度之模式。此即基督徒宣揚"福音"（天國寶藏）之基本動力。

2. 「天國」如同一粒芥菜種子

耶穌用"一粒芥菜種子"爲比喻，強調「天國」是有豐富生命力的：一旦將它種在土裡，就會長大茁壯結實（見：馬太十三：31-32）。這段教導明白指出：天國（耶穌的「理想國」）不單單是一個"上主是天父，人類是兄弟姊妹"的社會組織而已，因爲它具有"成長的生命力"。所以會如同"芥菜子"一樣，由小小的種子而不斷成長擴大。這個比喻正象徵「基督教會」於人類歷史上不斷擴大之事實。而促進其成長者，除了天父兒女宣揚福音之努力外，就是"聖神上主"的能力（聖會之生命力）。所以說，具有成長潛力的「基督聖會」不是一般人間的社會組織而已。它是天父上主的大家庭，是會不斷生產的"基督新娘"（使徒保羅之比喻，參照：以弗所書五：22-23）。

3. 「天國公民」的金律

耶穌的「理想國」，明顯指出「天國公民」的金律（憲法），就是"仁愛"與"公義"。下列之分析，可以清楚看出耶穌的思想及教導以至他的先知性行動，就是奉行"仁愛"與"公義"之金律。

(1) "仁愛"之金律

　　昔日身爲「猶太教」（Judaism）成員之一的耶穌，雖然認同「摩西律法」（Moses' Law）而再三強調"愛上主"（見：申命記六：4-5）及"愛鄰人"（見：利未記十九：18），並且視其爲"律法之總綱"（見：馬太二十二：34-40，馬可十二：28-34，路加十：25-28）。可是耶穌認爲「天國公民」之金律不是「摩西律法」這類愛鄰如己的"互相的愛"（mutual love），而是更進一步去愛敵對者的"犧牲的愛"（sacrificial love）。此一耶穌的「理想國金律」見之於《馬太福音書》的『山上寶訓』（五章至七章）之中，尤其是在探討"愛仇敵"（五：43-48，又見：路加六：27-28, 32-36）以及"好撒馬利亞人故事"的教訓（見：路加十：25-37），更直接凸顯這種"犧牲的愛"（愛敵人）之天國公民金律。耶穌被羅馬帝國政權以"猶太人的王"這一叛亂犯罪名處死於十字架上，其臨終前赦免敵人的祈禱（見：路加二十三：34），正是耶穌實踐其"仁愛金律"之偉大表現。不過"仁愛金律"係運用於人與人（person to person）之間的社會倫理關係，並非運用於非人格關係的制度組織之上。因制度組織本身，於人爲（尤其是惡人當權者）的運作上容易被誤用，因而陷入於陷害善良人士之不公不義。所以天國公民必須挺身而出，爲那些被制度及政治權力奴役陷害的社會人群維護其"人權"及主持"公義"。其實人權及社會公義之維護，正是天國公民的大無畏行動！

（2）“公義”之金律

耶穌的「理想國」之金律非只有“仁愛”之強調，也同時強調“社會公義”。也就是說，天國公民的社會倫理，對人講“仁愛”（愛上主、愛人群、愛敵人），對於人為的制度之是非（非人格的），則要以有否“公義待人”來加以監督。所以講，“公義”也是天國公民之金律。昔日耶穌對於「猶太教」那些違反人權的「復仇法」（Lex Talionis）：“以眼還眼，以牙還牙，以命還命”的一報還一報之惡法，就加以反對到底（見：馬太五：38-42）。對於“安息日”不可為人醫病的「摩西律法」（Moses' Law）演變而來的不人道教條，也公然加以反抗（見：馬太十二：9-14，馬可三：1-6，約翰九：1-17）。為此，耶穌曾經拯救一位犯下「摩西律法」唯一死刑的姦淫罪婦女現行犯，免於被當代猶太教的偽君子用石頭打死的大事（見：約翰八：1-11）。畢竟犯姦淫罪唯一死刑的「摩西律法」（見：利未記十八：6-29，二十：10-16），不但違反人權，在耶穌看來已經是一種過時的古董“惡法”。因此耶穌不理那些違反人權的古董教條，教人應該正視“人性之軟弱”（人人都有原罪），以人道主義立場用「自然法」（人權與公義加上社會公論立場）加以拯救赦免及防止再犯。“惡法”這種制度根本沒有“公義”可言，最可怕者就是容易被當權者所濫用。這點正是耶穌的「理想國」強調“人權”及“社會公義”之理由所在。“惡法”及“制度缺失”因為不具人格，當然必須採取“公義”之行動加以抗爭及糾正。所以單單以“仁愛”之金律，是難以對付"惡法"及濫用制度組織那些壞人的。當耶穌眼見「猶太教」的耶路撒冷聖殿被當代祭司集團包庇奸商壟斷祭品買賣，使「聖殿」變成阻礙信眾敬拜上主的"賊窩"之時，他不得不採取"不流血暴力"的公義行動：以繩為鞭"潔淨聖殿"（見：馬太二十一：12-13，馬可十一：15-19，路加十九：45-48，約翰二：13-22）。結果耶穌因為這次的公義行動而步上十字架道路，給祭司集團和羅馬帝國殖民政權藉機用"猶太人的王"這個政治犯罪名將他處死。由此足見，反抗暴政及反抗宗教集團腐敗的公義行動，必須付出犧牲生命之代價，才能夠改變人類歷史！

4. 天國公民的義務

《馬太福音書》（五：13-16）這段耶穌的教導，足以說明耶穌心目中之天國公民的義務是：以身作則成為"世間的光"去照亮社會上黑暗的角落，又成為"地上的鹽"去防止人間社會因犯罪而來之腐化（見：馬太五：13-14）。並且天國公民要以各種恩賜及好的行止，如同光源一樣普照於人間。使人人目睹天國公民之善行美德，來歸榮耀於天父上主（見：馬太五：16）。為此，加爾文主義（Calvinism）所屬的「歸正教會」（Reformed Church）及「長老教會」（Presbyterian Church），均強調以"榮光只歸上主"（Soli Deo Gloria）為基督徒應該有的切身本份。同時也要以此來證言「天國福音」的真實性，藉此理念及行動去建設基督聖會於社會中各個角落。

結語

　　從上列各段之比較探討，可以瞭解主前五世紀希臘哲學家柏拉圖所著作的《理想國》，主後四世紀教父聖奧古斯丁的《上主之城市》，及十六世紀英國貴族托瑪斯・摩爾的《烏托邦》等作品的內容及理念爲何。而這些歷史上虛構之"世俗化理想國"，當然不同於耶穌所強調這個具備「福音」內容的"上主的國"（天國）之「理想國」。耶穌的「理想國」，可以說已經由普世基督教會之建立而實現。雖然許多制度化的基督教會宗派很多，因而遮蔽天父上主的榮耀，以致耶穌所強調的「理想國」尚未完全實現。儘管如此，卻可以說已經邁向"上主國度"（天國）在地上建立之第一步，並且期待歷史之路末（終末）能夠完成。天國公民因爲有"人性"之軟弱，所以主耶穌特別徵告那些已經進入「基督教會」的成員（見：馬太七：21-23）：

　　"那些稱呼我『主啊，主啊』的人，並不都能夠進入「天國」。只有實行我天父旨意的人（天國公民），才能夠有資格進去。在末日來臨之時，許多人會對我說：『主啊，主啊，我們曾經奉你的名傳上主的信息（福音），也曾經奉你的名趕鬼（醫病），行了許多神蹟奇事。』那時候我將要對他們說：『我從來不認識你們。你們這些作惡的（能說不能行的教棍），走開吧！』"

2013.11.16

九 大仁君的賓客

"同席的有一人聽見這話，就對耶穌説：「在 上主
國裏吃飯的有福了！」耶穌對他説：「有一人擺設大
筵席，請了許多客。到了坐席的時候，打發僕人去對
所請的人説：『請來吧！樣樣都齊備了。』眾人一口
同音地推辭。頭一個説：『我買了一塊地，必須去看
看。請你准我辭了。』又有一個説：『我買了五對
牛，要去試一試。請你准我辭了。』又有一個説：
『我才娶了妻，所以不能去。』那僕人回來，把這事
都告訴了主人。家主就動怒，對僕人説：『快出去，
到城裏大街小巷，領那貧窮的、殘廢的、瞎眼的、瘸
腿的來。』僕人説：『主啊，你所吩咐的已經辦了，
還有空座。』主人對僕人説：『你出去到路上和籬笆
那裏，勉強人進來，坐滿我的屋子。我告訴你們，先
前所請的人沒有一個得嘗我的筵席。』」"

路加十四：15-24

耶穌慣用比喻來教導當代的猶太同胞，因此被公認爲勝過「猶太教」（Judaism）神學家（經學士）及會堂的拉比。猶太教徒對耶穌的評語是："因爲他教導人正像有權柄的人，不像他們的經學士。"（見：馬太七：29）耶穌爲要闡明「上主國度」（天國）這一"上主是天父，人類是兄弟姊妹"的生命共同體之「福音」（Gospel），就應用比喻證言其中的真理。《路加福音書》（十四：15-24）這段經文，就是耶穌引用當代猶太人的"喜筵"爲比喻，來闡明「上主國度」的大仁君接納賓客之原則，是一反猶太社會世俗作風的。同樣的比喻，也可以在《馬太福音書》（二十二：1-14）看到。這個耶穌所設的"喜筵比喻"，委實深具「福音」本質之啓示性意義。畢竟史上古今的基督徒，好像是在參與一個喜氣洋洋的"喜筵"，成爲"大仁君"（天父上主）的賓客，有份做"大仁君貴賓"的榮耀！

如果將《路加福音書》（十四：15-24）的經文和《馬太福音書》（二十二：1-14）的記述做比較的話，前者的作者路加（Luke）並沒有言及這場"大仁君"所辦的筵席是有關婚禮之"喜筵"。而作者馬太（Matthew）則明指：這是一場"大仁君"爲其"王子"所排設的大婚筵席，所以是全國最大的一場"喜筵"。耶穌用這個比喻來闡明「上主國度」（天國）的筵席，及其所欲邀請之賓客（各種對象都有），和「基督教」（Christianity）的拯救觀有密切關係。因此值得普世基督徒加以再次認知，並重新思考其中所啓示的重要意義。

一、耶穌設比喻的起因

　　這個記載於《路加福音書》（十四：15-24）以及《馬太福音書》（二十二：1-14）有關 "大仁君" 邀請賓客的婚筵比喻，是耶穌於「猶太教」的 "安息日" 在一位敬虔主義法利賽人領袖之家作客時（見：路加十四：1-5），目睹眾人在席間爭相坐首位時（見：路加十四：6-14），以機會教育立場所設之比喻。當然耶穌十分關心祂所闡明的「上主國家」（天國）這一生命共同體之事業。對耶穌而言，宗教人參與這一場 "大仁君" 為其 "王子" 所排設的大婚喜筵，不在於吃喝作樂而已，也必須付出代價（見：路加十四：25-33）。所以要洞察這一 "大仁君宴請賓客" 的比喻，就必須研讀《路加福音書》（十四：1-33）的前後文內容。

（一）耶穌作客於法利賽首領之家 （十四：1-6）

　　這段經文指出：法利賽人（Pharisees）這一「猶太教」的敬虔主義派，不全然都是和耶穌作對的人士，畢竟也有欽仰耶穌言行的人。就像那一位尼哥底母（Nicodemus）就是法利賽人的猶太什紳，為追求 "永生之道" 於夜間求見耶穌（見：約翰三：1-15）。這段經文言及：耶穌在「安息日」作客於法利賽首領之家，其他有幾位不滿耶穌教導的法利賽人卻伺機監視耶穌的一舉一動，找尋反對他的理由。恰好一位患了水臌脹的病人，出現在耶穌面前尋求醫治。按照「猶太教」的 "摩西律法"（Moses' Law），在「安息日」醫病的行為是違反不可工作之禁令的。於是耶穌故意向周圍的法利賽人和經學士提出「安息日」可否為人醫病問題，他們卻不發一言。結果耶穌不管「安息日」不能醫病之禁令，將那位罹患水臌脹的病人醫好。同時提出猶太農夫於「安息日」救出落入井中的牛與驢的善事做為回應，藉以強調人在「安息日」行善和"摩西律法"並沒有抵觸。周圍的法利賽人因此無言以對，也給做事人的這位法利賽首領留下了面子。

（二）強調謙卑品格 (十四：7-11)

當耶穌眼見受邀來到法利賽首領之家的客人爭相選擇坐席於首位時，就趁機用參與婚宴為比喻，教導人於做客時勿隨便佔坐在首位。因為恐怕當主人的貴賓到來之時，會不客氣的請他讓位，他那時可能很羞慚地坐到尾位去。為此當人被邀赴婚宴時，應該謙卑地選擇尾位。當主人發現他坐在尾位而請他坐上貴賓席那時，就在眾賓客面前很有體面及光彩。所以耶穌強調：

> "因為凡自高者，必降為卑微；
> 　自甘卑微者，必升為高。"（十四：11）

由此足見，耶穌的機會教育相當切實。凡是跟從耶穌的人個個均應該要有謙卑的品格。

（三）人道主義之強調 (十四：12-14)

　　耶穌因反對猶太社會的勢利眼風氣，就以"人道主義"立場言及請人吃午餐或晚餐為例，進行機會教育。經文特別指出：這個引例是針對請他做賓客的主人說的：

> "你準備午餐或晚飯，別只請你的朋友、兄弟、親人、和富有的鄰居，免得他們回請你，你因之得到報答。當你擺設宴席，倒要請那些貧窮的、殘疾的、瘸腿的、瞎眼失明的，你就有福了！因為他們沒有什麼可報答你。直到義人復活的時候，你要得到報答。" (十四：12-14)

　　這則有關人道精神的教導，正是引發耶穌闡述這一"大仁君的賓客"比喻的靈感。而且是立足於「上主國度」(天國) 這個生命共同體立場，來加以陳述的。目的在於指出："大仁君"(上土) 的慈愛是一視同仁的，天父上主救拔世人的行動不分貧賤富貴。

二、大仁君的賓客 (十四：15-24)

　　耶穌能夠成為法利賽首領 (頭人) 之家的座上賓，在當代社會可說是一件大事。法利賽人向來嚴謹持守"摩西律法" (Moses' Law)，是「猶太教」中的敬虔士義者。他們自以為是，根本看不起殘障者、稅吏、弱勢人群，尤其是娼妓。因此他們受到耶穌的批評及指斥（見：路加十八：9-14），公開稱他們是"僞君子"（見：馬太二十三：1-36）。可是這位接待耶穌到他府上的法利賽首領，卻和其他法利賽人不同。爲的是他如同那位法利賽仕紳尼哥底母（Nicodemus）一樣，既欣賞耶穌的先知性言談，又欽仰耶穌的博愛行止，所以才會邀請耶穌到他府上做貴賓。可是當耶穌看見那些同樣被邀請做陪賓的法利賽人在席間爭大位情形（參照：路加十四：12-14），才引發耶穌設這個"大仁君的賓客"比喻的靈感，向他們施行機會教育。目的在於向法利賽人宣示：在「上主國度」（天國）的"喜筵"要做賓客，"大仁君"（上主）是一視同仁的。人人都有機會受邀請，只是人人也都需要謙卑互待。因爲在"大仁君"（上主）的國度裡參與"王子"的婚筵做賓客，是沒有講究社會階級的，一切參與者都是"有福氣的人"！也就是說，大家都因"大仁君"的恩惠而成爲"貴賓"，有份於「上主國度」（天國）的福份。此即法利賽人的「猶太教」從來沒有宣示的福音。

（一）在上主國度吃飯的人有福了！

根據《路加福音書》（十四：15）之記述，引起耶穌設這個比喻的動機，係有一位法利賽人聽眾聽到耶穌的教導（即：十四：7-14）之後，忽然發出"在上主國度吃飯的人有福了！"之內心感受，才因此打開話匣的。根據《馬太福音書》（二十二：1-14）的記述，這個比喻是和"大仁君"爲"王子"的大婚擺設"婚筵"有關。所邀請的賓客也很特別——

不分貧賤富貴的人士全部應邀入席。路加比喻的內容（十四：16-24）言及：有一位主人（一位君王，見：馬太二十二：1-10之記述）擺設大筵席（馬太作者明指是君王為王子擺設之婚筵），邀請許多賓客。到了入席的時間一到，主人（君王）就打發僕人向所有被邀請的人宣佈："請來入席吧！樣樣佳餚都已經齊備了。"（十四：17）很可惜的是，被邀請的賓客一個一個編了許多理由做為推辭。頭一個推辭說："我買了一塊地必須去看看，請你准我辭這個喜宴。"（十四：18）第二個說："我買了五對牛，要去試一試，請你准我推辭。"（十四：19）另一個又提出推辭的理由："我才完成婚姻大事娶了妻子，因此不能去。"（十四：20）僕人回來將這些事情一一告知主人（君王）。這位主人（君王）就發怒對僕人說："快出去到城裡的大街小巷，帶領那些貧窮的人、殘疾者、失明的盲人、以及瘸腿的人前來做賓客。"（十四：21）僕人果然按照主人（君王）的吩咐完成任務。並且回報主人（君王）："主啊，你所吩咐的都已經辦到了，可是還有一些空位。"（十四：22）於是主人（君王）再次下令："你出去到大街小巷勉強人進來做賓客，坐滿我的屋子為止。"（十四：23）接著主人（君王）鄭重宣告："先前所邀請的賓客，沒有一人能夠嚐到我擺設的喜宴佳餚。"（十四：24）

值得留意的是：《馬太福音書》（二十二：1-14）的比喻，特別指出『君王』的僕人非但邀請人來赴宴會不成，反而被另外的一群人凌辱殺死。『君王』因此大怒，發兵除滅那些殺人凶手，又燒燬他們的城（馬太二十二：6-7）。另外一個記述，就是言及被邀請的賓客之中有一位沒有穿禮服，結果被侍從趕出去，因為他太不自重了（馬太二十二：11-13）。馬太（Matthew）這位作者，特別說明這件事情的教訓：「因為被召的人多，被選上的人少。」（馬太二十二：14）

（二）比喻的意指（比較馬太二十二：1-14）

路加所記述的宴席比喻，其意指明顯地是在於教訓「猶太教」的法利賽人此一敬虔主義集團的傲慢與自大。他們的傲慢是：自以為靈性高超，牢守「摩西律法」之死教條。就如"安息日"禁止人治病，因為是工作行為（見：路加十四：1-3）。可是耶穌卻打破這類「猶太教」的信仰禁忌，將病人治好（見：路加十四：4-6）。他們的自大即：以為自己是不和稅吏、娼妓、惡人來往的修道者，被邀請作客時好坐高位熱心做禮拜，按時禁食祈禱，奉獻十分之一的金錢收入，自信比任何一位猶太人更敬虔（見：路加十八：9-14）。因此可以說，這個比喻係針對法利賽首領（耶穌做客的主人）及其他做客的法利賽人講的。其實耶穌目睹法利賽人被邀請赴宴時好坐高位，充分曝露出他們的傲慢行止時，即加以機會教育。耶穌教導他們必須謙卑，才可以在『上主國度』（天國）坐席參與"大君王"（上主）的宴會（見：路加十四：7-14）。當其中一位法利賽人聞訊耶穌教導時，即對耶穌說："在上主國度吃飯的人有福了！"（見：路加十四：15）那時耶穌就以這個比喻來說明一個"新時代拯救觀"的道理：上主如同一位主人擺設宴席請那些被邀請的人前來坐席，可惜均被藉故推辭。從此迫使主人發怒，下令僕人到大街小巷邀請所有的人（不管貧賤富貴）入席，而先前被邀的客人則一一被拒於門外（見：路加十四：16-24）。這等於是說：法利賽人似乎是主人的邀請對象，只是因他們因自負傲慢而拒絕上主的救恩。反而是那些平凡的猶太人不論社會階級如何，都會進入上主國度的救恩宴會中坐席。這就是："自高的必降為卑，自甘卑微者必升為高"（見：路加十四：11）的道理所在。

比較《馬太福音書》（二十二：1-14）的比喻背景，除了指出法利賽人、撒都該人、希律黨人拒絕上主的救恩外（因他們的信仰是表面的、偽善的），也指出猶太人（即所有猶太教徒）婉拒上主的救恩邀請而言。馬太作者明指：「天國」（神人一家親的生命共同體）比喻一位"大君王"為其"王子"的大婚設立婚姻宴席，因此打發僕人邀請人前來赴婚筵。並且向被邀的人說：宴席已經預備完成，牛及肥畜已經宰了，樣樣佳餚都齊備，快來參與喜筵吧。可是那些被邀請的人卻不理，也不肯前來。他們的理由很多：一個到了自己田裡工作，一個去做買賣。其餘的卻抓住"大君王"所差派的僕人，既凌辱他們，又將他們殺了！於是引發"大君王"震怒，發兵除滅那些凶手，燒燬他們的城。接著"大君王"又打發僕人出去邀請一切不配被邀請的人，前來參與這場王子娶親的婚姻喜筵，在岔路口邀請一切遇見的人。這些賓客不管是好人、惡人、也不論貧賤富貴，都可入席坐滿。遺憾的是：其中一人因不穿禮服而被罰，又被拒於門外而哀哭切齒（怨嘆）。明顯地，馬太的比喻係直指猶太人此一"選民族群"

之背叛。上主揀選摩西（Moses）創立「猶太教」，又頒佈摩西律法（Moses' Law），將這群在埃及做了450年奴隸的民族領出為奴之地，又將他們組織起來。上主又於歷代藉著先知協助他們認識列祖之神，教導他們持守選民之約。及至時候滿足，上主聖子耶穌降臨於當代的猶太人社會，致力宣揚天國福音。想不到卻遭到祭司集團的「撒都該人」（Sadducees）、擁護希律王室的「希律黨人」（Herodians）、敬虔主義的「法利賽人」（Pharisees），以至部份猶太人（Jews）藉故拒絕。更有進者，甚至迫害那些宣揚上主聖國的先知及主的僕人，又將他們殺害。至此，上主就大開恩典之門，將"天國福音"宣揚於外邦的非選民族群之中。此即比喻所指的："被召的人多，受揀選的人少"（馬太二十二：14），以及"有許多在先的，將要在後，許多在後的，將要在先"（馬太十九：30）之重要意指。

三、關於比喻之解釋

英國蘇格蘭《新約聖經》學者巴克萊（William Barclay），在其作品《路加福音書》（The Gospel of Luke, 1985）一書中，對於此一"大仁君的賓客"之比喻，有很好的解釋。他指出：這是一個描述上主進入人類歷史中可能發生的新時代來臨之光景。在那日，上主將邀請祂的子民赴彌賽亞（救世主）的宴席，因此在上主國度（天國）坐席吃飯的人有福了！也就說，這是一個與「拯救史」（Heilsgeschichte）有關的比喻。當時的猶太教熱心分子從來也沒有想到外邦人（猶太選民以外的異教徒）以及罪人（稅吏與娼妓）能夠被救贖上主，和大仁君（上主）及王子（指彌賽亞）坐席於「上主國度」（天國）這個生命共同體的宴會中。

（一）比喻的象徵

　　根據巴克萊（W. Barclay）之解釋，路加比喻中的"主人"（馬太比喻中的"大仁君"），即象徵「上主」。在歷史上，上主原本邀請的賓客是"猶太人"（Jews），即以色列選民。畢竟猶太人歷經亡國的苦難困境時，真的期望彌賽亞（基督）之降臨。及至祂真的來到（以"大仁君"為其"王子"辦婚宴為象徵）之時，猶太選民竟然拒絕上主的邀請（分享基督之救恩），他們藉著「摩西律法」的死教條百般推辭。於是主人下令"僕人"（指歷代上主代言人之先知）前往大街小巷，邀請不論貧賤富貴身份之賓客（外邦人、罪人、稅吏、角頭兄弟以至娼妓），歡迎他們參與『上主國度』的天國喜筵。至於席間尚有"空位"，則指出上主依然歡迎外邦的異教徒入席參與天國之大喜宴，只要他們肯接受耶穌基督的恩典。又巴克萊對於比喻中的這句主人對僕人所說："你出去到路上和籬笆那裡，勉強人進來坐滿我的屋子"（路加十四：23）的話，的確於歷史上成為「基督教」排他性（exclusiveness）之依據。就如教父奧古斯丁（St. Aurelius Augustine, 354-430）即曾經引用這一節經文做為宗教迫害的合理辯護，又被視為教會強迫人接受「基督教」的依據。而且又成為於中世紀西方教會（羅馬天主教）的「宗教法庭」

燒死被視爲主導異端的改革志士，及對付異教徒之藉口。此即「基督教」在歷史上之錯誤及恥辱！在"天國"（上主國度之生命共同體）只有一項是強迫性的，那就是："基督的愛激勵我們"（見：哥林多後書五：14）之"愛的強迫"。因爲"天國"的喜筵是"愛的宴席"。而滿懷愛心的基督徒，就好像是一位常在上主國度愛筵中坐席的人。

另一本巴克萊的《馬太福音註釋》下（*The Gospel of Matthew, Vol. II, 1972*）對於（二十二：1-14）的解釋，則指出這是包含：「喜樂與審判」（二十二：1-10）及「王的檢查」（二十二：11-14）兩個比喻。第一個比喻係按猶太人習俗言及大仁君爲王子辦理婚筵，僕人出去邀請賓客時卻受到侮辱性的拒絕。作者認爲這是對猶太人的一種控告。因爲在歷史他們是接受上主邀請的選民，然而當上主聖子（大仁君的王子）來到世界時，上主所邀請的選民卻拒絕祂、蔑視又凌辱祂的僕人。結果上主的邀請轉向那些罪人及外邦人，使他們有份於"天國婚筵"之喜樂！可是人拒絕被王邀請的結果是極其可怕的，他們的城將被燒燬。按《馬太福音書》成書於主後80年至90年之間，因此作者將主後70年羅馬帝國大軍毀滅耶路撒冷（Jerusalem）的事實，視爲猶太人拒絕上主聖子來臨的一種可怕的審判。

（二）比喻的教訓

耶穌是用宴會來比喻"天國"（上主國度的生命共同體）的大團聚。而且"天國大宴"是爲世人預備的，不是只有猶太選民而已。因為天國的"大仁君"是一位人類的天父，"王子耶穌"是人類的兄弟與朋友。所以不管是猶太人、外邦人、好人與罪人，都是受"大仁君"（天父）所邀請之賓客。比喻指出：天父上主的邀請是好像在參與一場婚筵那樣的歡樂喜宴。凡若藉故推辭參與天國喜宴的人（提出各種藉口為理由），將會造成一生之遺憾！也就是說，那些拒絕"大仁君"（天父上主）邀請的人，就無法分享耶穌基督恩典的救恩。

1. 天宴菜色是「福音」

耶穌在這個天國喜宴的比喻中，雖然沒有言及婚筵之菜色，然而可以想像其中的菜色之總名稱就是"天國福音"，不是什麼華人社會所謂之"滿漢宴席"。如果細加分析，"福音"的內容就是：恩典、慈悲、憐憫、赦免、公義、仁愛、和平、稱義、成聖等等救恩的內容。因此也可以稱其為「天筵之佳餚」，是普世人類靈性生活的滋養品。倘若用使徒保羅（Paul）的教導而言，這類"天國福音菜色"是一種改造人性，使人悔改歸向天父上主的「能源」或「能力」（見：羅馬書一：16）。因為"福音"之能源能夠滋養人性，"福音"的大能力也足以改造人性，教人歸向天外上主，以至改造世界。畢竟"福音"之大能力使人人"在基督裡"（in Christ）就被"重新創造"，成為棄舊近新的"新人"（見：哥林多後書五：17）。

2. 天宴賓客是「人類」

就這個比喻所指的原來 "賓客" ，不外猶太人及猶太教熱心黨派，只因傲慢的猶太人以各種理由拒絕邀請，主人（天父上主）就宣佈邀請猶太人以外的外邦人（異教徒），以至弱勢人群及所有罪人前來參與 "天宴" 之團聚。其實這個比喻也指出：「基督教」（Christianity）雖然出自「猶太教」（Judaism），只是前者所宣示的 "天宴" 之賓客是所有的普世人類，不是只有猶太人而已。猶太教徒推辭天父上主之救恩，世人卻因此接受它而成為 "天國喜宴" 之賓客。根據《約翰福音書》（三：16-17）之證言，天父上主對於世人的邀請從不間斷，人類因祂的救恩得享永恆的生命。那麼誰是天宴的招待者，或是主人所派遣去邀請人人參與這場天宴的僕人？答案是 "基督徒" 莫屬。耶穌於復活升天時，就吩咐門徒要前往普天下宣揚 "天國福音" （見：馬太二十八：18-20）。因為普世基督徒都是跟隨基督的天父上主僕人他們，所欲邀請共享 "天國喜宴" 之賓客就是世人。現代基督徒當然是這一場 "天筵" 之招待者，而宣揚 "天國福音的人" 。人類需要基督 "福音" ，而基督徒正是天父上主的同工。他們的使命，不外要去邀請人人進入「上主國度」（天國）這個神人一家的生命共同體，同為天父上主的兒女，來共享天國福音之喜宴！

結語

　　就耶穌在法利賽首領家中作客時所講的比喻（路加及馬太之記述），足以領會天父上主的救恩不只限於持守傳統「摩西律法」（猶太教教條）的“猶太選民”而已，而是擴大到“世上肯悔改的罪人”以及“外邦的異教徒”。猶太人傲慢地拒絕天父上主這份救恩，世人不論貧賤富貴都可有份於救恩，共享“天國喜宴”（做上主兒女）。這就是「基督教」所宣示的“福音”，而廣傳耶穌基督的“福音”（邀請世人享受“天國喜宴”），就是古今基督徒的重要使命。基督徒均有責任做“大仁君”的僕人去邀請，使人人成爲“大仁君”（上主）的“賓客”，參與這一永遠都在慶祝的“天國喜宴”。

2012.02.06

耶穌論「口」

"耶穌召集群眾到他面前，對他們說：「你們要聽，也要明白！那從人嘴裏進去的東西不會使人不潔淨；那從人嘴裏出來的才會使人不潔淨。」後來門徒告訴耶穌：「法利賽人聽見了你這話，很不服氣，你知道嗎？」耶穌回答：「凡不是我天父所栽種的植物都要連根拔除。不要理他們吧！他們是瞎子在作嚮導；瞎子給瞎子領路，兩個人都會跌進坑裏去。」彼得說：「請你向我們解釋這比喻的意思。」耶穌說：「你們到現在還是跟別人一樣不明白嗎？難道你們不曉得，一切從人嘴裏進去的東西，到了肚子裏，然後又排泄出來？但是從嘴裏出來的是出自內心，那才會使人不潔淨。因為從人心裏出來的有種種惡念；這些惡念指使他犯凶殺、淫亂、通姦、偷盜、撒謊、毀謗等罪。這一切才真的會使人不潔淨。至於不先洗手吃飯那一類的事是不會使人不潔淨的。」

馬太十五：10-20

人類的社會生活，都有一套自己的"傳統"（tradition）。"傳統"是一種文化現象，所以代代相傳。既然"傳統"是文化現象，它就必須面對時代的挑戰。也就是說：優美的傳統精神可以保留，因為是美善的文化。落伍的傳統細節就必須予以淘汰，使文化得以更新。就像「猶太教」（Judaism）的"神觀"之傳統，是「極權化一神論」（Authoritarian monotheism）。這位以色列民族之唯一神耶和華上主（列祖亞伯拉罕（Abraham）、以撒（Isaac）、雅各（Jacob）之神）是"萬王之王、萬主之主"，始終躲在耶路撒冷聖殿的「至聖所」，信徒只有靠著大祭司及一般祭司獻祭才能夠親近之神格。然而此一極權化神觀之傳統，卻被耶穌（Jesus）加以推翻。因為耶穌提出一種保留"一神主義精神"的「人道化一神論」（Humanitarian monotheism），強調：上主是一位慈愛的"天父"（Heavenly Father），不是一位喜愛受人奉承的威權專制之神。而耶穌以"上主國度"（Kingdom of God）來詮釋"上主是人人可以親近之天父，人類是大父家中（地球村）的兄弟姊妹"，來更新「猶太教」的"神觀"。使其一神論擺脫狹窄的以色列民族主義，而完成"神人一家"之國際主義。另外一個例子，就是耶穌對於持守「安息日」（Sabbath Day）的反傳統見解。猶太人持守「安息日」（今日的星期六）已經是一種代代相傳牢不可破之"傳統"，因它是『十誡』第四條誡命之規定（見：創世記二：1-3，出埃及記二十：8-11）。摩西（Moses）設立「安息日」之目的，在於使人類、家畜、植物及土地，均有安息（喘息）的機會，以便萬物在大自然的"宇宙聖殿"

中敬拜獨一真神。這是「安息日」之傳統精神。然而到了耶穌佈教的時代，「安息日」經過歷代經學士及祭司、拉比的曲解詮釋，不但使其變成傳統的教條，其原本“安息”（Sabbath）之精神也僵化了。就如：「安息日」不能為病人醫病，因為醫病是工作行為，從而使重病的人死於非命。於是耶穌公然向「安息日」不能為人治病的“死教條”挑戰，時常在「安息日」施行治病的神跡（見：馬太十二：9-14，馬可三：1-6，路加六：6-11，約翰九：1-34），又在「安息日」驅除邪靈（見：路加十三：10-17，約翰五：1-18）。因為耶穌強調：“人子是「安息日」的主人。”（馬可二：22-28）畢竟「安息日」是為人而設，不是人為「安息日」而被造。所以「安息日」的死教條，不能奴役人性之自由。

《馬太福音書》（十五：1-9）記載：耶穌的門人因在吃飯之前沒有洗手，被幾個來自耶路撒冷（Jerusalem）這個「猶太教」重鎮的法利賽人（敬虔主義者）及經學士（猶太教神學家）看見，他們特地向耶穌質疑其門人不持守“祖先傳統”的故事。於是耶穌反而質問他們：“為何你們為了固執於持守祖先傳統，卻違背上主的命令？”也就是：上主要他們“孝敬父母”，以及持守“咒罵父母者要受死刑”（見：出埃及記二十：12，利未記二十：9）之教導。他們卻將其曲解做：人若將孝敬父母的東西當做供物獻給上主，他就用不著去孝敬父母。耶穌認為：如此作為是拿“祖先傳統”來抵消“上主的命令”，正是典型的假冒偽善作為。所以耶穌引用先知以賽亞（Isaiah）的話指斥這些法利賽人和經學士，明言他們只會

"用唇舌"（用口）尊敬上主，內心卻違背上主的命令。凡是只用人的口舌傳統之律例（祖先遺傳）去當做上主的命令者，他們敬拜上主也是徒然的（參照：以賽亞書二十九：13）。這段故事在《馬可福音書》（七：1-13）同樣有所記載。耶穌為要消除門人之困惑，從而引發耶穌進一步去探討那"真正使人不潔淨的東西"之問題。

一、耶穌論「口」

瞭解上列經文之內容背景，才能夠明白耶穌公開探討食物吃入肚子裡"潔淨"及"不潔淨"的問題（即論："入口"及"出口"之問題）。耶穌一向厭惡「猶太教」的偽君子利用喪失傳統精神之落伍教條，去奴役人性自由之作風。就如執意曲解"傳統"精神，只會以祖先遺傳來抵消上主的命令這類惡質循環。所以耶穌才會以"真正使人不潔淨的東西"為題（見：馬太十五：10-20，馬可十：14-23），來當面指斥那些偽君子的宗教人：經學士與法利賽人。

（一）食物 "入口" 及 "出口" 之潔淨問題

上列經文言及耶穌召集群眾來到他的面前，要他們明白："人從口裡進去的東西（入口之食物），不會使人不潔淨。那些從人的口中出來的東西（指出自口中之言語及惡念），才會使人不潔淨。"（見：馬太十五：1-10）稍後門人轉告耶穌，言及法利賽人非常不服氣他的言論。其時耶穌的回應係以

"植物"為喻,指出凡不是天父所栽種的植物(非正統的信仰精神),都必須連根拔除(見:馬太十五:13)。畢竟法利賽人只重視無關宗教信仰之細節,專挑人家的小毛病,而不注重正統的信仰精神。所以耶穌才做此回應。耶穌還指出:不要理會那些偽善的法利賽人。因為他們是瞎眼的嚮導。瞎子給瞎子帶路,兩個人都會跌進坑裡(見:馬太十五:14)。耶穌的比喻真是一針見血,言之有理。

1. 彼得要求耶穌講解比喻(十五:15)

使徒彼得(Peter the Apostle)因為對耶穌這個指著法利賽人(Pharisees)偽君子(hypocrisy)講的"瞎子給瞎子帶路"之比喻感到興趣,因而要求耶穌解釋。為的是當代的法利賽人十分虔誠,是被公認的「猶太教」(Judaism)敬虔主義者,是社會上的仕紳(就如:尼哥底母(Nicodemus)和保羅(Paul)都有法利賽人背景)。那麼耶穌怎麼指斥他們是偽善的瞎子呢?問題是:他們外表虔誠,卻將「猶太教」的信仰精神形式化及複雜化。專門找別人的是非、小毛病,自己卻能說不能行。為此耶穌曾經把他們痛罵一頓(見:馬太二十三:1-36)。

2. 耶穌的直接回應(十五:16-17)

於是耶穌用斥責及反問的口氣,直接回應彼得的質問,當然也包括其他門人的質疑:

"你們到現在還是跟別人一樣不明白嗎?難道你們不曉

得一切從人口裡進去的東西，到了肚子裡消化之後，又得排泄出來的情形嗎？"

耶穌的意思是：食物一旦"入口"，就一定有"出口"。管它是潔淨不潔淨，食物一旦被人吃進肚子裡（入口），除非患有腸子阻塞的毛病，就一定會排泄出來（出口）。這就是"有入就有出"之自然定律，沒有什麼不洗手吃東西就違反信仰精神的大不了事情。在耶穌看來，比"不洗手吃東西"就違反「猶太教」教條更嚴重的事情，就是從人嘴裡（口中）而出的那些不潔淨的"惡念"及"髒話"。

（二）真正不潔的東西不是食物

耶穌為了糾正法利賽人的教條主義之不是（他們只顧及吃東西前不洗手之祖先遺傳），就直接指出：使人不潔淨的東西，不是人所吃進去的食物，而是從人內心出來的惡念、惡語（十五：18-20）：

"因為從嘴裡出來的是由內心而出，那才會使人不潔淨。因為從人內心而出的東西，就是種種的惡念。這些惡念驅使人犯下凶殺、淫亂、通姦、偷盜、撒謊、偽證、以及毀謗等罪。這一切才會真正使人不潔淨沾污人。至於人不先洗手就吃飯這件事，是不會使人不潔淨去沾污人的。"

這段言論，明顯指出耶穌對於已經僵化了的「猶太教」口傳律法之見解及批判。原來耶穌所重視者是「猶太教」的信仰精神，不是人飲食前洗手才可以吃東西的口傳律法細則。同時這段耶穌的言談，也指出人由內心而講出的“惡言”及“惡念”出現的犯罪行為。所以耶穌才直指使人不潔淨的東西不是“食物”，而是由內心而出的“惡言”及由“惡念”而出的罪惡！

1. “惡言”是不潔的東西

　　雖然耶穌沒有提到“語言”，卻已經有所暗示。所謂：“人從嘴裡出來的東西”之用語，就是指“惡言”及“惡念”而言（見：馬太十五：18）。人從口中可以說鼓勵人的“好話”及安慰人的“良言”，卻也能夠講罵人的髒話及以毒舌咒詛人。這就是耶穌所指由嘴中出來的東西——“惡言”。人類口中的舌頭是能夠搬弄是非的東西，舊約聖經中的《箴言》（十：19）就指出：“多言多語難免犯罪，約束嘴巴便是智慧。”難怪耶穌會言及由人嘴裡所出的（指“惡言”）是真正不潔的東西。與“惡言”相對者，當然是“好話”。所以《箴言》（二十五：11）就說到：“一句話若有好的表達，就好像金蘋果被放在銀盤中。”畢竟會說出“好話”者，其內心的意念也是好的。不過在耶穌的這段教導中，他是針對“口入”的食物及“口出”的東西之潔淨或不潔淨問題而發，是直接指出人由口中而出的“惡言”才是真正使人不潔的東西，它也是真正“人性”的污染源。

2. "惡念"是犯罪之動機

　　對於耶穌的教導而言，由人內心而出的最不潔淨的東西就是"惡念"。因為人的"惡念"污染人人純潔之"人性"（human nature），是人的犯罪動機。耶穌指出人由"惡念"而出的罪惡有下列種種（見：馬太十五：19）：

　　（1）凶殺（行凶）——犯下『十誡』之第六誡。
　　（2）淫亂（姦淫）——犯下『十誡』之第七誡。
　　（3）通姦（私通）——犯下『十誡』之第七誡。
　　（4）偷盜（搶劫）——犯下『十誡』之第八誡。
　　（5）撒謊（偽證）——犯下『十誡』之第九誡。
　　（6）毀謗（謗瀆）——犯下『十誡』之第九誡。

　　耶穌強調：這一切由人心"惡念"而出的犯罪行為，才會污染人的身心，及使人真正的不潔淨。至於人在吃東西之前不洗手，不會使人不潔淨。畢竟這類行為是"教條"規定的東西，它不會污染人的心靈（見：馬太十五：20）。由此可見，耶穌重視人心之內在動機，尤其"惡言"及"善念"之問題。至於人吃飯之前不洗手是"不潔淨"的認定，那是古董教條之規範，至多是令人有不大衛生的觀感而已，和"人性"之淨化與不潔淨問題無關。真正不潔淨的東西，是人由內心而出的犯罪"惡念"及"犯罪行為"，當然也包括由內心而出會傷害人之"惡言"及"謊言"。

二、關於口舌的 "言語" 問題

在「新約聖經」中的《雅各書》（三：1-12），是一段專門探討口舌的 "言語" 問題之重要教導。這本書被學者認定是耶穌的弟弟雅各（James）之作品，內容不外強調基督徒的 "信仰" 與 "生活" 必須一致，才足以為世人楷模。因此其內容特別關心：貧富、誘惑、善行、人道、信心、偏見、行為、爭端、謙卑、驕傲、自誇、論斷、祈禱、忍耐及言語等等問題，好像是一本 "基督教善書"。至於上面所提有關口舌與 "言語" 的問題（三：1-12），其論述更是精闢及實際，足以補充耶穌論 "口" 之教導。按《雅各書》的作者要求基督徒必須制約自己的口舌，就是出自內心的一切言論。他要求教會領導者（當教師的），要比別人受更嚴格的檢驗（見：三：1）。他認為人人時常在言論上（口舌上）犯錯，一個能夠控制約束自己口舌於言語上沒有過失的人，就是一個完人（見：三：2）。

（一）精闢的口舌引喻

《雅各書》作者利用精闢的 "口舌引喻" 來說明口舌的功用。他一針見血的說："舌頭雖然那麼小，卻能夠說大話。"（見：雅各書三：5）他用人駕馭馬的 "馬咬環" 和駕駛船隻的 "方向舵" 為例，指出小小舌頭的功用如同它們一樣。他說（三：3-4）：

"我們把馬咬環放在馬嘴裡馴服牠，驅使馬到我們要去的地方。再看一看一條船雖然那麼大，在大風的吹襲下，只用一個小小的方向舵操控，隨著舵手的意思，使船朝向目的地航行。"

所以說，"小小舌頭"教人能夠"說大話"。其功用如同"馬咬環"及船的"方向舵"一樣，能夠左右一個人的人格走向。因此《雅各書》作者又再次引例，來說明人類口舌之是非。

1. 口舌如烈火難以控制 (三：5-8)

人人都知道："星星之火可以燎原。"人的口舌正像烈火一樣，在人的肢體中是"邪惡源頭"，又會"污染全身"的不潔淨東西。為此作者提出警告："口舌藉著地獄的火，燒毀人整個人生的路程。" (見：雅各書三：6) 因此作者雅各感嘆說 (見：三：7-8)：

"人能夠制伏野獸、飛禽、昆蟲、及水族，其實人已經知道如何制伏各種動物。但是人從來不能制伏口舌 (舌頭)，它是人控制不了的邪惡，它也充滿著致命的毒氣。"

由人內心的"惡念"而出的口舌 (言語)，的確難以控制，而陷自己於不義之中。所以《雅各書》的作者才強調：

"那在言語上沒有過失的人，便是一個完全的人。"（三：2）尤其是教會中的教師，更需要控制整個自我，不能犯錯。畢竟由"惡念"所發出的口舌（言語），如同武器一樣會傷害人。爲此基督徒更要自律克己，勿口出惡言。

2. 口舌不可搬弄是非（三：9-12）

《雅各書》作者指出人的"口舌功用"之兩極性，實在非常精彩：同一個口舌而出的言語，既可以祈禱感謝天父上主，也可以咒詛具備天父上主形像的人（見：雅各書三：9-10）：

> "我們用舌頭感謝我們的主，我們的天父，也用舌頭咒詛上主按照自己形像創造出來的人。感謝和咒詛都是從同一個嘴巴出來！弟兄們，這是很不應該的！"

該書作者因此提出一個質疑，藉以凸顯"人性"善惡兩極端之矛盾（見：雅各書三：11）：

> "從同一個泉源，能夠湧出「甜」和「苦」的兩種水來嗎？"

當然這類人性內在之善惡矛盾，是由於不健全之"人格"（personality）而來。對於作者而言，"信仰"（faith）及"作爲"（works）若能夠一致，就無此一人格上之矛盾。因為基督徒只有信仰而無健全之作為，就如同死了一樣（見：雅各書二：14-17）。因此作者教導基督徒的信仰生活必須是非分明，勿以口舌之言語去污染自己之人格（見：雅各書三：12）：

> "兄弟們，無花果樹不能結橄欖，葡萄樹不能結無花果。鹹澀的水源也流不出甘甜的水來。"

也就是說，基督徒於口舌言語上必須和信仰一致，不可一面感謝天父上主，一面又去咒詛人。畢竟這類口舌的是非不明是會污染人性，扭曲人格之行止。

（二）"惡念"及"惡言"均污染人性

檢視耶穌於《馬太福音書》（十五：10-20）這段經文的教導，又比較《雅各書》（三：1-12）對基督徒信仰生活之勸勉，就可以知道耶穌關心由人內心而出的"惡念"對於人性之污染（真正的不潔淨）。而雅各這位作者則關心基督徒信仰生活口舌"惡言"之脫序問題（那也是污染信仰生活之一）。也就是說，耶穌指出真正污染人性的不潔淨者，就是人內在之"惡念"（歹念頭）。因為"惡念"是人犯罪之動機，就如：凶殺、淫亂、通姦、偷盜、撒謊及毀謗等等犯罪行為，均出於人內心之不純正。反觀「猶太教」敬虔主義者的法利賽人，僅會挑一些生活細節去論斷人的是非。人不洗手就吃東西，吃下去的東西終究會排泄而出，不會污染人的心靈。真正污染"人性"使人去犯罪者，就是由人內心而出的"惡念"。

這是耶穌之所以反對「猶太教」口傳律法這類落伍教條的原因，因其扼殺了眞正的宗教精神，對於人內在之"惡念"視而不見。

至於注重信仰與生活必須一致的《雅各書》作者，卻強調人外在之口舌不可以有"惡言"相向。約束口舌多說好話，不但符合信仰生活，也能夠利益人或增進友誼。不過作者也提出儆告：基督徒單單有"信仰"而沒有"慈善作爲"，也如同法利賽人一樣，只靠外表之虔誠騙人。所以他教導當代的基督徒說（見：雅各書二：15-17）：

> "你們當中若有兄弟或姊妹沒有衣物可穿，沒有食物可吃，你們卻對他說：「平安！平安！願你們穿得暖、吃得飽！」而不供給他們所需的，那有什麼用？同樣的道理，信心沒有作爲就是死的。"

用付出愛心之作爲去印證信仰生活，才是基督徒樣式（見：雅各書二：18）。難怪作者強調基督徒要約束（或控制）由口舌而出的言語，才符合信仰生活。然而好話說一大堆，卻不顧兄弟姊妹生活之困境，如此無愛心行動之作爲也是騙人的。雅各的教導不是"勸善"而已，更是啓發基督徒對於信仰生活之反省。

結語

　　這篇以"耶穌論「口」"為題之討論，到底對於現代基督徒有何啟示？耶穌的教導不僅是挑戰僵化了的「猶太教」傳統教條："吃東西之前不洗手和潔淨與否無關緊要"的問題而已，卻教導普世基督徒必須留意污染人性之內在"惡念"。因為"惡念"是人犯罪之動機，是真正使人不潔淨的東西。"惡念"若由「口」而出，就是謗瀆、詛咒及欺騙人的謊言。它才會污染人性，扭曲人格之尊嚴。台灣社會每逢選舉之時，政治人物互相攻擊之"口水戰"，正是最好的實例！候選人為求勝選，不擇手段的去毀謗人又專挑對手之小毛病。在台灣的中國國民黨候選人就是如此！馬英九於爭取總統大位選舉時，製造「宇昌案」去加害蔡英文就是一個實例。而馬英九又以"633"的政治口水贏得總統大位，六、七年來都沒有兌現。如此用"口水"騙取選票之手段，也使中國國民黨得了一個"政治金光黨"的臭名。2014年11月間的台北市長選舉，連戰更辱罵候選人柯文哲為"混蛋"（台語"雜種"之意），以及那個老軍頭郝柏村譏笑柯文哲祖父及父親都是"日本皇民"（筆者生於1937年的日治時代，也是"日本皇民"），足見這類"政治口水"是如何的"邪惡"！所幸馬英九政府的政治騙局已被拆穿，2014年11月29日台灣全國的"九合一選舉"，人民就用"選票"澈底教訓外來政權的中國國民黨，使二十二縣市的版圖翻轉，台灣的「民主進步黨」取得十二縣市（其中院轄市就有四個市：高雄、台南、台中、桃園）。而首都台北市則由無黨籍的柯文哲醫師勝選，成爲有史以來國民黨之慘敗！又現任副總統吳敦義被民間給了一個"白賊義仔"的綽號，顯然不是沒有原因。爲的是他慣用詭辯的口才不斷"說謊"（講白賊）之故，是一位典型之政客。爲此，基督徒必須棄除犯罪動機之"惡念"，始終講誠實話期使信仰與生活一致。同時也提醒現代基督徒勿執迷於過時的傳統教條，或無頭無腦的跟著流行去扭曲"禮拜"（worship）之精神。時下台灣基督長老教會之危機，就是教會正統之"禮拜精神"不加以維護，任意又無知的隨著那些極端教派的"禮拜方式"起舞！時代不斷在進步，時時有所變遷。基督徒必須勇於擺脫不合時宜之教條，卻不可違背傳統之優美精神。關於這點，你我就必須向耶穌學習。

現代社會靠著口舌（ロオ）吃飯的人實在不少，從幼稚園、小學、中學、大學老師，各級的政治人物（官員及議員）、司法人員、律師、牧師及民間吃宗教飯之神職人員，都是靠"口オ"謀生者。尤其是台灣民間的江湖術士（俗稱"王禄仔仙"），他們慣於搬弄口舌，可將"死龜"說成"活鱉"（以假亂真）。因此《雅各書》作者特別教導基督徒要約束口舌，能說能行（言行一致）。這點正啟發基督徒必須謹慎言行，以言語榮光上主爲要。特別勿用嘴巴對貧困的人說："平安！平安！願你們吃飽穿暖"，卻無慈悲心任憑他們日日挨餓！這些言論都在挑戰現代基督徒的信仰生活，要他們以信仰去印證「基督教」福音。畢竟"福音真理"不是單憑"口舌"（嘴巴）去宣傳的，也必須用愛心的"行動"去印

耶穌──宗教重擔的釋放者

證。所以耶穌才教導人說（見：馬太五：16）：

　　"你們的光（指美善之信仰作為）要照在眾人的面前，使他
　　們看見你們的好行為（善行），來榮耀你們在天上的父親
　　（上主）。"

2014.12.20

耶穌的政治關懷

> "耶穌來到拿撒勒他長大的地方。在安息日,他照常
> 到猶太會堂去。他站起來要念聖經,有人把先知以賽
> 亞書給他。他打開書卷,找到一個地方寫著:主的神
> 臨到我,因為他揀選了我,要我向貧窮人傳佳音。他
> 差遣我宣告:被擄的,得釋放;失明的,得光明;受
> 欺壓的,得自由;並宣告主拯救他子民的恩年。"
>
> *路加四:16-19*

國之人民不管處身於"獨裁"或"民主"之政治體
制,其社會生活均受到影響。因此人民對於一國之
「政治」影響下的"人權"及"社會公義"加以關心,是很
自然的一件事。當然於專制獨裁政權奴役之下的人民,則沒
有此一公然關懷政治品質優劣比較之自由。七十一年來(自
1945年至2016年),中國國民黨這個外來政權對於台灣的獨裁專
制統治(其間台灣人陳水扁總統自2000年至2008年主政八年,因國會未能過
半而難以改變現狀,台灣首位女總統蔡英文也剛於2016年5月20日就任),其
有計劃的"殖民同化"及"奴役台民"政策,以致台灣出現

"二二八大屠殺慘案"及長達38年軍政戒嚴（可列入金氏世界記錄）的所謂"白色恐怖"。從而導致當今台灣人子弟只會"講國語"（外來的"北京話"）而忘了自己的"母語"（台灣話的"賀佬話"、"客家話"，及"多元原住民族語"），自己的傳統文化從此近乎被這個外來的中國政權所消滅！再加上其愚民教育政策，終於使少數台灣人認賊作父，主張要和沒有人權又專制獨裁的「中華人民共和國」"統一"。從此"國家認同"錯亂，自甘墮落為"亞細亞的孤兒"。那真正是台灣人的悲哀！

自古以來彼岸的「中國」（China，支那），自漢代以還即政教不分。因董仲舒藉《春秋繁露》洗腦，將儒家轉變為「儒教」（Religious Confucianism），教導人民以帝王為"天子"，百姓必須持守"在國忠君，在家孝父"的忠孝教條。自此以後，外來的明鄭政權（1662年至1683年治台）、滿清政權（1683年至1895年）、以至中國國民黨政權（1945年至2016年）都設置官辦『孔子廟』（9月28日為祭孔大典）去維護「國家儒教」。台灣布袋戲有一句："轟動武林，驚動萬教"的口頭禪（前者指國家政權與幫派掛鉤、後者指多元宗教現象），可以印證之。

中國國民黨雖然欺騙台灣人，謂："政教分離"，事實上它不但有個教導學子「四維」（禮、義、廉、恥）及「八德」（忠、孝、仁、愛、信、義、和、平）的「國家儒教」教條。更將其"一黨專政"的宗教化之依據：「三民主義教」，來進行"新皇帝崇拜"（崇拜孫中山、蔣介石）及洗腦。這點深深影響台灣的基督徒不敢去過問政治，也隨著國民黨的愚民教育起舞。其中只有「台灣基督長老教會」例外，因其追隨耶穌基督的政治關懷腳步，始終留意台灣的安危及同胞的命運。

一、耶穌的政治宣言

就歷史觀點言，耶穌誕生於公元前四年（4 B.C.），即羅馬皇帝奧古斯都（Caesar Augustus, 63 B.C.-14 A.D.）主政時代。那時猶太人已經在羅馬帝國的殖民統治下，巴勒斯坦（Palestine）為其殖民地。耶穌大約三十歲時，從其生長之地加利利省（Galilee）的拿撒勒（Nazareth）展開宣教事業。根據《路加福音書》（四：16-19）之記述，言及他在故鄉拿撒勒「猶太教」（Judaism）的「會堂」（Synagogue）聚會之時，公開向會眾宣讀先知以賽亞（Isaiah the Prophet）的教導（見：以賽亞書六十一：1-2），做為他進入公生涯的「救世宣言」。因其內容具十足的"政治性"，因此也可以說是耶穌開始宣教時的重要「政治宣言」：

> "上主的神臨到我，因為祂用膏油抹我，揀選我，要我傳福音給貧窮的人。祂差遣我宣告：被擄的人（政治犯）將得釋放，眼瞎的人（昧於現狀之愚民）將重見光明，被欺壓的人將獲得自由。並且宣告上主拯救祂子民之恩年。"（路加四：16-19）

雖然路加這位作者記述先知以賽亞的宣告少了一句"祂差遣我醫治傷心的人"（見：以賽亞書六十一：1），卻不失爲耶穌政治關懷之用心。

（一）耶穌政治宣言之出處

耶穌於羅馬帝國殖民統治之下開始其宣教事工，並且在其成長之地加利利的拿撒勒「猶太教」會堂公然宣讀先知以賽亞的"政治宣言"（六十一：1-2），來做爲他的政治關懷（也是「福音」的內容），可以說既勇敢又表達其救世決心。至於這段《以賽亞書》（六十一：1）所處的時代，即學者所指的主前538年（538 B.C.）巴比倫帝國被波斯帝國滅亡時期。所以學者稱這位先知爲「第二以賽亞」（Deutero-Isaiah），其作品即自第四十章至六十六章，藉以和「耶路撒冷的以賽亞」（Isaiah of Jerusalem，其作品自第一章至三十九章）有所分別。當時這位先知眼見波斯王古列（Cyrus the Great, 600-529 B.C.，又作塞魯士，550-529 B.C.在位）政治作風開明，允許猶太人回國建立自治區，從而掀起猶太人回國之希望（見：以賽亞書四十：1-2，即呼籲同胞"爲主預備道路"，以便回國）。其時這位先知也大膽稱這位波斯君王爲"上主的揀選者"（見：以賽亞書四十五：1-4，四十八：12-16）。在此一歷史背景之下，猶太人莫不期望一位英明領袖出現。而這位英明領袖是一位受上主膏立的人，他負有下列之使命：向弱勢人群及窮人宣揚佳音，被擄往異邦的政治犯將被釋放、盲目的同胞將重建光明人生、預告被政治壓制者將獲得自由。他將醫治家破人亡的悲傷同胞，及宣告上主的禧年已經降臨

（見：以賽亞書六十一：1）。後來波斯王古列果然釋放被擄的猶太人回國重建"耶路撒冷聖殿"（見：《以斯拉記》）及"耶路撒冷城垣"（見：《尼希米記》），即應驗先知以賽亞之預告。

（二）耶穌是上主國度的政治家

耶穌生爲猶太教徒，他當然熟悉「猶太教」的經典《律法與先知》所強調的「神權政治」（Theocracy）及其「君權政治」（Monarchy）。而將做爲大時代（或新時代）的「上主國度」（Kingdom of God）之政治家耶穌，採取公元前六世紀時代先知第二以賽亞的預言，來做爲「上主國度」（天國）之"政治宣言"，是一件最值得留意的歷史大事。因爲耶穌的政治關懷之內涵及基礎，就是他所宣揚的「上主國度」。

1. 上主國度是一個生命共同體

耶穌使用「君權政治」（Monarchy）的"王國"（Kingdom）用語，來指出他所欲宣揚的"福音"（Gospel）內容，明顯與世俗的理解不同。所謂「上主國度」者，是一個天下一家親的"生命共同體"。因他強調：上主是一位"天父"，不是一個身騎戰馬威風凜凜的專制獨裁君王。人類（不分種族及膚色）都是兄弟姊妹，是天父上主所愛惜及救拔之對象。「上主國度」的"國土"就是"人心"。因此世人只要認識祂，心中有天父上主的位置因而信靠祂去行事爲人，他就是天國民，也是天父的兒女。下列圖解可以一目瞭然：

上主國度
（天國）
{
上主是天父 —— 可信靠、可接近、可向祂
　　　　　祈求之唯一眞神
人類是兄弟姊妹 —— 超越種族膚色
國土就是人心 —— 天國位於人的内衷
}

2. 上主國度之金律（社會倫理）

「上主國度」既是天父這位唯一眞神大家庭中的"生命共同體"，就必然有其社會倫理關係，有它的制度和金律。如前所言，"上主爲天父，人類都是兄弟姊妹"，即「上主國度」的基本組織。究其"金律"有二：就是"仁愛"及"公義"。「基督教」（Christianity）一向被世人公認爲"博愛的宗教"，但此一認知未必周延。因其力主社會正義，所以也是"公義的宗教"。當然此一社會倫理之"金律"，必須加以闡釋才能夠被世人認同。爲此，下面之分析格外重要。

（1）人與人的關係倫理是"仁愛"

「基督教」承傳自「猶太教」的"愛鄰如己"之社會倫理（見：利末記十九：18）。然而此一"愛鄰如己"的社會倫理，只是一種人與人（親友之間）倫理關係的"互相的愛"（mutual love）而已。因此耶穌更進一步強調要有爲朋友獻上生命的愛心（見：約翰十五：13），以及愛敵人的無私之愛（見：馬太五：43-48，路加六：27-28, 32 36）。其實「基督教」強調"犧牲的愛"（sacrificial love），爲的是天父聖子耶穌基督爲救拔這

個世界（非只有世人）而犧牲生命於十字架上（見：馬太十六：21-26，約翰三：16-17，哥林多前書一：18-25）。其次，耶穌所說的"好撒馬利亞人"故事（見：路加十：25-37），也是這類"犧牲的愛"之補充說明。

（2）人與制度的關係倫理是"公義"

「基督教」強調人與社會制度的關係倫理就是"公義"，因為人間的制度組織（憲法、法律、團體組織等等）係非人格的東西，必須人的運作才能夠發揮作用。人於運作制度（體制）之時，必須符合公平正義原則，否則將淪為獨裁專制，蹂躪人權。問題是：社會上再好的制度（體制）一旦遭受惡人運作，都會變成不公不義之現象。果真如此，具正義感的仁人志士就會起而抗爭、示威、抵制，以至運用武力革命加以解決。耶穌因為對抗耶路撒冷祭司集團將聖殿商業化而淪為"賊窩"，才會不顧生命安危以行動潔淨聖殿（見：馬太二十一：12-17，馬可十一：15-19，路加十九：45-48，約翰二：13-22）。不過此一因對抗社會上不公不義的革命行動，不但使耶穌成為受苦的僕人，也因此被當局冠上"猶太人的王"這一政治犯罪名被處死於十字架上（見：馬太二十四：32-44，馬可十五：21-32，路加二十三：26-43，約翰十九：17-27）。這就是"公義"行動之代價！

二、耶穌的政治作為

前面所提及耶穌的政治宣言，誠然已明指一個「上主國度」的政治內涵。因為其中提到一位受上主膏立的英明救世主（基督），他將以人道主義為弱勢人群謀福利（窮人的福音）、主導開明的社會教育使愚民清醒（瞎子重見光明）、施壓政府釋放政治犯（被擄者得釋放）、促進人權、社會公義、言論及集會自由（被壓制者得到自由）、宣揚上主的禧年來到（安慰憂傷困苦的人群）。這些宣示在在指出一位「上主國度」政治家之作為，不外為人權及社會公義而奮鬥。

（一）耶穌之角色

「四福音書」（馬太、馬可、路加、約翰）這四卷耶穌傳記經典，始終證言耶穌之角色是「猶太教」諸先知所預言的那位"彌賽亞"（Messiah），即來自大衛王（King David）王統之救主，是足以信靠之"基督"（Christ）。為此，馬太這位福音書作者特別指出耶穌的降世是應驗先知以賽亞（Isaiah）及另一位先知彌迦（Micah）之預言（見：馬太一：22-23對照以賽亞書七：14及八：8，及馬太二：5-6對照彌迦書五：2）。此外尚有下列之證言：

1.《馬可福音書》（一：1）之證言

這本歷史上最早的「耶穌傳」，於其（一：1）開宗明義指出：耶穌就是"福音"（Gospel）之源頭。"福音"的內容是「上主國度」（耶穌的「理想國」），其政策就是上列之政治宣言（路加四·16-19）。

2.《馬太福音書》（二：1-12）之證言

此書言及：耶穌誕生不久，有東方（波斯）的星象家（Magi）前來朝拜這位新生王（見：以賽亞書九：6之預告）。並且獻上三件禮物，即黃金（gold）、乳香（frankincense）、沒藥（myrrh），藉以象徵嬰孩耶穌是「上主國度」的仁君，又是引人歸向天父之祭司，以及犧牲生命救世之先知。

3.《路加福音書》（二：1-20）之證言

人道主義的福音書作者路加（Luke），於描述耶穌誕生的故事時，特別指出一群在曠野牧羊的窮牧人，受天使（Angels）指引前來朝聖嬰孩耶穌。並且聲明：這位聖嬰是榮耀天父上主，促使地上平安（和平）之重要角色（二：14）。

4.《約翰福音書》（一：1-18）之證言

這位具備希臘哲學素養的福音書作者約翰（John），證言耶穌正是"上主聖言"（Logos）化身成人（道成肉身）之世上眞光。他的降臨將天父上主的本相彰顯出來（一：17-18），又將恩典及眞理帶給人間。

5. 施洗約翰（John the Baptist）之發現

當耶穌受洗於約旦河（River Jordan）之時，施洗者約翰聽見來自上面的聲音說："這是我的愛子，我所喜悅者。"（見：馬太三：16-17，馬可一：10-11，路加三：21-22）其時約翰這位施洗者發現了耶穌具"君王"、"祭司"與"先知"之角色，即"基督"身份之秘密。因爲"這是我的愛子"是大祭司對君王加冕時的宣告，"我所喜悅者"是大祭司對祭司及先知就職時之祝福詞。

6. 使徒彼得之告白（馬太十六：12-16）

耶穌帶領十二門人前往加利利省（Galilee）邊界的該撒利亞腓立比（Caesarea Philippi）退修，當他公然問其門人有關自己眞正的角色之時，彼得（Peter）的回應是"基督"（Christ，即王者角色）。不過彼得所認同的"基督"是世俗政治之王者角色，不是「上主國度」的"救世基督"，也就是爲人類受苦犧牲的王者。因此彼得受到耶穌之斥責（馬太十六：22-23）。

7. 和歷史上的救星同列（馬太十七：1-7）

「共觀福音書」（馬太、馬可、路加）記載一則耶穌在山上變貌的故事，指出耶穌於三位門人彼得（Peter）、雅各（James）及約翰（John）面前改變形像，和歷史上的民族救星摩西（Moses）、以色列宗教救星以利亞（Elijah）同列。並有來自上面的聲音宣告："這個（耶穌）是我的愛子，我所喜悅的，你們要聽從他。"（見：馬太十七：1-7，馬可九：2-13，路加九：28-36）這個故事等於是證言耶穌向三位門人的自我角色之顯現，目的在於指出他就是「上主國度」的"基督"，也是世人（非只是猶太人）之救星。

（二）耶穌的政治行動

做為「上主國度」政治家的耶穌，其一生的事工都是政治行動。當施洗約翰被拘捕下監時，他曾經派遣門人問及耶穌的角色問題。耶穌的回答很直接（見：馬太十一：4-5）：

> "你們回去將所看到的及聽到的向約翰報告，就是：瞎眼的看見，跛腳的行走，痲瘋的潔淨，耳聾的聽見，死人復活，窮人聽到福音。"

然而耶穌一生最直接的政治行動，有三件事最具代表性。而且都發生於猶太省（Judah）首府的耶路撒冷（Jerusalem），也是他將步上十字架犧牲自己生命的最後年日。

1. 以王者姿態進入耶路撒冷

根據「四福音書」記載，耶穌於最後年日公然以王者姿態騎驢（象徵和平仁君）進入耶路撒冷，即應驗先知預告："你的王來了，溫柔騎著驢子。"（見：撒迦利亞書九：9）並且贏得群眾的歡呼，大聲說出這位大衛王系的救星是來自加利利省的"拿撒勒先知"（見：馬太二十一：1-11，馬可十一：1-11，路加十九：28-40，約翰十二：12-19）。可見，當代的猶太人是如何期待掙脫羅馬帝國之統治及壓迫。

2. 以抗爭行動潔淨聖殿

　　耶路撒冷聖殿是「猶太教」的朝聖聖地（猶太人平時都在「會堂」守安息日禮拜，每逢年節才前往「聖殿」朝聖）。耶穌因為長期目睹祭司集團包庇商人壟斷祭牲買賣（朝聖者不能空手，前往聖殿都要帶牛、羊、鴿子為祭牲），以致使「聖殿」淪為"賊窩"。為此耶穌認為必須以抗爭行動加以改革，才能喚醒猶太人的宗教良知。從而單獨一人行動，即史稱之"潔淨聖殿"的耶路撒冷事件（見：馬太二十一：12-17，馬可十一：15-19，路加十九：45-48，約翰二：13-22）。結果耶穌因而被冠以"猶太人的王"這個政治犯罪名被處死於十字架上（見：馬太二十一：11-14，馬可十五：1-5，路加二十三：1-5，約翰十八：28-38），成為人類的"贖罪羊羔"（約翰一：29, 35）。

3. 斥責偽善的宗教領袖

　　耶穌所處時代，除了那些主持耶路撒冷聖殿祭祀的祭司集團腐敗外，又有兩類偽善的宗教領袖，就是經學士（猶太教神學家）及法利賽人（Pharisees，敬虔主義者）。為何耶穌會以先知姿態斥責他們呢？因為他們能說不能行，將律法的重擔加在人們身上。他們好坐高位，喜歡於公眾面前出風頭被稱呼"大師"。他們阻擋人進入天國，其行為偽善又隨便發誓，喜愛挑人家的小毛病。他們外表好看內心惡毒，是十足的瞎子引路者，教人走入黑暗道路之中（見：馬太二十三：1-28，馬可十二：38-39，路加十一：43-46，二十：45-46）。最不可寬恕者，就是他們始終陷害先知，欺壓弱勢。為此耶穌嚴厲指責他們將受應有的懲罰（見：馬太二十三：29-36）。

由此足見，做為當代先知的耶穌，其政治行動是"說人所不敢說的，做人所不敢做的"大事，他也因此而犧牲生命。

三、基督徒的政治責任

耶穌一生的政治關懷，係集中於「上主國度」（天國之重要政策）。為使這一"生命共同體"（上主國度）於人間實現，落實其"轉型正義"的福音，他就必須成為"上主的羊羔"而犧牲於十字架祭壇上。那麼現代斯土台灣的基督徒，從昔日耶穌的政治關懷學到什麼？基督徒若要做個好公民，關心時下的政治現狀是理所當然的。尤其是台灣社會已經崇尚民主體制，基督徒個個均無法離開政治生活（可惜台灣大多數北京語系教會，都昧於現狀，強調"政教分開，勿談政治"），因此負有政治責任！

（一）關於順服政府的問題

查考《新約聖經》之記述，耶穌雖然處身於被羅馬帝國殖民統治情況下，他和門人也繳納人頭稅（見：馬太十七：24-27）。他又教導門人及其聽眾要順服羅馬皇帝並向他納稅："把該撒（Caesar）的東西納給該撒。"（見：馬太二十二：15-22，馬可十二：13-17，路加二十：20-26）至於第二代使徒保羅（Paul the Apostle），因其出生於小亞細亞的大數城（Tarsus），擁有羅馬

公民權，所以主張順服羅馬帝國的政府。他的政治立場見之
於《羅馬書》（十三：1-2）：

> "人人都應該服從國家的權力機構（政府），因爲權力之存
> 在是上主所准許。當政者的權力從上主而來，所以抗拒當
> 政者就是抗拒上主的命令，這樣的人難免受審判。"

保羅認爲政府的公權力旨在對付惡人，因此行善的人不
必懼怕政府（見：羅馬書十二：3-5）。保羅因此認爲人民納稅於
政府是理所當然的，爲的是執政者是上主的同工（見：羅馬書
十三：6-7）：

> "因爲當政者在執行任務之時，是爲上主工作。所以你
> 們應該向他們繳納該納之稅金，付個人和產業稅，也應
> 該尊敬他們。"

此外，「公同書信」的《彼得前書》（二：13-14），也和
保羅一樣教導基督徒要順從人間的掌權者：

> "爲了主的緣故，你們要順從人間的掌權者，就是在上
> 的君王和他所委派執行賞善罰惡的長官。"

另外一位初代教會的傳教師提多（Titus），也於保羅給
他的書信中受其指示，要求他提醒信徒服從執政的官府，聽

從其命令做各種好事（見：提多書三：1）。上列這些經文就成爲時下教會及基督徒盲目去順服政府之依據。可惜當今教會及基督徒均忽略使徒保羅的時代背景，就是他身處於一個專制的羅馬帝國政權、皇帝及官府均必須加以崇拜及服從的時代，人民一旦反抗就是叛國。《彼得前書》的作者因爲不是和保羅一樣是羅馬公民，所以論及基督徒"順服人間的掌權者"一事之時，加上一個但書："爲了主的緣故。"（二：13）

值得留意的是：耶穌對於當代羅馬帝國的殖民統治是不懷好感的。他不但視羅馬皇帝及希律王（King Herod，曾經殘殺兩歲以下男嬰）爲那個時代的"暗世君王"（暴君）。甚至其十二位門人之中也有一位反抗羅馬帝國的游擊隊員：奮銳黨的西門（Simon the Cananaean，見馬太十：4）。尤其是他的"救世宣言"之內容，也指向政治的轉型正義。基督徒如果細心注意《啓示錄》這卷經典的內容，就可以明白當代教會和信徒於羅馬帝國的大迫害中如何期待上主的歷史干預，使暴政滅亡，"新天新地"出現（見：啓示錄二十一：1-7）。所以說，基督徒勿一味盲目的順服政府，應該立足"公義"的社會倫理來加以看待。當今的台灣社會，已經邁向"民主國家"行列。"民主國家"之特色是：政府官員是公僕，是人民（公民）用稅金雇請的。人民（公民）是國家眞正的主人。因此人民雇請的軍、公、教人員必須忠於人民、土地、國家，不是忠於一黨獨大之政黨（時下的「國歌」與「國旗」都是國民黨的）。因此若有基督教會及基督徒教人不要關心政治及參與政治生活（這是民主國家之特色），他們就是活在被獨裁政權奴役而尚不覺醒的老古董！

（二）基督徒的政治參與

　　時下台灣的基督教宗派有100個以上（見拙作《台灣宗教大觀》（前衛出版社，2008年），pp. 370-376）。而其中的「台灣基督長老教會」（The Presbyterian Church in Taiwan）對歷來台灣社會的政治參與，可說最為積極。原因無他，係受"加爾文主義"（Calvinism）之影響。因其教團組織採取民主入世的代議制，本來就十分關心政治。在台灣近代史上，長老教會的確扮演著重要的政治角色。自十九世紀中葉滿清帝國統治的宣教時期、十九世紀末日本帝國領台時代，以至二十世紀中葉中國國民黨政權流亡來台時代，長老教會的政治參與從不缺席。

1. 滿清帝國時代

　　1865年英國長老教會宣教師馬雅各醫生（Dr. James L. Maxwell, 1835-1921）從打狗（高雄）登陸，開始在台灣南部從事醫療佈教。當初馬醫生無法於府城（台南）自由設教施醫。1868年英國怡記洋行（Elles & Co.）駐台商人必麒麟（William Alexander Pickering, 1840-1907）因私買樟腦引發的「樟腦事件」（Camphor War），埤頭（鳳山）教會禮拜堂被暴民所毀，高長傳道師被官府拘捕監禁凌虐。後經宣教師馬醫生及李麻牧師（Rev. Hugh Ritchie, 1840-1879）通過英國領事吉必勳（Gibson）向滿清政府抗議並要求懲凶賠償。此一事件之結果，使英國政府和滿清當局達成協議，簽下八條條款。其中第四條，賠償新教（長老會）教會財產1,167元。第六條，告示民眾：嚴禁毀謗基督教。第七條，承認傳教師在台灣各地有傳教居住之權。從此長老教會因禍得福，外國宣教師（包括天主教）可以在台灣各地自由出入及設教。

2. 日本帝國時代

1895年台灣成爲日本帝國領土。日本領台初期，「台灣民主國」成立不到一個月即告解散，一、二任總統唐景崧和劉永福相繼逃回中國，留下清軍淪爲無業匪類搶劫居民，到處又有反抗日軍之鄉勇擾民。其時日軍分北、中、南三支登陸軍入台，民心恐惶不得安寧。幸而在此一非常時機有英國宣教師及基督徒勇敢出面，成爲引導日軍和平進城的和平使者，才不至有太多的無辜人民受害犧牲。

（1）北部李春生長老的貢獻

1895年5月29日由北白川宮能久親王率領的近衛師團從澳底登陸，向台北城推進。當時清兵節節敗退，成立不到十日的「台灣民主國」瓦解，總統唐景崧、統領陳季同相繼逃亡（其時民主國總統一職由鎮守南部劉永福繼任），清軍一時群龍無首，到處劫掠。當日軍距離台北城只有十哩時，大稻埕茶商李春生長老挺身而出和仕紳商議，即決定派代表前往水返腳（汐止）引見日軍司令和平進入台北城。往迎日軍的代表有三名志願前往的外國記者：大衛遜（Davidson，美國人）、湯姆遜（Thomson，英國人）、歐理（Ohly，德國人）。另有兩名洋行保鑣辜顯榮和一位馬來人，再加上一名苦力。這一行六人，由辜顯榮執一面白旗走在前面，前往水返腳求見日軍司令官，並聲明係由台北城仕紳李春生等人所託，前來引導日軍和平進入台北城。日軍於1895年6月7日平安進城，李春生長老也因此受日軍聘請擔任一年維持治安的保良局局長。日本天皇也贈授旭日勳章一枚，以答謝他完成和平進駐台北城之任務。

（2）林赤馬傳道師受徵召爲「布袋嘴登陸軍嚮導役」

　　1895年10月間日本南方遠征軍集合於澎湖群島，其第四混成旅團由伏見宮貞愛親王指揮下奉命登陸嘉義的布袋嘴。於是日軍徵召馬公教會林赤馬傳道師（即日後的林學恭牧師）爲「布袋嘴登陸軍嚮導役」。林傳道先是拒絕，後經台南巴克禮牧師（Rev. Thomas Backlay, 1849-1935）告以唐景崧已逃走，台灣已陷入游勇到處劫掠的無政府狀態。因此基督徒必須負起"和平使者"之責，答應日軍之徵召。爲要拯救台灣同胞爲先，勿怕被誣爲"漢奸"。1895年10月11日，日軍自澎湖開拔順利登陸布袋嘴。據傳因當地民眾認得林傳道師引領日軍之事，而被視爲"落教者"（基督徒）通敵，從而引發麻豆教會19個基督徒被殺害（實際上誤殺其中未信者三人），即史稱的"麻豆教案"。後經巴克禮牧師和余饒理先生（Mr. George Ede, 1854-1905）求見日本當局爲被害者申冤。稍後凶手多人均被繩之以法，被害人也得到賠償。

（3）巴克禮牧師和宋忠堅牧師的功勞

1895年10月11日，由乃木希典將軍領導的第二師團順利登陸枋寮。於16日推進到埤頭（鳳山），府城因而告急。其時劉永福化裝老婦逃回中國，府城（台南）民心惶恐。加上清兵群龍無首，搶劫時有所聞。是年10月12日日本軍艦出現於安平外海，府城仕紳代表即求見宣教師協助，請求日軍勿炮轟府城。10月20日，即劉永福遁逃的當日下午，府城一群商人和仕紳前來向宣教師巴克禮牧師、宋忠堅牧師（Rev. Duncan Ferguson, 1860-1923）和余饒理先生（長榮中學創辦人）哀求他們協助引導於10月18日就進駐二層行溪口的日軍能夠和平進入府城。依據宋忠堅牧師的描述（見*The Monthly Messenger*, Jan. 1896, pp. 11-12）：府城商人和仕紳派了十七位壯丁護送巴克禮牧師和宋忠堅牧師前往，加上兩位信徒林世傳（緝熙）與林丁貴（麻豆教案倖免於難的傳道師）一共21人，由信徒林丁貴高舉英國國旗走了五哩路才抵達二層行溪口的日軍營地。巴、宋兩位牧師也順利會見第二師團長乃木希典中將，鄭重表達府城全體住民請求日軍和平進城之願望。他們同時表示，願做先鋒引導日軍入城。10月21日清晨5點，巴克禮牧師和15名護送人員走在日軍前面做先鋒，宋忠堅牧師騎著日軍提供的軍馬和4名護送人員走在日軍部隊中間。他們終於在10月21日早上和平進入府城，上午8點40分完成任務（見：日軍參謀本部編，《日清戰史》）。宋忠堅牧師於回顧時寫道：

　　"我們宣教師為拯救全城無辜人民生命之事上盡力而為，如今回顧起來滿懷感恩！"

宋忠堅牧師又言及劉永福於非常時期善待外國人，也維持府城良好秩序。據說劉永福於10月20日（星期日）清晨五點偽裝成一位抱著嬰兒的婦人（台灣民主國總統唐景崧逃亡時則偽裝為一位老婦），登上一艘外國蒸汽輪船逃亡，因此逃過日軍之搜捕。台灣民間這句"阿婆仔攏（làng）港"的俗語，係指他們的偽裝及逃亡。事後日本政府為答謝巴克禮牧師及宋忠堅牧師之功勞，特別頒發"勳五等旭日勳章"給他們。

3. 中國國民黨統治時代

1945年第二次世界大戰結束，戰敗的日本帝國自台灣撤退，台灣由聯合國遠東盟軍統帥麥克阿瑟（General Douglas Macarthur, 1880-1964）責付中國軍隊的蔣介石佔領。蔣政府標榜"中國國民黨一黨專政"，其治台水準實在遠不如日本人。因此不到兩年的1947年就發生屠殺台灣人所有精英的「二二八事件」。從此台灣人的"祖國夢"破滅，也一直懷念日本人治台五十年間對台灣社會之建設及貢獻。1949年中國共產黨取得政權，蔣介石自中國敗逃來台，中國國民黨開始以虛無的「中華民國」自居，實行對台的殖民同化。更以38年的「戒嚴」實行專制的獨裁統治，製造長久之"白色恐怖"，拘捕及槍殺政敵無數，欺騙台灣人說要"反攻大陸"重返中國。結果流亡的中國人佔據台灣已經回不去了，一住就是七十一年（自1945年至2016年）。可惡的是：自從開放台灣使中國人可自由出入門戶以後，住台的中國人馬英九反過來以蘇起所發明的"九二共識"，強調"兩岸一中"。也就是說，台灣即中國的一省一區。前任總統馬英九就是如此"賣台"給中國，其競選政見之"633政治騙局"根本沒有兌現。國民黨因而使台灣人"看破腳手"，用高票選出蔡英文這位本土女性總統來治理台灣。

在這個與中共對立的不安時代，「台灣基督長老教會」於台灣陷於被中國侵略的危機之際，勇敢發表三次政治性宣言：

（1）國是聲明與建議

1971年12月29日，聯合國承認「中華人民共和國」來取代流亡於台灣名不符實的「中華民國」。台灣人的命運危在旦夕，極有被彼岸中國併吞之可能，因而勇敢發表「對國是的聲明與建議」。時在國民黨施行"白色恐怖"高壓軍事統治的戒嚴時期，長老教會之壓力極大！

（2）發表「我們的呼籲」

1975年9月18日，長老教會慣用的台語白話字聖經被政府當局沒收禁用，顯然是報復發表「國是聲明」而來。為此，教會代表於彰化天主教「靜山修院」開會，抗議政府當局對本土語言之迫害，提出：「我們的呼籲」聲明。

（3）人權宣言

1977年8月16日因美國正式與「中華人民共和國」建交，長老教會顧及台灣地位之安危，而提出："使台灣成為一個「新而獨立的國家」”之人權宣言。此宣言一出，因傷及「中華民國」這個國民黨流亡政權之要害，不但被當局百般監視、滲透、威脅，也成爲教界人士的一面“照妖鏡”，使教界的一群“國民黨走狗”原形畢露！

　　1979年12月10日“國際人權日”這天下午，於高雄市發生史上所稱的「美麗島事件」。許多政治異議人士被捕，並以軍法加以審判。其中長老教會總幹事高俊明牧師及許多教會人士都被捕判刑。1980年2月28日，當「美麗島事件」人士受軍法審判之際，受刑人之一的林義雄律師宅第發生滅門政治謀殺，其母親及兩位女兒身亡，僅長女奐均重傷存活（現爲美籍牧師Joel良伴）。事後林家凶宅被長老教會一群有志人士購買，成爲時下七星中會的「義光教會」，筆者也是購買該宅的委員之一。接著一群有志人士發起關懷美麗島事件受刑人的“家庭禮拜”，於每週五晚上輪流於受刑人家中舉行表達對他們的關懷，前後超過五年之久。1980年12月24日晚，筆者也於台灣神學院宿舍招待全體受刑人家庭，共渡“聖誕夜”之聚餐，林家血案傷重僅存的奐均小妹也參與。1981年同樣在寒舍舉辦，大家均踴躍參加。1982年因人數多而移到台灣神學院403教室舉行。值得一提的是：當時的政治犯及家屬於國民黨特務監視之下，可說沒有人敢接近，就連神學院的院長及教員都害怕，如同縮頭烏龜！筆者爲第一代基督徒，有感於耶穌的人道主義精神，因而勇於這麼做。結果於五、六年內，時常受到警總特務及管區警員之關心及監視。然而此一事件對於台灣的未來有極大之影響，諸如：「民主進步黨」成立（1986），廢除長達38年之「戒嚴」（1949-1987），要求老賊（國會議員）下台之學運（1990），及首次政黨輪替，民進黨陳水扁律師當選就任總統（2000-2008），太陽花學運（2014）及民進黨的蔡英文女總統當選就任（2016年5月20日）等等。而上述歷史事件之背後，均有基督徒明顯之參與及貢獻。

結語

回顧一百五十多年來，英國長老教會宣教師將「基督教」傳入斯土，於滿清帝國治下的落伍時代引進西式醫療技術、教育體制、社會救濟事業，又致力改革男士"吃鴉片"及婦女"綁腳"（纏足）之陋習。因此不但促進台灣社會邁向現代化，也教育基督徒勇於關心政治事務，為日本帝國領台之時擔任和平使者。及至日本帝國殖民統治時期，尤其是"軍國主義"（Militarism）施行"皇民化運動"之際，許多牧者及信徒均受日本"高等刑事"（特務）之監視及迫害。只見北部一些改日本姓名的"日本奴"牧者、長老、信徒（就像：鄭進丁、陳溪圳、鄭蒼國、吳清鎰、陳敬輝等人），卻自甘墮落做日本走狗，陷害陳清義牧師（馬偕博士女婿）、陳文贊醫師（馬偕病院院長）、駱先春牧師（三峽教會牧者），及兩位服務於馬偕家族所創辦的「安樂家」（慈善機構）服務人員李幫助（後為「道生院」創辦人）和吳吟子女士，使他們被當局拘禁三個月（通日本之敵國加拿大的罪名被關）。平心而論，日本也有許多同情台灣人處境的基督徒，其中最著名的一位就是「東京大學」（帝國大學）校長矢內原忠雄（1893-1961）。他於1929年著作《日本帝國主義下的台灣》一書，大力批判日本政府治台剝削台灣人的殖民政策，為弱勢台灣人發聲，因而在當代成為禁書。及至1945年日本戰敗退出台灣，國民黨政府來台又進行另一個殖民統治。笨台灣人還沾沾自喜以為是"回歸祖國"。1949年蔣介石在中國戰敗流亡來台，其在台施行的高壓專制統治比日治時代更甚。其時那一批曾經充當"日本奴"的教界人士又反過來成為"中國奴"，變成國民黨政權之走狗。悲哉！台灣歷史上也有如此的教界敗類。他們還公然滲透於長老教會「總會」，就像於二十世紀七〇年代「總會」開會期間要求教團退出「普世教協」（World Council of Churches），時在長老教會發表1977年「人權宣言」之後。台灣教會史正是一面"轉型正義"的照妖鏡，人人的言行舉止亦非所謂"隱惡揚善"的傳統教條可以抹殺，"是就是，非就是非"，這是耶穌的教導（見：馬太五：37）。昔日耶穌留下對當代政治關懷的榜樣，他在那個專制獨裁的羅馬帝國殖民統治時代尚且如此，何況是處身於今日民主時代的台灣基督徒更要關心政治之是非及品質，為弱勢的台灣社會基層大眾發聲，更要為社會公義及人權而努力奮鬥。如此做才符合"世上的光，地上的鹽"的耶穌教導，藉以榮神益人（見：馬太五：13-16）。

2016.07.10

十二 正視「死刑」問題

"於是各人都回家去了;耶穌卻往橄欖山去,清早又回到殿裏。眾百姓都到他那裏去,他就坐下,教訓他們。文士和法利賽人帶著一個行淫時被拿的婦人來,叫她站在當中,就對耶穌說:「夫子,這婦人是正行淫之時被拿的。摩西在律法上吩咐我們把這樣的婦人用石頭打死。你說該把她怎麼樣呢?」他們說這話,乃試探耶穌,要得著告他的把柄。耶穌卻彎下腰,用指頭在地上畫字。他們還是不住地問他,耶穌就直起腰來,對他們說:「你們中間誰是沒有罪的,誰就可以先拿石頭打她。」於是又彎下腰,用指頭在地上畫字。他們聽見這話,就從老到少,一個一個地都出去了,只剩下耶穌一人,還有那婦人仍然站在當中。耶穌就直起腰來,對她說:「婦人,那些人在哪裏呢?沒有人定你的罪嗎?」她說:「主啊,沒有。」耶穌說:「我也不定你的罪。去吧,從此不要再犯罪了!」"

約翰八:1-11

20 15年6月5日，法務部長羅瑩雪下令處決六名死囚。據新聞報導是與台北市北投八歲女童（小學生）無故被龔重安凶犯割喉死亡事件有關。執政者目的在"殺雞儆猴"，藉以減少凶徒殺害無辜。這是馬英九執政期間的第六度執行"死刑"，因此許多人認爲藉此去轉移其執政無能之焦點，是一種政治謀略。值得留意者，這一執行"死刑"又死了六個死囚事件，再度引發社會人士廢除"死刑"可否問題之爭議。做爲台灣社會宗教團體成員的基督徒，面對此一嚴肅的問題是不能置之度外的。因此必須以信仰立場給予正視。

根據中正大學犯罪防治研究所學者施奕暉在「自由廣場」（2015年6月6日，《自由時報》A15版）爲文所示，全球到了2012年已有140個國家"廢除死刑"，僅有58個國家維持"死刑"法律。其中民主高度發展國家只有美國、日本及台灣尚在執行"死刑"法律。而台灣尚有五十項罪名可將罪犯判處"死刑"，可以說是世界之最。當然這點絕對不是台灣之光！值得注意的是：中央研究院於2006年曾經做過"民調"，結果反對"廢除死刑"者佔絕大多數。這是因爲台灣人不懂"生命共同體"理念而隨便殺人之故（如鄭捷之輩可以爲例）。也可說是台灣人太欠缺"人道主義"及"尊重生命"理念所使然。至於基督徒如何正視"死刑"問題，耶穌的教導的確有所啓發。

一、經文的故事

　　《約翰福音書》（八：1-11）記述一則耶穌拯救一位被「猶太教」法律判處"死刑"的犯姦淫罪婦女現行犯，免於受死的故事。話說有「猶太教」的經學士（神學家）及敬虔主義的法利賽黨人，帶來一個行淫時（這種罪是唯一死刑）被拘捕的婦人來到耶穌面前，意欲陷耶穌於不義而將他拘捕。他們質問耶穌：

> "夫子，這位婦人是正在行淫時被抓的。按照摩西律法（宗教法），我們要將這樣的罪婦用石頭打死。你說要如何處置她呢？"

　　顯然的，這個質問觸及「宗教法」（猶太教法律）及「羅馬法」（當時猶太地區是羅馬帝國殖民地）之敏感性。耶穌必須慎重回應，否則自身就有被捕的危險。為的是：耶穌是猶太教徒，必須按照「摩西律法」（Moses' Law）去認同處死此一罪婦。如果贊同，耶穌即違反羅馬帝國法律，因為處死罪婦非要羅馬官方同意不可。問題是：耶穌若同意「羅馬法」之處置罪婦方式，又會被猶太同胞視為不遵守「摩西律法」的叛徒。於是耶穌彎下腰來在地上寫字。他到底寫了什麼？雖然經文沒有交代，但有些聖經學者斷言，耶穌所寫的是『十誡』的第六誡"不可殺人"。可是那些偽君子仍然不放過耶穌，不住地提問。於是耶穌說話了：

"你們中間誰自認沒有罪的（指人性弱點），誰就可以先
拿起石頭打死她。"

話說完又在地上寫字，很可能又再提醒那些抓罪婦來的
經學士和法利賽黨人"不可殺人"（第六誡）之誡命。耶穌的
提醒使他們不敢輕舉妄動，畢竟他們若敢於回答自己沒有
"人性弱點"之罪性，就是違反「猶太教」這一"人人都
是罪人"（來自始祖亞當的遺傳）的教義（參照：創世記三章"出樂園"
故事）。他們聽到耶穌的反問，結果是從老到少一個一個走
開，不敢用石頭公開處死那個罪婦。其時，只剩下耶穌一人
和那個站在他面前的罪婦。於是耶穌對罪婦說：

"婦人，那些人在那裡？沒有人定你的罪嗎？"

婦人回答：

"主啊，沒有人定我的罪。"

耶穌即時宣告：

"我也不定你的罪。走吧，從此以後不要再犯罪了。"

這位婦人因為耶穌的搭救而逃過用石頭擊斃之殘忍"死

刑"，從此揀回一命。

二、耶穌反對猶太教不人道法律

「猶太教」係根據下列兩則經文，藉以處死犯"淫亂"之罪的男女：

（一）《申命記》（二十二：22）

"如果有人跟別人的妻子通姦而被人抓到，兩人都必須處以死刑，藉以除滅以色列中的罪惡。"此其一。

（二）《申命記》（二十二：23-24）

"如果有人在那城姦淫別人的未婚妻，你們就必須將兩人帶到城外用石頭打死。女的該死，因為她雖然在城內，卻不出聲求救。男的該死，因為他姦淫別人的未婚妻。這樣，你們就除掉了你們中間的這種惡事。"此其二。

可是《約翰福音書》（八：1-11）這段經文指出，耶穌明顯反對這種：人一旦犯了"淫亂"之罪應被處死的不人道法律。所以耶穌才反問那些自命清高的「猶太教」神學家（經學士）和敬虔主義的法利賽黨人："你們中間自認沒有罪的人，就可以先拿石頭打死她。"（約翰八：7）耶穌反對的理由是：人性雖然有弱點（犯罪），然而「摩西律法」（Moses' Law）不是"人性弱點"之最終裁判，其裁判者是上主。德國人道主義法學家拉布魯克（Radbruch），就是根據此一耶穌救拔罪婦免於"死刑"的故事，提出他著名的政治及法學之理論。他將國家制訂之法律區分為"實證法"（positive law），將人道主義為出發點的社會公義心證視為"自然法"（natural law）。他認為：一國之法律（實證法）一旦危害人性、違背人權，不堅持社會正義之時，全體公民應該予以唾棄、反抗，並且要以革命行動加以革新改進，畢竟"一個沒有正義的國家，猶如一個有組織的土匪集團"，這是他的名言。獨裁者藉立法當局所制訂的法律去控制人民、剝奪人權、加罪於無辜，人民就不該接受如此之"實證法"。其時取代國家「實證法」者，就是具有人道主義、社會正義及公民意志為基礎的"自然法"（陪審團由此啟蒙而出）。

依據拉布魯克的理論來加以分析，耶穌拯救這位犯姦淫罪的罪婦免於"死刑"的法律基礎，不是「猶太教」的"摩西律法"（宗教的實證法），而是人道主義及具有宗教背景釋放人性自由的"自然法"。畢竟「猶太教」判人死刑的"實證法"在耶穌看來是蹧踏人性，蹂躪人權，不符合當代社會公義之落伍又不具人權優先之"惡法"，因此不必加以理會。在此情況下，耶穌以"自然法"為優先來拯救這位罪婦。畢竟罪婦所犯者是"姦淫罪"而不是"殺人罪"。因為『十誡』明示"不可殺人"，所以該隱（Cain）殺死亞伯（Abel）就是一種重罪（見：創世記四：1-16的故事）。對於耶穌而言，人類本性（human nature）有犯罪之因子，有始祖亞當（Adam）遺傳之"原罪"（original sin，即人性弱點）。具有始祖原罪之人類那有資格剝奪同類之生命？執法者可依據國家及宗教法律去執法，以至判人死罪。問題是：人類生命具備上主的"形像"及"活氣"（見：創世記一：27，二：7），所以執法者也是人，不可凌駕上主之上去剝奪同類之生命。其實耶穌看那些「猶太教」偽君子宗教家所犯下的重罪（殘害同類、蹂躪人權），不輸給那位罪婦。所以耶穌才指示那個重獲新生的罪婦："以後不可再犯罪！"此即耶穌瞭解"人性"之最佳說明。

耶穌的人道精神，出於他充分洞察"人性弱點"，而醫治"人性弱點"的秘方不外愛心及赦免。耶穌拯救罪婦的出發點是維護人權和尊重生命。但這不是說，耶穌忽視人所犯的"罪過"（原罪（sin）與罪過（guilt）不同）。耶穌所反對者，不外「猶太教」的實證法將"罪過"（guilt）與"罪人"（sinful one）等同看待，導致"罪婦"用唯一"死刑"的摩西律法加以處置。可是耶穌將"罪人"與"罪過"分開：人的"罪過"必須加以處置，然而"罪人"卻是他欲拯救之對象。所以耶穌的"愛心"與"赦免"（自然法）使這位犯下唯一死罪的婦人得以重生，只是不可再犯下同樣的過失去污染人性。所以說，人道主義所強調的"尊重生命"之生存權，遠比人所設置的"法律"（實證法）更爲重要。爲的是："法律"不是"人性"最後之裁判！

三、正視「死刑」問題

台灣社會長久以來，因爲受到中國國民黨這個外來政權的殖民統治，以致於1947年發生"二二八事件"，以及之後久達38年 "軍政戒嚴" 時期的所謂「白色恐怖」（這段期間有不少政治犯及無辜的人死於非命），充分凸顯其不尊重生命及基本人權，以及缺乏社會公義之本質。加上長期以來這個外來政權的 "洗腦教育"，使小學生、中學生、大學生都養成十分不人道的中國式嗜殺人格，從而犯罪氾濫，隨便殺人，什麼罪惡都做得出來。為此，台灣目前依然用 "死刑" 來嚇阻殺人的重罪（就像2015年6月5日馬英九政府處決六名死囚可以為例）。記得2014年2月25日國民黨立法委員吳育昇質詢當時的行政院長江宜樺與法務部長羅瑩雪，為何監獄中尚有45名死刑犯不加以處死。並且要求行政院長江宜樺別理會 "人權組織" 及 "廢除死刑聯盟" 的反對，要快快執行死刑，送這些死囚上路，否則就請法務部長羅瑩雪下台。由此可見，台灣的官場文化根本缺乏人道主義，也不尊重人權及人類的生命。

關於 "死刑" 法律之存廢問題，的確是個重要的社會議題。因其涉及政治、法律、文化、宗教信仰、社會道德，以及人際間的社會倫理問題。就政治及法律層面言，在專制成性的國民黨政權主政之下，要廢除 "死刑" 是不可能的。在社會道德言，台灣因受傳統觀念之影響，缺乏人權思想及社會公義，"死刑" 也被視為正當。在傳統文化上言，因缺人道主義及人權理念，"死刑" 問題也難以突破。而且「儒教」與「道教」也因信仰 "命運天定"，又相信死囚被處死係 "命中註定"，因此默認 "死刑" 之存在。至於「佛教」因信仰 "種瓜得瓜，種豆得豆" 的 "行為宿命論"，當然視死囚罪有應得，是一種必然之因果報應。所以同樣默認 "死刑"合法。唯有「基督教」強調耶穌的愛與公義之人道主義，將人的"犯罪過失"與"犯罪者"個人分開，視人的"過犯"（罪惡）必須用法律處置，"罪人"則是被救拔及赦免之對象。因此對於"死刑"可否問題，留有討論之空間。到底人類有資格處死同類嗎？畢竟人類個個均有"上主形像"（imago Dei），因此人類生命具有無比尊嚴！所以普世先進國家已有140國廢除"死刑"，僅有58個國家（伊斯蘭教國家居多）尚保留"死刑"，台灣是其中之一。

話雖然這麼說，廢除"死刑"之用意雖然文明先進，可是被害者之處境也值得同情，也應該替他們想一想。被害者因被殺失落生命，使家人的心滴血，其恨意與痛苦外人難以形容！所以有學者主張，殺人重犯至少必須關上三十年或無期徒刑，而且期間不得假釋出獄才算合理。俗語說道"天有好生之德"，廢除"死刑"的用意雖然符合人道主義，然而對於不尊重生命去隨意殺人之重犯免於"死刑"，於當今缺乏人道主義及尊重生命的台灣社會言，尚有討論之餘地。畢竟台灣目前的政治品質及社會風氣，尚缺乏"廢除死刑"之必然條件。

請大家記得，耶穌用愛心行動所拯救的罪婦不是一個殺人重犯，只是犯下通姦的輕罪而已。假定耶穌若在台灣遇到像鄭捷這一類無血無淚的隨意殺死無辜之重犯，也許他會贊成將他們除去，永遠與社會隔絕。時下台灣絕大多數的社會人士認為"死刑"不可以廢除，因為國民黨政權黑金掛鈎，各縣市的議會上自議長下至議員均黑影幢幢，金權至上。就如中國黨的"白狼"（張安樂）就明目張膽爲不公不義的國民黨招搖吶喊，威脅台灣同胞爭取公義人權及自決獨立。而黑道之特徵是隨便殺人，威脅人身之自由及社會安定。所以目前台灣社會場合不具廢除"死刑"之條件。個人對於廢除"死刑"的問題，態度仍然保留。爲的是台灣的"教育"無法教導台灣的學子變好向善，台灣的"司法制度"更無法改造罪囚新生。唯有耶穌基督的福音才可以改造"人性"，使罪人悔改重生，所以應該在台灣社會廣傳，台灣才會變好，不會隨隨便便去殘殺同類。如是我信。

2015.08.23

復活與平安

十三

> "那日（就是七日的第一日）晚上，門徒所在的地方，因怕猶太人，門都關了。耶穌來，站在當中，對他們說：「願你們平安！」說了這話，就把手和肋旁指給他們看。門徒看見主，就喜樂了。耶穌又對他們說：「願你們平安！父怎樣差遣了我，我也照樣差遣你們。」說了這話，就向他們吹一口氣，說：「你們受聖靈！你們赦免誰的罪，誰的罪就赦免了；你們留下誰的罪，誰的罪就留下了。」"

約翰福音二十：19-23

復活的耶穌向其門人顯現的第一句話，就是："願你們平安！"（約翰二十：19及路加二十四：36）如果大家回到耶穌被耶路撒冷祭司集團陷害被捕，又被羅馬總督彼拉多（Pilate）會同祭司長加以處死被釘十字架，袘的門人因恐懼而逃命的那一幕，摯愛耶穌的那些婦女以及門人最需要者就是"平安"。大家都不曾想到耶穌會從死裡復活。雖然耶穌於生前明告門人：他將被耶路撒冷的祭司長、長老、經學士殺害，但第三天將要復活（見：馬太十六：21，馬可八：31，路加九：22）。可是門人及跟隨者可能因師尊耶穌死於非命，因而驚恐忘記。可是耶穌真正於猶太人的日子算法：七天的頭一天（即今日的星期日）從死裡復活。並且用 "平安" 來問候他的門人，藉以消除他們的悲傷及驚嚇。

一、關於《約翰福音書》作者之證言

在《約翰福音書》（二十：19-23）的這一段經文，作者約翰記述著下列之證言：星期天（七日頭一日）晚上，耶穌的門人因傳聞耶穌已經復活而聚集在一起。因為害怕猶太人的迫害，門緊緊關閉著。那時候耶穌忽忽顯現，站在眾門人當中開口說："願你們平安！"（二十：19）之後，耶穌將自己的手和肋旁給他們看，藉以證明祂受釘十字架時受傷的痕跡。眾門人看見復活的主耶穌時，都非常歡喜！至此，十一位門人（因為少了加略人猶大這位出賣耶穌的門人，後來他畏罪自殺，人用他作惡賺來的錢買下「血田」將他埋葬（見：使徒行傳一：16-20））就喜樂了。

（一）復活的主差遣門人（二十：21）

這一節經文指出：復活的主為要重新強化祂的門人之信心及使命感，所以再次對他們說：

"願你們平安！正如父差遣我，我照樣也差遣你們。"

請記得：耶穌揀選十二位門人之主要目的，就是要差遣他們前往社會上各個角落宣揚「上帝國」（一個普世生命共同體）的福音。可是門人萬萬也想不到，耶穌卻被猶太同胞釘死於十字架上犧牲生命，宣揚「上帝國福音」之事工似乎因此也將停止。於是門人於驚惶不安中，紛紛回家重操舊業。

復活的主為欲重建門人之信心，強化他們的使命感，鼓勵他們的勇氣，就在門人再次聚集時，第二次向門人說："願你們平安！"（二十：21）這句話所凸顯的意義是：

1. 消除門人之恐懼

使門人明白他們所跟隨的主仍然活著，死亡壓制不了他們的師尊耶穌。為此耶穌消除了門人的驚恐、悲傷及不安，重建門人之信心。同時喚醒門人的使命感，因為門人已面對面和復活的主相遇。

2. 重新差遣門人

當復活的主再次說到："願你們平安"時，門人的信心已經被建立，也喚醒門人的使命意識。於是耶穌宣稱："正如天父差遣我，我也照樣差遣你們"的話。主耶穌選召門人之目的，就是期望門人有朝一日接受差遣宣揚「上帝國」福音。關於復活的主用心重建門人的使命意識的故事，《約翰福音書》（二十一：1-25），耶穌在加利利湖邊交託使徒彼得務要牧養羊群的故事，可資參考。

（二）復活的主賦予門人權柄（二十：22-23）

台灣俗語說得好："掠雞也要一把米。"既然復活的主消除門人的失望、悲傷及恐懼，又重建門人的信心及使命意識之後，就是重新差遣門人前往各地宣揚福音。然而宣揚「上帝國」這一生命共同體的福音需要裝備。爲此復活的主特別賦予門人權柄，就是：吹一口靈氣，使門人個個獲得"聖神"之能力，再加上赦罪的權柄。

如果對照「共觀福音書」（馬太、馬可與路加三本福音書）同一事件之記載（見：馬太二十八：16-20，馬可十六：14-18，路加二十四：36-49）：馬太這位作者證言復活的主已經掌握天上和人們之權柄。所以門人要到世界各地招呼人信主，奉聖父子、聖神名字給他們施行洗禮，教導他們持守主的一切命令。馬可這位作者指明門人之職責，就是到世界各地向全人類傳福音。信而受洗者將得救，不信者要被定罪。同時信者能奉主的名行神跡異能，使人解除病痛。路加這位作者與約翰一樣用"願你們平安"來強化門人之信心，領受復活的主的差遣，將悔改與赦罪的福音宣揚於普世。由此可見，復活的主向十一位門人（加略人猶大除外）顯現之目的，除了強化門人之使命感外，同時賦予他們引導世人進入「上帝國」此一生命共同體的權柄。而行神跡異能（相等於赦罪權柄，因制壓邪靈的醫病在理解上即"赦罪"），就是「上帝國」臨到（上主主權之實現）的一種印證。爲此，當卡耶穌治好一個躺在床上的癱瘓病人，又看見當事人信心時，就對他說："你的罪赦免了。"（見：馬

太九：1-8，馬可二：1-12，路加五：17-26）

二、耶穌的 "平安" 意涵

　　《約翰福音書》特別關心耶穌的 "平安" 意涵。儘管 "平安" 是猶太人日常生活的問安語，但耶穌的「平安觀」則有另一種超然的意義。耶穌不只是於從死裡復活向十一位門人說 "願你們平安" 做為問安語，早在和門人預告自己將要和他們永別時就教導有關 "平安" 意涵的功課：

> "我留下平安給你們，我將自己的平安賜給你們。我所給你們的，跟世人所給的不同。你們心裡不要愁煩，也不要害怕。"（十四：27）

　　這句教導指出主耶穌所給門人的「平安觀」與世人的理解不同，是有更深一層的意義的。所以主耶穌又教導說：

> "我這件事（指自己將離開門人和天父同在）告訴你們，是使你們因為跟我連結而有平安。在世上，你們有苦難，但是你們要勇敢，我已經克服了世界。"（十六：33）

　　由此可見，耶穌所指的平安意涵，和猶太人及一般人所理解者是不同的。若要凸顯耶穌的 "平安" 意涵，就要比較其他不同的平安見解。

耶穌——宗教重擔的釋放者

（一）現世主義的平安

這是一般社會人士所渴望者，也即台灣民間宗教人所追求的"富"、"貴"、"財"、"子"、"壽"之安逸生活。因爲他們所追求者就是這些，其敬神鬼之目的在於祈安求福。更具體來說，有下列之種種追求：

1. 身體健康就是平安

個人病痛是令人不安的患難，爲此人以身體健康就是"平安"，是可以理解的一件事。可是血肉之軀免不了會有病痛，一旦罹病就期望健康（平安）。可見此一肉體健康的"平安"，人人都期望。

2. 家道繁榮就是平安

華人向來重視兒孫滿堂，家道繁榮，視其爲與福氣平行的"平安"。當然家人能夠共扶家勢，和睦相處，正是"平安"之表徵。家庭中吵吵鬧鬧，不得安寧，於當今的社會實在太多，比比皆是。爲此家道繁榮就是"平安"，其道理甚明。

3. 內心平靜就是平安

人人都需要精神生活之充實，至此內心才有平靜。然而內心平靜不是物質生活豐盛所能取代。此即時下許多財主及權貴無法獲得內在"平安"的理由。所以說一個人內在平靜，心靈充實，就是"平安"。許多人為要追求內在平靜就皈依宗教信仰，畢竟人間不乏內心不安的人。

4. 事業順利就是平安

台灣社會崇尚功利主義，人人對於事業之成敗十分看重。因此人視其所經營之事業若能夠順利，就是"平安"。人人經營事業總是困難重重，因此視事業順利就是"平安"是有其道理的。

5. 國無戰事就是平安

人若身處於戰爭中的國家，一定沒有"平安"可言。台灣長久以來遭受彼岸共產中國的威脅，如今尚以一、兩千枚飛彈對準台灣，因此台灣沒有實質的"平安"（和平）可言。國家無戰爭才有和平，據此而論，台灣地位迄今尚處於不安之中。因為戰爭使人家破人亡，所以國家和平何其重要！

（二）猶太民族所追求的平安

猶太人是個悲情的民族，他們在漫長歷史上所遭受的苦難，使他們於面對面時的問安語就是："平安"（Shalom）。其實猶太人所講出的"平安"，不能單線的用漢文意義去瞭解。為的是其中寓有一個被欺壓的民族之意願及期待。也就是當猶太人彼此道"平安"之時，其中包含著：個人的健康、如意、事業順利、家庭幸福，以及重建國家（大衛王統的和平國度）、恢復民族尊嚴，不再受異族及異教徒欺凌的意思。單就這點，就和台灣人那種"顧腹肚"的問安語："你喫飽未？"全然不同，因其中不包含一個民族的理念，是自私自利的"口頭禪"而已。

原來猶太人自認爲亞伯拉罕（Abraham）的後裔，又是上主的選民。他們歷經數百年在埃及爲奴受苦，經摩西（Moses）領導脫出埃及爲奴之地才相信摩西所創的「猶太教」（Judaism），以其爲民族團結之中心。在西乃曠野流浪四十年之後，做爲以色列人（Israeli）的猶太民族才於約書亞（Joshua）及眾士師（Judges）之領導下進佔迦南地（Canaan）。之後，由最後一任士師撒母耳（Samuel）領導建立聯合王國，經過掃羅（Saul）、大衛（David）、所羅門（Solomon）的領導之下榮顯一時。由於所羅門之子羅波安（Rehoboam）昏庸無道，以致聯合王國分裂爲北王國以色列及南王國猶大。南、北兩個王國最後也分別亡國：北王國以色列於主前721年（721 B.C.）被亞述帝國滅亡，南王國猶大也於主前586年（586 B.C.）被巴比倫帝國所滅。至此猶太民族的國家在歷史上消滅，並歷經波斯帝國、希臘帝國及羅馬帝國之統治而淪爲被殖民的次等民族。猶太人就是因爲有上列的歷史苦難，耶穌時代的猶太人互道"平安"之時，才會有涵蓋民族期望的重要意義，也是台灣人這句"你喫飽未？"的問候語所不能比擬的。

（三）克服世上苦難的平安

復活的主耶穌問候門人：這句"願你們平安"的話，其中"平安"一辭之意涵具有克服世上苦難才有內在安寧的意義。因為主耶穌與門人離別之前，曾經教導他們："我留下平安給你們，我將我的平安賞賜你。我所賜的與世上者不同，所以你們在苦難中不要憂愁與膽怯。"（見：約翰十四：27）又教導說："我將這些事告訴你們，是要你們在我裡面有平安。在世上你們有苦難，但你們務要放心，因為我已經得勝（克服）世界。"（見：約翰十六：33）由此見之，主耶穌教導祂的門人及後代的基督徒必須勇於面對世上一切苦難。因為主耶穌已經得勝世上苦難（完成十字架犧牲之功課），超越世界的壓迫而苦得起。凡跟隨祂的人從此於逆境中屹立不動，面對壓迫及苦難也滿懷"平安"。所以當主耶穌復活又向十一位門人顯現之時，就用："願你們平安！"來問候他們。這等於指出：跟隨主耶穌的人，不可向苦難與壓迫屈服，別被膽怯與憂愁擊倒！

1. 正視逆境中的平安

　　既然復活的主向十一位門人的"平安"問候語具有得勝世上苦難之意涵，基督徒於日常生活中就得正視在逆境中藉信心去體會的平安。在患難能夠體驗"平安"才是真正征服苦難與壓迫之要。這等於是說，基督徒必須在「苦難」的功課中畢業，才會有真實的"平安"。其實"苦得起"才有平安的例子，在《新舊約聖經》之中有例可循。就像：摩西之受苦，使希伯來奴工獲得自由與平安。十二支派的約瑟（Joseph）之受苦，使雅各全家得救。《約伯記》記載義人受苦，上主會記念，最後人得到喜樂與平安。而《以賽亞書》

（四十章至六十六章）有四首“受苦僕人之歌”；其中五十三章最為精彩，即強調義人雖然受到官府及同胞之迫害，一個民族將因義人之犧牲而得救，他的苦難是萬民平安之來源。為此《新約聖經》的福音書作者，就視這首“受苦僕人之歌”正好應驗於耶穌基督這位復活的主身上。因為耶穌基督十字架之犧牲，是帶給世人平安之必經過程，是上主拯救世人之表徵。

2. 背負十字架跟隨基督的平安

主耶穌教導門人要背負十字架（苦難之象徵）來跟隨祂，從而獲得永恆的生命（見：馬太十六：24，馬可八：34，路加九：23）。這樣的教導明指跟隨耶穌的人必先“苦得起”，而後才有“平安”。這樣的教導不但超越現世主義的平安觀念，更超越猶太人那種民族本位的平安觀點。許多人認為宗教信仰吸引人之處，就是提“求平安、添福壽”的應許。「佛教」（Buddhism）也以“世間是苦海”而提脫出苦海的方法（即皈依佛、法、僧）引人入信。唯獨「基督教」（Christianity）教導人要苦得起（背負十字架）去經營人生，從中學習身處於苦難、逆境的試煉中也有“平安”的體驗。這類在身處苦難中也有平安的例子很多，就如：使徒彼得（Peter）與使徒約翰因宣教被監禁於獄中，依然心懷平安而不懼（使徒行傳四：1-4），執事司提（Stephen）因宣教而從容被石擊殉道，臨死時心裡平安還求主赦免凶手（使徒行傳七：1-60），保羅（Paul）與西拉（Silas）因在腓立比釋放一位被邪靈附身的女奴，被其主人誣告被關。

兩人在受苦中心裡平安還會祈禱吟詩，最後還帶領獄吏信主（使徒行傳十六：16-34）。這些例子都在證言跟隨主耶穌的門人都是克服世上苦難與壓迫的信仰勇士。他們均於苦難中體驗真實的"平安"，也是復活的主所問候的"平安"！

結語

今日復活的主依然向普世基督徒問候說："願你們平安！"也即提醒普世基督徒，在主裡的"平安"是勇敢背負十字架跟從耶穌基督才會有的應許。「十字架」已經是個苦難與犧牲的記號，要教人背負十字架跟隨基督，哪裡有"平安"可言？其實此一投入於苦難（背負十字架）去征服人間苦難的"平安"之體驗，正是人間苦況之突破，也是基督福音之逆證。所謂："來信耶穌有平安"之說辭，不能將耶穌基督當做台灣民間的媽祖婆、大道公、王爺公這類"求平安、添福壽"的神明去理解。應該加上"背負十字架跟隨耶穌"這類苦得起的內涵去認知，信徒才不致於遇到挫折、失敗、病痛、苦難時冷心而背離信仰。這等於是說，真正平安之獲得，需要"苦得起"。道成肉身的主耶穌為要拯救世界免於沉淪，也得受十字架之洗禮。主耶穌都"苦得起"了，何況是你與我？所以說，"願你們平安！"這句復活的主之問候語，仍然是對今日普世基督徒的一種"苦得起"的鼓勵。

2010.04.04

十四 論「復活」與「永生」

"弟兄們,我告訴你們說,血肉之軀體不能承受 上主的國,必朽壞的不能承受不朽壞的。我如今把一件奧祕的事告訴你們:我們不是都要睡覺,乃是都要改變,就在一霎時,眨眼之間,號筒末次吹響的時候。因號筒要響,死人要復活成為不朽壞的,我們也要改變。這必朽壞的總要變成(變成,原文是穿:下同)不朽壞的,這必死的總要變成不死的。這必朽壞的既變成不朽壞的,這必死的既變成不死的,那時經上所記「死被得勝吞滅」的話就應驗了。死啊!你得勝的權勢在哪裏?死啊!你的毒鉤在哪裏?死的毒鉤就是罪,罪的權勢就是律法。感謝 上主,使我們藉著我們的主耶穌基督得勝。"

哥林多前書十五:50-57

「台灣基督長老教會」(The Presbyterian Church in Taiwan)於主日禮拜中,慣於用「使徒信經」(Apostles' Creed)做為全體會眾誦讀的信仰告白。其中有一句:"我信……肉體的復活，永遠的活命"的話，就是在此所欲探討的主題：「復活」
與「永生」。

　　關於"肉體復活"的問題，昔日也曾經困擾希臘半島港
口都會哥林多（Corinth）的基督徒。《哥林多前書》（十五：50-
57）這段使徒保羅的教導，就是針對哥林多教會基督徒之回
應的重要部份。當保羅證言基督復活的福音時，先告白自己
曾經面對"復活的主"之經驗（見：哥林多前書十五：8-11）。而
後論及信徒也要和基督一同復活。保羅的證言即："死亡
是從一人來的，死人的復活也是從一人來的。……眾人的
死亡是因為他們跟亞當（人類始祖）連結，眾人的復活卻因為
他們跟基督連結。"（見：哥林多前書十五：20-22）針對"肉體復
活"的問題，保羅的回應也很具體："身體埋葬了會朽壞，
復活後是不朽壞的。被埋葬的是醜陋衰弱的，復活的身體是
完美健壯的。被埋葬的是血肉的身體，復活的是屬靈的身
體。既然有血肉的身體，也就有屬靈的身體。"（見：哥林多
前書十五：42-44）那麼基督徒於末日復活以後的"屬靈身體"
既無醜陋的、衰弱的、病痛的、殘障的、老弱的血肉之軀。
至於其原來的"形體"是否仍然存在的問題，保羅的回應是
肯定的。人人均擁有"原來的形體"，使人人彼此可以互相
認識。所以保羅證言："天上的形體有一種美，地上的形體
有另一種美。"（見：哥林多前書十五：39-40）有了保羅的上列教
導，對於"肉體復活"的問題，已經有初步之認知。

一、關於經文的教導

《哥林多前書》（十五：50-57）這段經文，係保羅延續（十五：1-49）有關"基督復活"（十五：1-11）以及"信徒復活"（十五：12-49）的信仰論述。接著保羅為欲強化此一「基督教」（Christianity）的"復活"（resurrection）教義，他提出：末日死人復活，以及基督得勝死亡之教義。

（一）末日死人復活

保羅先是教導哥林多教會信徒："我要證言的是血肉造成的身體不能承受上主的國，那會朽壞的不能承受不朽壞的。"（見：哥林多前書十五：50）明顯的，這句話已經指出："肉體復活"的信仰是指具有肉體形像的形體之復活，也即信徒具肉體形像的身體變化為"屬靈的形體"（或"屬天的形體"）而言。也就是屬基督（第二亞當）的形體的信徒，才有資格進入上主的國度（見：哥林多前書十五：47-49），因為信徒已經有份於基督的復活（見：哥林多前書十五：20-22）。

當保羅將"肉體復活"的問題交代清楚之後，接著就提出"末日死人復活"的問題及說明。保羅也曾經教導帖撒羅尼迦教會（Church in Thessalonica）的基督徒，關於基督再臨末日死人復活的教義（見：帖撒羅尼迦前書四：15-18）。其中提及那些信主耶穌而已經死了的人要先復活。之後，活著的基督徒也要被提到空中跟主相會，從此永遠與主同在。如此教義保羅同樣在《哥林多前書》（十五：51-54）提到，並將其情況稱為

"奧秘的事"（a mystery）。這一信仰語言基督徒也只能以信心去認知，因為"奧秘的事"是《希伯來書》作者所證言的"把握所盼望的事，肯定不可見的事"的信心（見：十一：1）。不過保羅清楚教導：末日死人復活的身體是不朽的，如果是"肉體復活"的話，到頭來還會再死亡一次。也就是說，不朽的形體之復活，正是消滅死亡的結果（見：哥林多前書十五：54）。

（二）基督得勝死亡

普世基督徒之所以有"復活"的實存經驗，係因基督得勝死亡才有的應許。保羅對哥林多教會的信徒證言："死亡"的毒刺從人類的「原罪」而來（見：哥林多前書十五：56）。然而藉著基督復活，"死亡"被消滅了！為此保羅說出這樣告白（見：哥林多前書十五：55-57）：

"死亡啊！你的勝利在那裡？

死亡啊！你的毒刺在那裡？

死亡的毒刺是從罪來的，罪的權勢來自律法（指自力修道）。

但是感謝上主，祂使咱藉著主耶穌基督得勝死亡！"

由此足見，基督徒的"復活"之盼望，係出自耶穌基督得勝"死亡"，"從死裡復活"的歷史事件而來的（見：馬太二十八：1-15，馬可十六：1-10，路加二十四：1-12，約翰二十：1-10）。此一事實教保羅勇於向信徒證言：

> "我們相信耶穌死而復活。所以我們也相信上主也要使那些信耶穌而已經死了的人，跟祂一同復活。"（帖撒羅尼迦前書四：14）

《約翰福音書》的作者更證言：那些生前信主耶穌而已經死亡的人，必定"復活"。凡活著信主耶穌的人，必有"永生"。這是主耶穌在世之時所宣告的應許：

> "我就是復活，就是生命。信我的人雖然死了，仍然要活著。活著信我的人，一定永遠不死。"（十一：25-26）

所以說，"復活"與"永生"是耶穌基督的親自應許，是基督徒信仰及希望之來源。

二、古今宗教有關復活與永生之信仰

就宗教史（History of Religions）的立場言，古今宗教均有其不同的「復活」與「永生」之信仰。畢竟「復活」的信仰及「永生」之期望，係古今宗教人（homo religiosus）所嚮往者。人類歷史上最早嚮往肉體死而復活的信仰，就是古埃及（Ancient Egypt）的宗教。古代埃及人（尤其從事農耕畜牧的下埃及農夫）因為從眼鏡蛇（cobra，台灣叫牠做 "飯匙鎗"）的蛻殼現象得到靈感，而相信肉體復活。也就是說，人若死後其屍體不過是脫掉靈魂之軀殼。只要用心將屍體軀殼加以永久保存，其不滅之靈魂有朝一日將會重新進入軀殼再生（regeneration），使其肉體復活（resurrection）。古埃及宗教因為有如此信仰，所以象徵太陽神化身的埃及帝王法老（Pharaoh）及其貴族死後，其屍體均以七十天的服喪時間將其製成"木乃衣"（mummy），期待於末日復活。因此「下埃及」（Lower Egypt）帝王法老之王冠，也以眼鏡蛇首為裝飾，藉以象徵其永生不死。如今這些四、五千年前保存下來的"木乃衣"，還可以在美國紐約大都會博物館及英國大英博物館看到。當然在埃及開羅國家博物館，更可以看到許多古埃及著名帝王法老的"木乃衣"，只是都沒有復活而已。下面將以近東宗教、印度宗教及台灣傳統宗教對於「復活」與「永生」之信仰做個簡要的探討。至於最重要的「復活」與「永生」的基督教教義，則於另段討論。

（一）近東宗教有復活與永生之信仰

在此所欲提及的近東宗教有：「波斯教」（Zoroastrianism）、「猶太教」（Judaism）、「基督教」（Christianity）及「伊斯蘭教」（Islam）。這些宗教因為於歷史上互相影響的關係，均有「復活」與「永生」之信仰。

1. 波斯教（Zoroastrianism）

波斯（Persia）即今日的伊朗（Iran），而「波斯教」於今日尚在伊朗及印度（India）的孟買（Bombay）流傳。因為崇拜

"聖火"，爲此有"拜火教"之俗稱。「波斯教」因爲相信天使、撒旦之善靈與惡靈，天堂之永生及地獄之永刑、末日死人復活及審判刑罰之信仰，所以信徒相當重視正當的社會倫理生活。該教信徒死後採取"鳥葬"，也即將潔淨後的屍體放置於郊外的「安息塔」（Tower of Silence）裡，任憑秃鷹啄食，遺骨再掃入塔中天井，等待末日復活。

2. 猶太教（Judaism）

摩西（Moses）創立「猶太教」當初，不但以『十誡』（Ten Commendments）的"一神信仰"（monotheism）約法排除古埃及的"多神信仰"（polytheism）之迷信，也反對以色列人保存屍體（製作"木乃衣"）等待末日復活。爲此，早期的猶太人死後，只期待前往陰間（Sheol）和列祖（亞伯拉罕、以撒、雅各）同睡。而且只期待有"後裔"爲先祖留下名份（象徵先祖之永生）便心滿意足。主前721年北王國以色列滅亡，猶太人被擄往亞述（Assyria）帝國，開始接觸相信死人復活的異教。主前586年南王國猶大又被巴比倫（Babylonia）帝國所滅，那時被擄往巴比倫（今日的伊拉克）的猶太人受到「波斯教」影響。因此後期的「猶太教」出現天使（善之使者）、撒旦（惡者魔鬼）、末日死人肉體復活、活人與死人最後被審判及刑罰之信仰。此後「猶太教」又自創其「千禧年王國」（Millennium）之信仰。曾經是「猶太教」法利賽人（Pharisees）的保羅（Paul），就明顯流露出此一信仰特徵（見‧哥林多前書十五：51-53，帖撒羅尼迦前書四：15-18）。

3. 基督教（Christianity）

「基督教」（Christianity）有關「復活」與「永生」之教義，可以說是來自「猶太教」（Judaism）之傳承。和「猶太教」一樣，其來世思想也受到「波斯教」的影響。不過有其特殊的"終末論"（eschatology）教義，而且集中於耶穌基督從死裡復活所締造的"拯救史"（Heilsgeschichte）之上。因為耶穌基督（Jesus Christ）是"道成肉體"（見：約翰一：1-18）的神人，是基督教「三一神觀」（Trinity）的第二位格之神（即：父、子、聖神的"聖子"）。由於耶穌基督的犧牲及得勝死亡關口從死裡復活，從而有了："天父愛世人"（見：約翰三：16-17）的恩典時代。所以說，「基督教」對於「復活」與「永生」之教義，係立足於耶穌基督得勝死亡"從死裡復活"這一重要教義之上，因此完全不同於「波斯教」及「猶太教」的信仰。關於其對於基督徒信仰之重要性，將會於另一段落討論。

4. 伊斯蘭教（Islam）

創立於主後622年的「伊斯蘭教」（Islam），其教義明顯受到「猶太教」及「基督教」的影響，因此也有「復活」與「永生」的信仰。也就是說，「波斯教」影響「猶太教」和「基督教」的天使、撒旦、死人復活、末日審判的永生及永刑信仰，也都進入「伊斯蘭教」的《古蘭經》（Quran）之中。不過漢語的《古蘭經》將"天使"稱為"天仙"，而且有十位"天仙首"（天使長）。至於"撒旦"（魔鬼）之首領是伊布利斯（Iblis）。善人死後進入"天園"（Heavenly Oasis），惡人墜入"地獄"深淵受永刑。待世界末日到來，善人經過安拉（Allah）審判之後，將使肉體「復生」（復活）得享「永生」（見：《古蘭經》七十五：3-4）。

（二）印度宗教相信生命輪迴

歷史上於東方印度（India）出現的宗教有四：「印度教」（Hinduism）、「耆那教」（Jainism）、「佛教」（Buddhism）及「錫克教」（Sikhism）。他們相信生命輪迴，因此追求"神我合體"（梵我一如，即 "Brahma-atman in One"）及"解脫"（nirvana，終止生命輪迴）。

1.「印度教」（Hinduism）

多神信仰（polytheism）的「印度教」相信"生命不滅"。人死後按照其因果業報（law of karma）之"種瓜得瓜，種豆得豆"行為所造成的"業"，進入"六道"（天道、人道、阿修羅道、畜生道、餓鬼道、地獄道）「輪迴」（samsara）。也即依照其"三世因果"（前世因，決定今世果；今世因，決定來世果）之業律，轉世成為不同的生命模式。對「印度教」的信仰而言，"生命"的存在不管上等、下等都是一種累罪，是"苦難"與"慾望"之綜合體。所以必須藉著自我修道行為，才能夠達到"神我合體"境界（也就是："梵我一如"之超越境界）。至此境界就不再墜入輪迴，是一種消滅物質生命之超越。由此可見，「印度教」不追求生命之"永生"。

2. 「耆那教」 (Jainism)

無神主義 (atheism) 的「耆那教」 (Jainism) 與「印度教」一樣，信仰"生命不滅"。但否定傳統宗教的多神論，認為眾神也是根據因果業報 (law of karma) 從"六道輪迴"中之"天道" (其餘是：人道、阿修羅道、畜生道、餓鬼道、地獄道) 輪迴出來的。既然主張無神論信仰，就連"人道"中輪迴出來的人類個體也加以否定，因此主張"無我論" (這點也影響後來出現的「佛教」)。因為人的感觀所認知的"神"與"人"都是虛幻 (maya) 不真，係根據因果業報之律，在"前世、今世、來世" (三世) 不斷出現的一種生命模式 (mode of life)。為此「耆那教」主張"生命"之解脫，不期望生命之"永生"。為的是生命過程都是"苦" (生、老、病、死、苦)。人要達到消滅"生命"之目標，就要出家修道，也即採取禁慾苦行之努力去達成。而達到生命"解脫" (終止生命輪迴) 之境界，他們叫做"涅槃" (nirvana)。

3. 「佛教」 (Buddhism)

原始佛教 (Original Buddhism) 因為受到「耆那教」的影響，也以無神主義 (atheism) 自居。如果"生命不滅"之信仰是一種「印度教」的"永生"，生命反而是一種累贅。因為"人生是苦海" (有：生、老、病、死苦難過程)，何況又受制於"三世因果"緣起觀的六道輪迴，所以教人必須採取"三皈依"（皈依：佛、法、僧）的修道手段，追求脫出"六道輪迴"
的"涅槃"寂靜境界，也即不再有"生命"存在。為此，原
始佛教之總綱就是所謂之"三法印"：諸法無我、諸行無
常、涅槃寂靜。由此可見，這一信仰絕對不會期望肉體「復
活」，更排除"永生"之期望，因為生命之存在是累罪與苦
難之綜合體。

　　然而後期出現的「佛教」宗派之一的"淨土宗"
（Pureland Sect），不但出現有"靈魂不滅"的超渡儀式，也有
一個西天極樂淨土的"天堂"可以往生。其實死後往生西天
淨土極樂世界之信仰，雖然否定肉體「復活」，卻有靈魂
「永生」（"往生"等於"永生"）之信仰。為此"淨土宗"（大
乘佛教之一）的善男信女口中常念"南無阿彌陀佛"佛號，藉
以期望「永生」（往生）於西天極樂之淨土天堂無煩無惱永遠
享福。

4.「錫克教」（Sikhism）

　　十六世紀在印度西北地區的旁庶普（Punjab）創立的「錫
克教」（Sikhism），因其教義深受「伊斯蘭教」及「印度教」
的影響，所以有靈魂"永生"及地獄"永刑"之信仰。因為
信徒死後採取土葬，所以也有末日肉體「復活」之期待。不
過他們也接受「印度教」的"輪迴說"，而靈魂"永刑"之
處，就是「印度教」閻摩王（Yama-raja）的地獄。

（三）台灣傳統宗教

　　台灣的傳統宗教有：「儒教」（Religious Confucianism）、「道教」（Religious Taoism）及「民間信仰」（Folk Beliefs）。他們都禁忌肉體「復活」，理由無他：屍體會成精變怪。不過他們也相信「永生」，就像"天人合一"（儒教）、"成仙歸真"（道教），以及"祭祀祖先"爲手段延續血緣（香爐耳）使其雖死猶生之「永生」（民間信仰）。

1. 儒教（Religious Confucianism）

　　哲學化"儒家思想"（Confucianism）不語"怪力亂神"，不問"死後情況"。這句孔夫子對門人之回應："未知生、焉知死？"的話可以爲證。然而宗教化的「儒教」（Religious Confucianism）則主張對死者："葬之以禮，祭之以禮"（即祖先崇拜），以及採取古代那些道德倫理之修養爲手段，藉以達到"天人合一"或"天人合德"之境界。殖民台灣的中國國民黨政權，則利用「國家儒教」（State Confucianism）建置孔子廟，祭祀孔夫子（9月28日），藉此對台灣人進行教忠教孝，用「四維」（禮、義、廉、恥）與「八德」（忠孝仁愛信義和平）之洗腦式教育來保護其"家國"及"黨國"。「教派儒教」（Sectarian Confucianism）的「鸞堂」、「天德教」、「天帝教」、「一貫道」、「紅卍字會道院」，則因標榜"儒、道、佛、耶、回"五教大同的宗教混合主張，而有"天堂"與"地獄"之信仰（即相信：永生與永刑），但禁忌死者"肉體復活"。

2. 道教（Religious Taoism）

　　自然主義哲學之"道家思想"（Taoism），不同於張天師所創的「道教」（Religious Taoism），這點必須加以分別。台灣的「道教」屬於天師道正乙派，比較不重視"養精、蓄氣、安神"（協調：精、氣、神）之修持。然而「道教」卻有追求"成仙"（成為真人）之「永生」期待，如同：呂洞賓、鍾離權、張果老、曹國舅、李鐵拐、何仙姑、韓湘子、藍采和，這八個"八仙"一樣。也就是說，台灣「道教」的神職人員"道士"，只是一種為民間驅邪消災、主持做醮（大拜拜）、為死者引魂、超渡、做旬（做功德）之職業祭司，所以沒有一個台灣道士能夠成仙歸真。至於肉體「復活」相當禁忌，因為它是成精變怪之結果。

3. 民間信仰（Folk Beliefs）

　　混合「儒教」、「道教」與「佛教」部份教義，又信仰態度放任的「台灣民間信仰」（Taiwanese Folk Beliefs），其喜事及喪事不是依仗道士就是僧侶，驅邪消災亦靠童乩與法師。信眾生活均依照"傳統禮俗"行事，一味追求自身的現世功利，認為向神明祈安求福為宗教信仰之目的。信眾雖然相信"靈魂不滅"，卻對於靈魂（三魂七魄）之去處非常混淆：「三魂」有的去輪迴（佛教之影響），有的去陰間居住（道教之影響），有的返家被供奉（儒教之影響）。屍骨（七魄）也要在墓地被膜拜，因此二十四節氣之一的「清明」（或「三日節」）前後十天必須前往墳地"掃墓"。至於肉體「復活」是禁忌的，因為會變成吸血鬼的"殭屍"。倘若要使祖先靈魂「永生」，就必須在家中設置"公媽牌位"，將他們供奉起來。祭祀"公媽"使祖先「永生」之職責，就是家中的長子及男丁。為此，台灣民間視男女婚姻之目的不外傳宗接代，藉以祭祀"公媽"之牌位（即俗稱的"香爐耳"）。從此"拜公媽"（祖先崇拜）之行事就與"孝道"結合，也才有"不孝有三，無後為大"（孟子）的生男丁留後嗣、保住"香爐耳"的觀念出現。這點當然對於那些無法生男孩的媳婦很不公平，許多家庭悲劇由此而生（就如翁姑會因此鼓勵兒子納妾傳後）。時下在台灣社會勸人改宗「基督教」如此困難的主要原因，和要求改宗者放棄"拜公媽"（香爐耳）這件事有關。"公媽"不拜，祖先之「永生」將會斷絕，也會使祖先變成餓鬼孤魂，實在沒有比這樣的決定更不孝了！

三、實存的復活與永生

普世長老教會所奉行的《要理問答》（Catechism），其中這一句："我信肉體復活"的信仰告白，正指出「復活」與「永生」的期望是「基督教」的重要教義。因為耶穌預言自己將受難、死亡，第三天從死裡復活（見：馬太十六：21-28，馬可八：31~九：1，路加九：22-27）。最後果然被祭司集團誣告為"猶太人的王"這個政治叛亂犯罪名，被羅馬帝國殖民政權釘死於十字架上。後經埋葬，第三天從死裡復活（見：馬太二十七：1～二十八：10，馬可十五：1～十六：8，路加二十三：26～二十四：12，約翰十八：28～二十：10）。不過當耶穌預告他必定從死裡復活之時，所指者和「猶太教」所相信的 "肉體復活"（與「千禧年王國」有關）的理解是不同的。因爲猶太教徒相信 "千禧年王國" 來臨時的肉體復活，此即法利賽人（Pharisees）所相信者。但猶太教祭司集團的撒都該人（Sadducees），卻不相信天使及肉體復活（見：馬可十二：18-27）。耶穌所預告者，是一種得勝死亡的「復活」與「永生」。所以絕對和「波斯教」、「猶太教」，以至「伊斯蘭教」的教義不同。這一重要教義在《新約聖經》中見之於保羅神學和約翰神學之教導。兩者均強調：基督徒所期望的「復活」與「永生」是實存的（existential），不必等到人死後或歷史的末日才可獲得。

（一）基督是復活與永生之主

　　《約翰福音書》作者再三證言："耶穌是復活與生命（永生）之主。" 就像強調："信耶穌得永生"（三：16-17）以及 "耶穌是生命之糧"（六：35, 52-54）的教導可以爲例。當耶穌在伯大尼（Bethany）行了使已經死四天的拉撒路（Lazarus）復活的神跡之時，他直接向眾人宣告自己就是「復活」與「生命」（永生）之主（見：十一：25-26）：

　　　　"復活在我，生命也在我。信我的人雖然死了，也必復活。凡活著信我的人，必永遠不死（永生）。"

有一位「猶太教」敬虔主義的法利賽人領袖尼哥底母（Nicodemus），特地於夜間拜訪耶穌。因為他肯定耶穌是一位有上主同在的教師，從而勇敢前來向耶穌請教永生之道。耶穌的回應是："人若不「重生」，就無法看見上主國度之實現。"（見：約翰三：1-3）在此耶穌對尼哥底母所指的"重生"，就是一種人性之改造，是"永生"之實存經驗，也是信主耶穌才可以獲得的一種應許（見：約翰三：16）。使徒保羅稱這一"人性之重生"叫做"在基督裡的「新造」"（見：哥林多後書五：17）。上述聖經之證言，在在指出耶穌基督是「復活」（重生）與「永生」（新造）之主。

　　問題是：「復活」與「永生」的基督教教義，往往被誤解做血肉之軀（肉體）的「復活」以及來世的「永生」。就像早期在希臘半島的哥林多教會及馬其頓的帖撒羅尼迦教會的信徒，也都如此相信。因為保羅曾經教導他們：那些相信耶穌從死裡復活而已經死了的人，也必跟祂一同復活獲得永恆的生命（見：哥林多前書十五：12-34，帖撒羅尼迦前書五：14）。事實上，保羅也相信過「猶太教」的"千禧年王國論"：末日死人肉體復活，其時活人被提雲端，而後接受上主審判。保羅時代的基督徒也相信："好人將與基督做王，統治新天新地一千年"的信仰。因為保羅曾經是個敬虔主義的法利賽人，如此信仰思想也在他的書信出現過（見：哥林多前書十五：23-28，51-52，帖撒羅尼迦前書四：15-18）。不過保羅歸主以後將其做了修正，強調信主耶穌的人已經活在基督裡（in Christ）。他所指的肉體復活，不是會朽壞的血肉之軀。因為"血肉之軀，不能承受上主國度"（見：哥林多前書十五：50）。保羅用"天上的形體"取代"血肉之軀"，相信基督徒於末日復活所擁有的是"榮耀的形體"（見：哥林多前書十五：35-49）。對於保羅而言，現今活在"基督裡"的信徒，是已經被"新造"（見：哥林多後書五：17）。他們的"舊人"本性從此蛻變爲"新人性"，也從而經驗實存的「復活」與「永生」。也就是說：「復活」與「永生」是一種實存的靈性經驗，是從現世延續到來世的。所以基督徒的信仰生活是"生死相安"的，如同保羅對腓立比教會（Church of Philippi）的告白："我活著是爲基督，我死了更有益處。"（腓立比書一：21）那麼如何印證「復活」與「永生」之實存性？這點將在下一個段落加以討論。

（二）聖禮典象徵「復活」與「永生」之實存

　　台灣基督長老教會（The Presbyterian Church in Taiwan）接受「洗禮」和「聖餐」這兩個聖禮典。而「洗禮」與「聖餐」正象徵著基督徒經驗「復活」與「永生」之實存，使基督徒於今生今世生活得"生死相安"。

聖禮典之象徵 $\begin{cases} \text{洗禮} \longrightarrow 象徵信徒與基督一同「復活」 \\ \text{聖餐} \longrightarrow 象徵信徒分享基督之「永生」（生命） \end{cases}$

1. 洗禮（Baptism）

　　人若決志加入基督教會的"入會禮"，就是「洗禮」。

台灣基督長老教會採取"滴水禮"爲小兒及成人施洗（其他基督教會有採用"浸水洗禮"及"活水洗禮"者）。使徒保羅爲「洗禮」建立健全的信仰意義：「洗禮」象徵一個人的"舊人性"已經和基督一同死亡、被埋葬，他的"新人性"也和基督一同復活（見：羅馬書六：1-11）。也就是說：「洗禮」表明人與"原罪"決絕（來自第一亞當的"舊人性"之弱點），從而生活在"基督裡"與基督一同復活（來自第二亞當的耶穌基督之救恩）。所以保羅自己告白："現在活著的不再是我自己，而是基督在我生命裡活著。"（加拉太書二：20）又說："因爲對我來說，我活著是爲基督，我死了更有收獲。"（腓立比書一：21）由此足見，一個活在"基督裡"的人是"生死相安"的，因爲他已經領受「洗禮」歸入基督，而與祂一同「復活」。所以說，「洗禮」象徵基督徒經驗"實存的復活"，也表明他與基督一同「復活」。

2. 聖餐（Eucharist）

根據「共觀福音書」（Synoptic Gospels）的《馬太福音書》、《馬可福音書》、《路加福音書》的記述，「聖餐」是在耶穌被加略人猶大（Judah Iscariot）出賣那個"逾越節"（The Passover）晚餐時所設立的（見：馬太二十六：26-30，馬可十四：22-26，路加二十二：15-20）。其時主耶穌用無酵餅及葡萄酒象徵他的身體和寶血，要門人藉這一最後相聚的晚餐來記念他的犧牲與救贖。使徒保羅遵循主耶穌的吩咐，用心說明「聖餐」的重要性（見：哥林多前書十一：23-25）。然而這些記述僅指出耶穌在"逾越節"晚餐時，只和十二位門人餐敘而已。
可是《約翰福音書》卻明示"逾越節"晚餐過後耶穌為門
人洗腳，要他們於今後務要"彼此洗腳"，互相團結在一
起（見：約翰十三：1-17）。然而約翰卻將「聖餐」的重要聚會
放在耶穌用"五餅兩魚"餵養五千人的神跡之上，來凸顯
祂是"生命之糧"的意義（見：約翰六：1-15, 25-35）。所以約翰
（John）這位福音書的作者始終證言：信主耶穌的人就有"永
恆的生命"（永生），而那個"五餅二魚"的神跡就是耶穌和
五千人"守聖餐"之大聚會（見：約翰六：36-40）。為此耶穌才
會這樣說："我就是生命的食糧。"（約翰六：48）其實耶穌
若是"生命之糧食"的話，祂不但要餵養昔日的十二位門人
（見：馬太二十六：26-30，馬可十四：22-26，路加二十二：15-20）、慕道
的五千人（見：馬太十四：13-21，馬可六：30-44，路加九：10-17），以
及四千人（見：馬太十五：32-39，馬可八：1-10）而已，也要餵養凡
在歷史上信靠祂的千千萬萬人。所以約翰特別強調：耶穌是
用"五餅二魚"的神跡，當做與五千人"守聖餐"。因此，
耶穌教導他們說（最直接的「聖餐」用語）：

　　"吃我的肉（指餅）、喝我的血（指葡萄汁）的人，就有永
　　恆的生命（永生），在末日我要使他復活。我的肉是真正
　　的食物，我的血是真正的飲料。那吃我的肉，喝我的血的
　　將常在我生命裡，而我也在他生命裡。"（約翰六：54-56）

　　耶穌的這段話足以教人領悟：「聖餐」是"分享主耶穌

永恆生命（永生）"的記號。用"餅"與"酒"象徵主的肉身與血液，藉著「聖餐」的儀禮做戲劇性的分享主耶穌永恆的生命，去經驗"在基督裡"的實存之「永生」。"耶穌是生命之糧"（約翰六：35），基督徒分享耶穌的"生命之糧"就有永生，此即「聖餐」的重要意義所在。

結語

　　「復活」與「永生」不但是基督教的重要教義，在詮釋上也是一個需要下功夫去認知的論題。因此以保羅對哥林多教會信徒的教導（哥林多前書十五：50-57）及約翰的證言（約翰六：54，十一：25-26）為依據，來凸顯其重要的信仰意義。這個主題當然也是其他宗教的關心論題，所以才論及「波斯教」、「猶太教」、「伊斯蘭教」（回教）的見解，也探討「印度教」、「耆那教」、「佛教」的生命不滅論的"輪迴說"，以及「儒教」、「道教」、「民間信仰」的靈魂不滅信仰，藉以比較「基督教」對這個論題之超然性和精彩之處。而這些討論使基督徒再次肯定「復活」與「永生」的期望，是從現世開始而延續到來世，是實存的而非來生的。為此，基督教會就用"洗禮"來象徵「復活」的希望，"聖餐"象徵「永生」是實存的。所以凡是具有堅強信仰的基督徒，是"生死相安"的。因為他們都活在基督裡，生死問題已經超越時空的限制了。

2012.04.06

第二部

基督徒與教會

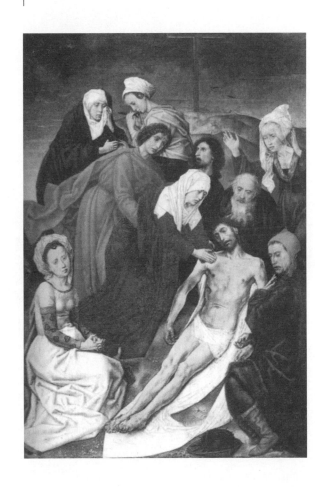

你們是蒙揀選的一族，是王家的「祭司」，聖潔的國度、上主的子民。上主選召你們離開黑暗，進入他輝煌的光明，來宣揚他奇妙的作為。

彼得前書二：9

But you are a chosen generation, a royal priesthood, a holy nation, His own special people, that you may proclaim the praises of Him who called you out of darkness into His marvelous light.

1 Peter 2: 9

十五 基督徒與教會

"奉　上主旨意，蒙召作耶穌基督使徒的保羅，同兄弟所提尼，寫信給在哥林多上主的教會，就是在基督耶穌裏成聖、蒙召作聖徒的，以及所有在各處求告我主耶穌基督之名的人。基督是他們的主，也是我們的主。願恩惠、平安從　上主我們的父並主耶穌基督歸與你們。

我常為你們感謝我的上主，因上主在基督耶穌裏所賜給你們的恩惠；又因你們在他裏面凡事富足，口才、知識都全備，正如我為基督作的見證，在你們心裏得以堅固，以致你們在恩賜上沒有一樣不及人的，等候我們的主耶穌基督顯現。他也必堅固你們到底，叫你們在我們主耶穌基督的日子無可責備。上主是信實的，你們原是被他所召，好與他兒子——我們的主耶穌基督一同得分。"

哥林多前書一：1-9

何謂「教會」（Church）？「教會」與個別的「我」這個「基督徒」有什麼關係？這些問題必須予以解答，才可以明白「教會」的功能與基督徒的關係。

一般人時常將「教會」當做一座沒有活命的建築物，就是將「禮拜堂」當做「教會」。事實上，上述的認知是一種誤解，因為禮拜之場所不是真正的「教會」，真正的「教會」就是臨在於地上的一個活生生的團契，也是「上主國度」臨在於地上的象徵："一個上主的大家庭"。

按照《新約聖經》（尤其是保羅的書信）所指的「教會」乙詞，希臘文的用字是 "ecclesia"，意譯是："受揀召出來的團契" 的意思。據此而言，「教會」就是一群受耶穌基督所救贖與呼召的 "基督徒生命共同體"，有著共同的信仰告白，共同之理念與見證，願意實踐「上主國度」於人間之團契組合。所以說，「教會」是個「神聖的共同體」（Holy Community），一個告白：上主是天父，人類是兄弟姊妹（Fatherhood of God, and Brotherhood, Sisterhood of mankind），富有神與人之間倫理關係的有機體組織。

一、「教會」是上主的大家庭

使徒保羅（Paul）寄達哥林多教會首封書信《哥林多前書》（一：2）開宗明義談到："奉上主聖名在哥林多（Corinth）所建立的教會，就是那些在耶穌基督裡面成聖受召的「聖徒」，以及凡是在各處告白主耶穌聖名的基督徒"

者。而這一段話，正是保羅給「教會」所下的一個重要定義。那等於是說：「教會」不是一座禮拜堂，而是一群"奉主耶穌基督聖名"所聚集的「神聖共同體」，是受耶穌基督所揀選者的團契組合。所以「教會」成員之組織不是一群普通的人，而是一群告白"基督是主"的基督徒所組成的團契。

（一）上主的大家庭就是「教會」

使徒保羅於寄達義子提摩太的第一封書信《提摩太前書》（三：15）說到："我們在「上主的家」應該怎樣生活，這個家就是永生上主的「教會」，是真理的柱石和基礎。"（現代中譯本）這等於明指「教會」就是上主的大家庭。因為在這一個大家庭中，上主是天父，所以基督徒都是兄弟姊妹。據此而論，基督徒在「教會」的團契組合，相等於在上主「大家庭」中的組合。為此，人人都有共扶這個上主的大家庭，即侍奉「教會」之責任。

（二）「教會」是上主特選的族類

公同書信的《彼得前書》（二：9）也明白指出："你們（教會）是蒙揀選的一族，王家的祭司，聖潔的國度，上主的子民。"在此更進一步指出「教會」是上主特選的一族（新以色列人），在世上各國各民族之中成為"上主的子民"。大家成為聖潔的「上主國度」之一員，就是要成為祭司去帶領人來親近上主。所以「教會」此一特選的上主子民之團契，就有向社會宣揚福音之使命。並且不同種族的基督徒，都是受召歸入「教會」的同一族類，也就是有脫出罪惡奴役的"新出埃及"經驗之新以色列人，是上主大家庭中的成員。

二、「教會」是耶穌基督的身體

值得留意的是：「教會」不只是上主的大家庭，被選之族類，聖潔之國度而已，更是耶穌基督的「身體」。因此與耶穌基督的關係不可分割。

（一）教會與基督的關係

「基督教」（Christianity）的「教會觀」係來自使徒保羅的詮釋，而且累見於他的作品中（在《新約聖經》之中保羅有十三封書信）。

1. 基督是「教會」的元首

保羅見證耶穌基督是那不可見的上主之「形像」，是「教會」的元首，也即「教會」這一身體的頭（見：歌羅西書一：18）。這正說明「教會」與「基督」之關係，是「身軀」與「元首」之關係。因此基督徒相信「教會」是「聖而公同」（Holy and Catholic）的，信徒可以因結連於元首基督來合而為一。並且普世教會也可因此彼此相通，互助合作。

2.「教會」是基督的身軀

保羅於《以弗所書》（一：23）明言：「教會」是基督的身軀（形容普世教會是合一於基督的），而且是與元首基督不可分割。當然這個以基督為「頭」（元首）的「教會」（身體）之各肢體（基督徒），均要分工合作推廣福音。

> "因為親像身軀是一個，也有許多體。又身軀的體雖然多，攏是一個身軀。基督也是如此。因為咱眾人不論猶太或是希利尼，做奴才者或是自由民，攏曾經受洗於一個神，來屬於一個身軀，也曾經共飲一個神。"（哥林多前書十二：12-13，台語聖經版）

因此保羅又進一步說：

> "你們這些是基督的身軀，個個相共做肢體。"（哥林多前書十二：27）

由此可見，「教會」此一多元的基督徒肢體，在元首基督的指揮下必須共同合作才能夠推展福音事工。也可以這麼說，普世基督徒雖然有屬於東方與西方的教會，也就是有羅馬大公教會（天主教）、東方正統教會，十六世紀以後的改革教會（新教），也有台灣人與日本人的教會。然而於"一主、一信、一洗"（以弗所書四：5）的共同信仰告白之下，仍然合一於基督。因為「教會」是基督的身軀，永遠不可與基督分割。

（二）「教會」結連於基督才有活命

　　《約翰福音書》（十五：1以下），言及耶穌親自以葡萄樹與枝葉結合的比喻，來描述他們與門徒的關係，藉以教導基督徒要與主結連才能夠結果子。這等於是說，「教會」的"葡萄樹枝葉"，要與基督這一株"葡萄樹頭"結連，才會有活命生長，才會結果子纍纍。質言之，不與元首基督結合，「教會」便沒有「活命」可言，當然也不會多結甜美的果實做美好的見證。也就是說，「教會」因為始終與元首基督合一，有了從上面而來的「活命」，才會越發復興。

三、基督徒與教會

　　既然「教會」是上主國度這一生命共同體的大家庭，又是基督的身軀。那麼「禮拜堂」自然不是實質上的「教會」，它只是一個「做禮拜」之場所而已。畢竟活活的主耶穌基督，永遠不會被局限於建築物的禮拜堂內，因為祂是無所不在的主。

（一）教會、聖殿、禮拜堂

　　通常基督徒都會將「教會」、「聖殿」與「禮拜堂」認同為一，而未信主的人也會做如此觀。就組織上及制度上見之，也許如此。因為在認知上有「長老教會」、「天主教會」、「信義宗教會」、「聖公會」、「衛理公會」、

「循理會」、「聖教會」、「浸信會」、「貴格會」、「神召會」等，更有「日本教會」、「韓國教會」、「中國教會」、「英國教會」、「美國教會」等等。而基督徒也往往稱「禮拜堂」做「聖殿」，它因此也被認為具有神秘性。其實，三者各有所指，也別有意義：

1. 教會——基督徒團契之有機體，以耶穌基督為元首。

2. 聖殿——"舊約時代"與"新約時代"的理解不同。

3. 禮拜堂——基督徒聚會禮拜之場所，具有地區之分野。

如此之分別，可以明白三者所指的不同意義，如此認知至為重要。

（二）禮拜堂與做禮拜

基督徒在禮拜堂裡做禮拜，往往有一些信仰上的誤解，而這些誤解必須避免，才不致於迷信。諸如：

1. 禮拜堂比較能夠接近上主。

2. 在禮拜堂內的祈禱比較有效。

果真如此，「禮拜堂」就與台灣民間信仰的「廟宇」之功能相同。其實「禮拜堂」僅是一處"做禮拜"之場所，人來到「上主的厝」（禮拜建築物）聚會能夠獲得心靈之安息，又能從牧者的講道內容學習真道及培養靈性。同時信徒與信徒之間能夠在聚集於禮拜堂之時互相交陪與關心，如同遊子回家與天父相聚一樣。

（三）教會與我的關係

　　前已言及，眞正的「教會」是一個活活的「團契」，一個「上主的家庭」。因此「教會」（基督是元首）與「我」（基督的肢體）的關係，是一種倫理關係，非只是組織上的關係而已。也就是一種上主國度的公民與上主家中的兄弟姊妹之倫理關係。質言之，也就是在天父上主的家中只有"愛天父上主"及"彼此相愛"的關係。在「教會」的團契裡，你我都要有下列之職責：

　　1. 交陪——"我信聖徒相通"之經驗。

　　2. 相愛——愛上主，愛同信，愛人類。

　　3. 服務——爲教會爲社會做光與鹽。

　　4. 見證——在職域中活出基督，藉以榮神益人。

　　教會生活即團契的活動，而教會團契的最有意義活動，就是「禮拜」（Worship）——敬禮上主，接受聖經之啓示。因此單單"信耶穌"，而不去"做禮拜"是不夠的。這樣的基督信徒，如同不住在「上主的家裡」。《希伯來書》（十：25）說："不可放棄你的聚會，親像有人慣勢習慣如此，就是著相勸勉。"對「基督教」信仰而言，人的心靈改造係來自"做禮拜"。凡是勤於"做禮拜"的基督徒，其言行舉止就會對上主負責。進而知道"愛神與愛人"及群體關懷互勉之重要性。爲此，持守「禮拜」的基督徒團契生活，自古以來就被認爲是非常重要的一件事。

結語

　　上主要祂的兒女也共扶「教會」此一受召的大家庭，去實踐愛神與愛人之責任。這是咱大家共同參與這個神聖團契——「教會」（非一建築物）之重要性所在。《馬太福音書》（十八：19-20）言及：“兩三人聚集敬拜上主”之處，就是「教會」。據此而論，基督徒的家庭也是一所「教會」，其中的家長就是牧者。當然「教會」這個屬主團契，若聚集在「禮拜堂」裡面做禮拜時，更能夠表達基督徒的共同使命，團契之互愛互助，以及愛神愛人的決心（信心）。所以說，禮拜堂的空位太多，相對的表示此一「團契」（教會）的不團結（除非是新開設的禮拜場所）。如此一來，基督徒就不會榮光上主。據此而論，「教會」與「我」的參與十分要緊。而領導這個“神聖共同體”的牧者，其信心及品格之操守更為重要。因為「教會」之進展與否，與他的領導與榜樣有密切的關係。總而言之，基督徒與教會的關係，應該建立於“基督是教會根基”（見：哥林多前書三：11）以及“生活於天上大家庭中”之認知上，才不致於自我迷失。

巴拿巴的善舉

"那許多信的人都是一心一意的，沒有一人說他的東
西有一樣是自己的，都是大家公用。使徒大有能力，
見證主耶穌復活；眾人也都蒙大恩。內中也沒有一個
缺乏的；因為人人將田產房屋都賣了，把所賣的價銀
拿來，放在使徒腳前，照各人所需用的，分給各人。
有一個利未人，生在塞浦路斯，名叫約瑟，使徒稱他
為巴拿巴（巴拿巴翻出來就是勸慰之子）。他有田地，也賣
了，把價銀拿來，放在使徒腳前。"

使徒行傳四：32-37

　　　個宗教社團之所以能夠穩健擴展，除了有號召力及
　　組織能力的領導者外，也要有大公無私出錢出力人
士之慷慨捐助。《使徒行傳》（四：32-37）言及「基督教」
（Christianity）出現於巴勒斯坦（Palestine）之時，是個被傳統的
「猶太教」（Judaism）排斥以及「羅馬帝國」（Roman Empire）
迫害的新興宗教。歷史上任何一個新興宗教之出現，都會
被傳統宗教排斥及當代政府迫害（尤其是殖民政權）。然而"天

時、地利、人和"卻可以使其迅速發展。僑居於塞浦路斯（Cyprus）的猶太裔基督徒約瑟（Joseph）捐獻其大筆財產支持這一新興「基督教」的故事，可說是助長基督教會能夠立足於耶路撒冷（Jerusalem）大都會發展的一股動力。因為他的"善舉"，所以眾使徒給他一個"勸慰（鼓勵）之子"（son of encouragement），即「巴拿巴」（Barnabas）之稱號。

1. 根據《使徒行傳》記述：眾使徒於「五旬節」聚集於耶路撒冷時，因獲得「聖神」（靈）的大能力而勇敢向回國朝聖的猶太僑民宣講基督福音。結果僅僅一天就有三千人歸信（見：使徒行傳二：41），不久又增加到多達五千人信耶穌（見：使徒行傳四：1-4）。歷史上第一所「基督教會」（家庭式的團契）就在耶路撒冷成立。如此成就，可以說是「天時」。

2. 耶路撒冷不僅是「猶太教」的宗教中心（聖殿所在地），也是羅馬帝國殖民政府的政治重鎮（羅馬總督駐在地）。做為當代新興宗教的「基督教」能夠順利出現於此，可以說與「地利」有關："福音"要從耶路撒冷開始而傳遍於地極（見：使徒行傳一：8）。

3. 耶穌門人按慣例於猶太教「五旬節」時在耶路撒冷會合。可是意想不到於持守節日時，"聖神"（Holy Spirit）降臨於眾使徒身上，使他們個個團結又有講外國語言之恩賜，勇敢向回國朝聖的猶太僑民宣講基督救世福音（見：使徒行傳二：1以下）。這正是「人和」的效果！

新興的「基督教」在當代社會一出現，便受到兩方面的迫害：一是「猶太教」祭司集團的壓迫，二是羅馬帝國殖民政權因治安理由的猜忌、監視及拘捕。為此，在首都耶路撒冷新成立的「基督教」教團，必須具備內部團結以及基督徒互助與愛心之付出，才有可能存在。關於這一點，《使徒行傳》有兩處經文記載初期教會成為愛的團契的史實：一處是《使徒行傳》（二：44-47）所記載的團契相聚共享之信仰生活。另一處即《使徒行傳》（四：32-37）所記述的團契生活，其中言及巴拿巴之善舉。後代基督徒可從這兩處經文，領會初期教團實行其"消費共產方式"的生活共享。當時的基督徒不論貧賤富貴，均共同過著既不自私又充滿愛心共產共享之團契生活。信徒因無固定收入，教團是不可能有持久性的。所以才需要有大公無私具備奉獻精神之善士加以大力支持。

一、經文的故事

《使徒行傳》（四：32-37）可以分為兩個段落加以探討，即（四：32-35）的"愛心團契"及（四：36-37）的"巴拿巴之善舉"。

（一）愛心團契（四：32-35）

1.「耶路撒冷教會」形成之後，基督徒均共同投入過著消費共享的團契生活：

"這一群信徒都同心合意，沒有一個人說他的財物是屬於自己的。所有的東西都大家公用。"（四：32）

原來初期教會的信徒團契，均是過著家庭式共享的生活，如同今日以色列國集體農場（Kibutzu）一樣。其時尚無"教堂"這類建築物，可以容納信徒團契。因此信徒為了共同生活，只有實行財物公用，收入共享的"消費性共產制度"。

2. 這一初期教會（信徒團契）共同生活之用意，在於宣揚耶穌基督救世福音。其中主要領導者就是"使徒"：

> "使徒們大有能力地見證主耶穌的復活（福音）。上主能力大大地降臨給他們每一個人。"（四：33）

由此可見，使徒們在耶路撒冷成立史上第一個基督教會之後，他們都是宣揚「基督教」這一新興宗教的領導核心人物。目的在於擴展這個教門──從耶路撒冷開始，直到於普世各角落。

3. 有了使徒們的領導，也要有信徒的同心協力，才能夠使「基督教」繼續擴展。於是信徒兄姊生活在一起，出錢、出力、奉獻財產來支持教團之運作。

> "在他們中間沒有人缺乏什麼。那些擁有田產房屋的信徒，均將其賣了。並將賣產業的錢交給使徒。使徒按照各人的需要將財物分給他們。"（四：34-35）

這些記述明顯指出：初代教會信徒兄姊不但與眾使徒站

在一起宣揚「基督教」，也大公無私地獻錢、獻物、獻工。再加上相愛與互助，大家過著消費共享的生活。目的只有一個，將耶穌基督救世福音宣揚出去！

（二）大愛的信徒（四：36-37）

《使徒行傳》（四：36-37）這兩節經文特別介紹一位出生於塞浦路斯（Cyprus）屬於利未族（Levite）的猶太僑民，原名約瑟（Joseph）。他因在耶路撒冷聆聽使徒的宣教信主，因此留在耶路撒冷教會協助使徒。這個人對於初期教會有莫大的貢獻，因為他賣了一塊田地，將金額悉數捐給使徒運作。因此使徒給他一個新名：巴拿巴（Barnabas），其意思是"鼓勵者"（son of encouragement）。台語羅馬字聖經譯作："善安慰的人"。

這段經文特別介紹這位善士的用意，不外指出：一個教團（尤其是新興的「基督教」）之對外擴展，不但需要大公無私的眾使徒同心努力，也必須要有信徒出錢出力，獻出其產業來加以支持。否則教務將停頓，教團也無法擴展。約瑟這位猶太僑民信主之後，因為深深認識基督福音之寶貴而留在耶路撒冷協助眾使徒。繼而返回僑居地塞浦路斯變賣田產，將全數金額交給使徒動用。為此眾使徒給他一個叫做"巴拿巴"的綽號，也使《使徒行傳》作者路加（Luke）將他記載於初代教會史冊裡面，教後代基督徒能夠學習他的好榜樣。有趣的是：《使徒行傳》（五：1-11）特別介紹一位不甘心的奉獻者：亞拿尼亞（Ananias）及其妻撒非喇（Saphira），因欺騙上主及使徒以致受咒詛死亡的故事，藉以和前一章（四：36-37）的故事做一比較。

二、巴拿巴的善舉

原名約瑟（Joseph）的巴拿巴（Barnabas），正如同他的外號一樣，是一位號稱"鼓勵之子"的大善人。這位僑居於塞浦路斯（Cyprus）的猶太教徒在回到耶路撒冷朝聖殿守「五旬節」時，聽了使徒宣講的基督福音而歸信「基督教」（Christianity）。隨之以變賣不動產的大筆金錢獻於耶路撒冷教會，以做這個新宗教──「基督教」教團擴展之經費。他更慷慨爲初期教會信徒共享團契之生活費付出眾多，所以巴拿巴（鼓勵之子）的善舉因此名留史冊。

其實巴拿巴在《使徒行傳》這卷初代教會史冊中，是一位十分重要的基督徒，所以堪得名留青史。下列事跡可以證明此事。

（一）協助初信的掃羅（保羅）

根據《使徒行傳》（九：26-27）的記述，掃羅（Saul，後來改名保羅（Paul））當初信主耶穌之時，因爲他具備法利賽人（Pharisee）以及基督教會迫害者身份而沒有人敢接納他。那時巴拿巴挺身而出，將這位初信的掃羅引介給使徒認識：

"掃羅到了耶路撒冷，想跟耶穌的門徒來往。可是他們不相信他已做了主的門徒，因大家都怕他。只有巴拿巴出來協助他，帶他去見使徒，向他們解說掃羅怎樣在路上（大馬士革途中）遇見了主，主怎樣向他說話。"（九：26-27）

由此可見這位號稱"鼓勵之子"（善安慰的人）的巴拿巴，如同使徒給他的綽號一樣，是一位善於助人的基督徒。

（二）促進國際性宣教

《使徒行傳》（十一：22-24）言及初代教會受「猶太教」（Judaism）的首領及羅馬殖民政府迫害之後，信徒分散於各地。其時巴拿巴受耶路撒冷教會派赴安提阿（Antioch），因為那裡已經有眾多信主的外邦人。巴拿巴因為是一位"好人"（十一：24），他認為這是個向外邦人（猶太人以外的異族）宣教的大好機會。於是決定前往小亞細亞的大數（Tarsus）拜訪掃羅（保羅），並帶他來到安提阿計劃國際性宣教之重要事工，也即向猶太人以外的外邦人宣教之要務（見：使徒行傳十一：25-26）：

"巴拿巴前往大數去找掃羅（保羅），找到了就帶他到安提阿。有一整年的時間兩人跟教會會友相聚，教導許多人。信徒被稱為「基督徒」是從安提阿開始。"

這段經文指出：保羅日後國際性宣教的促成者，就是號稱好人的巴拿巴。沒有他的引介及策劃，「基督教」的國際化將不會那麼順利，所以其功不可沒。

（三）受托救濟耶路撒冷教會

《使徒行傳》（十一：27-30）記述耶路撒冷發生大饑荒（發生於羅馬皇帝革老丟（Claudius）在位之時），外邦的安提阿教會信徒，紛紛按照自己的能力捐錢救濟居住於猶太（Judea）的信徒（耶路撒冷即位於猶太省）。其時，安提阿教會信徒發揮愛心，將悉數捐款托巴拿巴和掃羅（保羅）帶往猶太省，交給該地區眾教會的長老們（十一：30）。

（四）國際宣教之先驅

許多基督徒都主張：「基督教」的國際性宣教活動係由保羅開始，其實不然。真正國際宣教之先驅正是巴拿巴，因為他力主猶太人以外的外邦人也需要基督福音。而邀請保羅參與國際宣教的人，也就是巴拿巴。根據《使徒行傳》（十三：1）所記述，當時安提阿教會的先知（巡迴傳道）及教師（牧會者）有：巴拿巴（Barnabas）、西面（Simeon）、路求（Lucius）、馬念（Manaen）及掃羅（Saul，即保羅）等五人。而巴拿巴排列第一，掃羅位居第五，足見前者在安提阿教會之地位（屬於巡迴佈道的先知角色）。後來巴拿巴與掃羅被按手受派遣從事國際宣教，前者巴拿巴為帶隊先驅（見：使徒行傳十三：2-3）。他們兩人的國際宣教路線為：西流基（Seleucia）、塞浦路斯（Cyprus）、撒拉米（Salamis）。在撒拉米的猶太會堂得到約翰馬可（John 又稱 Mark）的協助。後來又到帕弗（Paphos），在那裡遇到一位猶太人神棍叫巴耶穌（Bar-Jesus）者。該地總督士求保羅（Sergius Paulus）邀請巴拿巴和掃羅前往佈道，但被神棍巴耶穌所阻。結果掃羅行了神跡，神棍巴耶穌因此眼瞎，總督為此成為基督徒（見：使徒行傳十三：4-12）。從那時開始，「掃羅」更名為「保羅」（Paul）。稍後也取得國際宣教之主導權。

後來保羅和同工從帕弗（Paphos）乘船前往旁非利亞（Pamphylia）的別加（Perga），約翰馬可就和保羅分開取道回耶路撒冷。之後，保羅和巴拿巴繼續他們的行程來到彼西底的安提阿（Antioch in Pisidia），在那裡的猶太會堂向猶太僑民宣教。雖然在那裡引發了「猶太教」與「基督教」一些教義上的問題爭論，卻贏得很多外邦人為基督徒。不過迫害隨之而來，保羅和巴拿巴被驅逐出境，兩人只得前往以哥念（Iconium）。儘管如此，可是在彼西底的安提阿之宣教可以說是成功的（見：使徒行傳十三：13-52）。

保羅和巴拿巴到了以哥念宣教，雖然有外邦人信主，卻同樣遭受猶太教徒的迫害。兩人只好前往呂哥尼（Lycaonia）的路司得（Lystra）及特庇（Derbe）這兩個城市宣教（見：使徒行傳十四：1-7）。後來保羅在路司得用神跡治好一個生來就不良於行的殘障者，此一事件竟然被群眾認同巴拿巴是希臘天神宙斯（Zeus）之化身，保羅為希臘天神使者希耳米（Hermes）之化身，群眾因而向他們膜拜。可是稍後保羅卻被猶太教徒石擊重傷，但奇蹟地活過來。隨即和巴拿巴取道特庇繼續傳道，而後從亞大利（Attelia）乘船回到安提阿，完成第一次的國際性宣教活動（見：使徒行傳十四：1-28）。此次的宣教的確寫下了基督教宣教史之新頁。

（五）保羅敬佩巴拿巴的為人

儘管《使徒行傳》（十五：36-41）言及：保羅和巴拿巴兩人因為約翰馬可做為宣教同工一事，發生劇烈爭執。結果巴拿巴選擇約翰馬可為同工，繼續從事國際性宣教事工。而保羅則選擇西拉（Silas）為同工，從事其第二次國際性宣教活動（見：使徒行傳十六：1-40）。可是保羅寫給哥林多教會第二封書信之中，特別推崇巴拿巴的善舉及愛心（見：哥林多後書八：18-21）。所以說，初期教會的擴展，就是有像巴拿巴這種具有愛心、奉獻、犧牲，以及立志將基督福音傳給外邦人的基督徒，教團才有可能在迫害中繼續向國際發展。為此，巴拿巴不愧是「基督教」發展史上的大功臣之一，可以和所有使徒並列。所以巴拿巴的善舉，這本初期教會史冊《使徒行傳》有所交代。事實上，巴拿巴於古教會中被視為是耶穌的另外七十二門人之一（見：路加十：1-2），所以被古代教會稱為"使徒巴拿巴"。在「西乃古卷」的《新約聖經》中，也有一卷《巴拿巴書信》（Epistle of Barnabas）在其中。由此見之，巴拿巴在初期教會之地位舉足輕重。

結語

從《使徒行傳》的記述，普世基督徒認識了巴拿巴對於初代基督教會的偉大貢獻。他那團契愛的胸襟，無私的奉獻，為別人而活的精神，宣揚福音的犧牲受苦，均足以為普世基督徒的楷模！無論如何，巴拿巴之善舉，正在鼓勵普世基督徒去學習、去實踐如同他一樣的大公無私和愛心。有愛的地方就有上主同在，愛心也是實踐基督福音的見證與行動。這位古代基督教會史上的偉人，對於「基督教」國際化之貢獻不亞於保羅。「基督教」的擴展，需要有像巴拿巴這樣的聖徒不斷出現於教會歷史中。所以說，當代基督徒應當學習巴拿巴，也要做大時代的巴拿巴。

其實歷史上的基督教會，不乏像巴拿巴這樣的人物以其善舉見證基督福音。就像非洲的史懷哲博士（Dr. Albert Schweitzer）、日本的賀川豐彥先生（Mr. Toyohiko Kagawa）、印度的德蕾沙修女（Mother Teresa）。在台灣也有實踐耶穌愛心的英國長老教會宣教醫師馬雅各（Dr. James L. Maxwell）、盲人福利之父甘為霖牧師（Rev. William Campbell）、救助痲瘋病患者的戴仁壽醫師（Dr. George Gushue Taylor）、熱心奉獻的台灣北部殷商李春生長老、芥菜子會創始人孫理蓮女士（Mrs. Lillian R. Dickson）等人道主義基督聖徒。這些人道主義者之大愛，均在在凸顯巴拿巴大公無私之樣式，是耶穌基督愛與服務之實踐者。

十七　保羅的祝禱

"願主耶穌基督的恩惠、上主的慈愛、聖靈的感動，
常與你們眾人同在！"

哥林多後書十三：14

「台灣基督長老教會」（The Presbyterian Church in Taiwan）的「禮拜」（Worship）儀式，於結束之前均有"祝禱"（Benediction）此一向禮拜會眾祝福的程序。"祝禱"由主理禮拜的牧師或長老執行，也即受按立聖職者才有資格為禮拜的會眾祝福。牧師與長老就是教團的聖職人員，由他們舉手為全體信徒祝福是理所當然的。這正如同台灣民間傳統禮俗於喜事儀式進行時，也由福壽雙全的長者（婦女居多）為後輩"講好話"（四句押韻的吉祥語句）之禮俗一樣。為的是福壽雙全的"老大人"被視為是有資格給人祝福的長者。所以台灣民間的善男信女也禁忌被"老大人"咒詛，因其祝福與咒詛同樣有效。就「宗教學」（Science of Religion）的理解言，人類的語言本身是"生命力"（vital force）之象徵。因此長壽又兒孫出眾事業有成的長者（長老），其語言被認為具備"祝福"

與“咒詛”之效力，此即古今“宗教人”（homo religiosus）之信仰認知。當基督徒閱讀《舊約聖經》時，可以看見其中有許多“祝福”的實例。像上主對亞伯拉罕（Abraham）的祝福（創世記十七：16，二十二：17）、拉班（Laban）家族對出嫁利百加（Rebekah）的祝福（創世記二十四：60）、眼花的以撒（Isaac）被利百加誤導祝福雅各（Jacob）的故事（創世記二十七：1-29）。為此以掃（Esau）十分不甘心也要求其父以撒為他祝福（創世記二十七：30-41）。上主在伯特利（Bethel）祝福雅各，雅各因此立碑紀念（創世記三十五：1-15）。雅各祝福約瑟（Joseph）兩個兒子以法蓮（Ephraim）和瑪拿西（Manasseh），給予他們族長之地位（創世記四十八：1-20）。又《民數記》（二十二：1～二十四：25）記載一位順服上主的預言家（術士）巴蘭（Balaam），他原被摩押王（King of Moab）巴勒（Balak）重金請去咒詛以色列人（People of Israel），因為他有祝福與咒詛的異能。結果巴蘭順服上主，一連三次“祝福”以色列人，拒絕摩押王巴勒之重金酬勞，又預告摩押之敗亡。其實《舊約聖經》中的君王、祭司、先知，均有“祝福”之權柄。特別是《民數記》（六：22-27）的“祝福辭”，即「猶太教」（Judaism）禮拜中的“祝福”傳統。這也是上主交代摩西（Moses）務要吩咐其兄亞倫（Aaron）及其子孫，於主持禮拜時要奉“耶和華的名”為以色列人祝福的祝禱辭（《聖詩》第513首的頌榮詩，就是根據它的內容作成）。從此「猶太教」的祭司階級，均據此為聚集於會幕或聖殿的會眾祝福（祝禱）。

　　「基督教」（Christianity）係由「猶太教」（Judaism）衍生

而出，因此「猶太教」祭司階級（其鼻祖是亞倫）的"祝禱傳統"，自然也影響「基督教」的"祝禱"。使徒保羅（Paul）在《哥林多後書》（十三：14）此一書信結尾的"祝禱"內容，也和上述「猶太教」祭司階級的祝禱傳統有關。因此要瞭解保羅的祝禱神學，也得從「猶太教」的祝禱傳統談起（請記得：保羅曾經是「猶太教」的法利賽人）。

一、舊約祭司的祝禱

在「猶太教」經典《律法、先知、文集》（*Tanakh*，也即《舊約聖經》）之中，最典型的"祝禱"，即「摩西五經」之一的《民數記》（六：24-26）所記載祭司階級之"祝禱"（祝福辭）：

"願耶和華（上主）賜福給你，保護你。
願耶和華（上主）使祂的臉光照你，施恩於你。
願耶和華（上主）向你仰臉看顧你，賜你平安。"

並且註明：這是上主命令摩西交代其兄亞倫和他的子孫，給以色列選民祝福的話（民數記六：22）。又附帶指出：亞倫的子孫（祭司階級）如果奉耶和華（上主）的名祝福以色列人的話，耶和華（上主）也會賜福給他們（民數記六：27）。所以上列的"祝禱"（祝福辭），遠在摩西、亞倫的時代就已被使用。先是用於「會幕」的敬拜聚會中，而後用於「耶路撒冷聖殿」以及各地「會堂」的禮拜。從《利未記》（九：22）的記述見之，祭司亞倫於主持「贖罪祭」、「燒化祭」與「平安祭」之後，都要舉手念這一段祝禱辭祝福會眾。

（一）祝禱之意義

在「舊約」中的"祝禱"本意，其主旨不外指出耶和華（上主）的慈愛與恩典時刻與以色列選民同在。"祝禱"主角指定祭司階級（聖品人）之用意，在於藉著祭司階級傳達上主對以色列選民的眷顧。也就是上主對以色列選民的慈愛及保守，通過祭司階級來表達，上主聖名才不至於被褻瀆，此即「猶太教」的傳統見解。雖然《民數記》（六：24-26）的"祝禱"（祝福辭），其結構僅短短三句："願耶和華賜福給你，保護你。願耶和華使祂的臉光照你，賜恩給你。願耶和華向你仰臉，賜你平安。"卻每句開頭均用"耶和華"（上主）聖名冠之，每句又有兩個祝福用語，目的在於強調祝福的效力。而"祝禱"對象雖然用個別的"你"，其實那是以色列選民團契的代名詞，藉以表達團契中的"你"（人人）都能夠領受上主的祝福。明顯地，此一"祭司的祝福"（Priestly Benediction）也是宗教文學之傑作。它不但具有詩歌韻律之美，也具有上主施恩賜福之應許意義。所以令接受祝福的會眾一聽，內心立即充滿了平安、喜樂與信心。

（二）祝禱的神學

《民數記》（六：24-26）的"祝禱"（祝福辭）內容，可以說是「猶太教」典型的神學。因為"祝禱"（祝福辭）的三個句子，每一句均有兩個有關耶和華（上主）的慈愛屬性。

1. 耶和華（上主）是 "賜福音" 與 "保護者"

《舊約聖經》中，到處可見 "上主是賜福之神" 的證言。就像上主賜福亞伯拉罕及其後裔（見：創世記二十二：17-18）。賜福給聽從上主話語的以色列選民（見：申命記二十八：2-6）。又賜福於順從上主的國家（詩篇三十三：12）。

至於 "上主是保護之神" 的信仰告白，在《舊約聖經》中同樣到處可見。尤其是《詩篇》的神學，就始終如此的強調。像《詩篇》（二十三篇）就描述上主是保護羊群（祂的兒女）的大牧者。《詩篇》（二十七：1）指出：上主是人類的拯救者。《詩篇》（一二一篇）更證言：上主是保護國家、民族及個人的神。

2. 耶和華（上主） "臉的光照" 與 "施恩"

耶和華（上主）的臉光照選民與施恩於選民，是「猶太教」所強調的信仰告白。以色列選民有上主的臉光照，才有人生之希望。上主一旦對以色列選民掩面，就是絕望之象徵（見：詩篇二十七：8-9）。光明象徵 "希望"，有了上主的臉光照，人人就沒有絕望之恐懼（見：詩篇二十七：1）。其實 "上主的臉光照"，正表示上主時刻給祂子民大施慈愛及關照，引領他們有光明的前程遠景。

耶和華（上主）的確不斷施恩給其子民，救拔祂的兒女。為此詩人這樣告白："人算什麼？你竟顧念他。世人算什麼？你竟眷顧他。"（詩篇八：4）所以人類之得救係出於上主之施恩，不是出於人類之才能（見：詩篇二十一：1）。罪人得救，也出於上主之恩惠（見：詩篇五十一篇）。所以說，有了上主的施恩救拔，人在上主面前才站立得住。

3. 耶和華（上主）"仰臉看顧"及"賞賜平安"

這一句「祝福辭」直接證言：信仰耶和華（上主）的子民，必蒙上主"仰臉看顧"。其時人生充滿光明面，無懼於苦難與逆境之折磨。耶和華（上主）的選民是不會被人生的困苦擊倒的，因為上主必"賞賜平安"。

"平安"（Shalom）係猶太人的問安用語（撒母耳記上十六：4-5），也是古今「猶太教」所宣示的信仰理念。"平安"涵蓋多重意義，有身體健康之期待（詩篇三十八：3），有民族之安全與堅強（士師記六：23，但以理書十：19）、有長壽之樂（創世記十五：15）、有家道繁榮（詩篇三十七：11，一二七篇）、有上主的保守（詩篇一二一篇）、有事業順利（士師記十八：5-6）、有釋放與自由（以賽亞書五十二：7），以及國家和平沒有戰爭的苦難（士師記四：17，撒母耳記上二十：43）等等期望。為此，現代基督徒也如同猶太人一樣，慣於用"平安"做為問安用語。當然真正的"平安"來自上主祝福，因為上主是"平安"的賜予者（士師記六：24，以賽亞書四十五：7）。所以祭司的祝福辭用"耶和華（上主）賜你平安"做為結語，旨在證言上主給人的"平安"是福中之福！憑這一信念，「基督教」的牧師與長老至今也慣於採用它為基督徒祝福。

二、保羅的祝禱

「基督教」最典型的“祝禱”範例，就是《哥林多後書》（十三：14）這則使徒保羅的祝禱（祝福）。它不但是「基督教」傳統的“祝禱”，也是與基督教神觀（三一神觀）有關的神學內涵。其內容如下：

“願主耶穌基督的恩惠（恩典），

　天父上主的慈愛（慈悲），

　聖神的感動（啟示），

　時常與你們眾人同在。”

在《新約聖經》中，保羅有十三封書信收錄在內。就是：《羅馬書》（16章）、《哥林多前書》（16章）、《哥林多後書》（13章）、《加拉太書》（6章）、《以弗所書》（6章）、《腓立比書》（4章）、《歌羅西書》（4章）、《帖撒羅尼迦前書》（5章）、《帖撒羅尼迦後書》（3章）、《提摩太前書》（6章）、《提摩太後書》（4章）、《提多書》（3章）、《腓利門書》（1章）等。其特色是：每一封書信的結尾都有“祝禱”（祝福的話）。只不過“祝禱”之用語沒有像《哥林多後書》（十三：14）這麼完整（可以比較：羅十六：27、林前十六：23-24、加六：18、弗六：23-24、腓四：23、西四：18、帖前五：28、帖後三：16-18、提前六：21、提後四：22、多三：15、門25）。此外，《新約聖經》中的「公同書信」，其中六封之結尾也都有“祝禱”。

請參閱：希伯來書十三：23、彼得前書五：14、彼得後書三：18、約翰三書15、猶大書25、啓示錄二十二：21。由此足見，"祝禱"也是「基督教」承接「猶太教」之重要傳統，所以時下的牧師、長老施行"祝禱"時，祭司的祝禱（民數記六：24-26）與保羅的祝禱（哥林多後書十三：14）均交互使用。設若有所差別的話，僅是"神觀"以及"祝禱用語"不同而已（即「律法」與「恩典」之差別。見：約翰一：17，"「律法」來自摩西、「恩典」來自耶穌基督"）。

昔日主耶穌從死裡復活向門人顯現的第一句話，就是"願你們平安"（見：馬太二十八：9、路加二十四：36，約翰二十：19）。這不但是一句問安語，也是祝福的話。因爲對主耶穌而言，眞正的"平安"是一種苦得起的應許（參照：約翰十四：27，十六：33）。所以說，耶穌的"願你們平安"的問候語，也是一種祝福。爲此，基督徒也學習主耶穌的樣式，用"平安"來互相問候。也就是說，擁有來自主耶穌眞正的"平安"，就是上主的祝福。

論及保羅的祝禱，尤其是兩千年來教會聖職人員沿用它爲"祝禱辭"之原因，係它具有「基督教」"三一神觀"（Trinity）以及"基督教神學"（Christian Theology）之重要依據。

(一) 保羅祝禱的 "三一神觀"

在「舊約」中"祭司的祝禱"是奉唯一神耶和華（上主）聖名，也即祭司做爲神人之間的中保者角色爲人民祝福。然而使徒保羅的"祝禱"，是奉"聖父、聖子、聖神"的三一眞神聖名給信徒兄姊祝福。在此凸顯「神觀」之差異："威權之上主"（舊約）與"親近人類的天父"（新約）之神觀。

1. 與猶太教神觀之差異

根據摩西律法之規定，"耶和華（上主）聖名"是不能隨便稱呼的（見：出埃及記二十：7）。因此"奉耶和華（上主）聖名"給人祝禱（祝福）者，就是祭司階級之特權。雖然一神信仰（monotheism）的「猶太教」（Judaism）所證言之神是："賜福、保護、光照人、恩賜人、看顧及賞賜平安"的獨一眞神，可是耶和華（上主）實在太過威嚴而難以親近。只有祭司階級才能夠成爲神與人之間的中保者，既可代人獻祭於耶和華（上主），亦有"奉耶和華（上主）聖名"給人祝禱（祝福）之權柄。然而耶穌基督所啓示之神是一位人類的"天父"，人人是可以親近祂，又可以個別向祂祈求之神（見：馬太六：9-15，七：7-12）。曾經是反對基督教又是法利賽人的保羅，特別採取希臘哲學思惟的方法論，來強調「基督教」的三一神觀和「猶太教」一神論神觀之不同處，此即"三位一體論"（Trinity）神觀之由來。

2. 保羅的祝禱凸顯三位一體神觀

「基督教」是一神主義（monotheism）的宗教。從神觀的本質言，「基督教」的唯一神上主與「猶太教」是雷同的。問題是：「猶太教」的唯一神（自然而然的耶和華上主）具有游牧民族之族長文化（patriarchal culture）之背景，因此既是以色列民族之神，也是具有威權而難以親近之神。使徒保羅充分清楚這一點，就秉承主耶穌的教導，強調："上主是天父，人類是兄弟姊妹"（即「上帝國」就是生命共同體）的超民族性國際化神觀。也就是證言：天父上主是可以親近的歷史主權者，慈愛與公義之神（參照：馬太福音書五章至七章「山上寶訓」的教導）。於是保羅採取希臘文化（Greek culture）的思惟方法：一個人有"靈"（spirit）、"魂"（mind）、"體"（body）之三而一組合之理解，證言親近世人具愛與公義的唯一神上主爲欲親近世人，也於歷史過程中啓示祂的"父"（Father）、"子"（Son）、"聖神"（Holy Spirit）的三位一體神性。而且「三一眞神」（Trinity）"聖父"、"聖子"、"聖神"是可以稱呼的"聖名"，有如此之認知才足以表達上主（三而一眞神）是十分主動親近人類及拯救人類之神。保羅就是證言這樣的"三一神觀"，所以才留下這一"奉聖父、聖子、聖神的名"爲眾教會信徒祝福，同時也留下"祝禱"做爲聖職人員之榜樣。這就是"保羅的祝禱"（哥林多後書十三：14）比"祭司的祝禱"（民數記六：24-26）更具超越之處。

（二）保羅祝禱之神學

根據《哥林多後書》（十三：14）的保羅祝禱內容見之，有提及"耶穌基督的恩惠"、"上主的慈愛"及"聖神的感動"之神學意涵。當然這些神學意涵，可以說是使徒保羅祝禱之神學特色，因此必須一一加以分析。

1. 耶穌基督的 "恩惠" （恩典）

保羅是將「基督教」教義系統化的神學大師，他的「祝禱辭」將 "耶穌基督的恩惠" （恩典）排在第一句，的確別具信仰意涵。在保羅看來，耶穌基督的十字架犧牲締造了救贖人類的贖罪（赦免人性軟弱之「原罪」）大功勞。所以 "耶穌基督的恩惠" （恩典），就是贖罪之救恩。然而耶穌基督的救恩是 "重價的恩惠" （Costly Grace），是上主的「道」（Logos）成為人類肉身又自我獻祭（以十字架為祭壇）加以完成的（見：約翰一：1-18，三：16-17）。所以 "耶穌基督的恩惠" 功勞極大，既解除摩西律法之約束，又促成普世罪人與天父上主復和（見：羅馬書三：21-26，五：1-11）。

2. 天父上主的 "慈愛" （慈悲）

天父上主是 "慈愛的神" ，這樣的認知保羅用其「祝禱辭」來加以強調，旨在提醒基督徒不可辜負上主的慈愛。上主就是愛，有愛的所在就有上主同在。這點也是「公同書信」作者之一的長老約翰（John the Elder）再三的強調（見：約翰一書四：7-21）。然而 "上主的慈愛" 是針對救拔普世人類的一種 "無條件的愛" （Unconditional Love，即希臘文的 "Agape" ），以及 "犧牲的大愛" （Great Sacrificial Love）。《約翰福音書》（三：16-17）及《羅馬書》（三：23，五：6-8），就是 "上主的慈愛" 之最佳註解。因此基督徒回應 "上主的慈愛" 之行動，就是在有生之年 "善用生命、與上主同工" 。

3. 聖神的"感動"（同在）

　　保羅用"聖神的感動"爲「祝福辭」之強調，的確有他的期待。那就是期待每一位基督徒若與主結連（見：約翰十五：1-8），都會結出：仁愛、喜樂、和平、忍耐、慈悲、善良、忠信、溫柔及節制的社會倫理果實（見：加拉太書五：22-23）。如此之認知委實和一般基督徒所謂："聖神的感動"即說方言、做靈禱、唱靈歌、看異像，以及靈醫治病等等現象大大的不同。所以說，"聖神的感動"不是一種自我陶醉或獨善其身的經驗，而應該是一種做"世上的光"與"地上的鹽"（馬太五：13-16）的服務社會人群之兼善天下行動。也就是和基督徒生活倫理有關的品格，以及修養之力量來源。

結語

　　從上面的探討，可以瞭解保羅祝禱之淵源與「猶太教」的祭司階級的祝禱有關，尤其是《民數記》（六：24-26）這一傳統。只是保羅祝禱的神觀有別於祭司祝禱神觀之認知。因爲他強調"三一神觀"："奉父、子、聖神"之聖名祝禱。所以說，保羅祝禱之神觀，就是建構於「上帝國」（上主是天父、人類都是兄弟姊妹）這一生命共同體的基礎上。雖然在長老教會的禮拜儀式中只有牧師與長老才可以舉手給會眾祝禱，其實一般信徒也可以於不舉手的情況下，宣讀《哥林多後書》（十三：14）這則經文爲人祝禱。因爲"信徒皆祭司"，基督徒奉"聖父、聖子、聖神"的聖名祝福人，就是一種教人認識三一真神的宣教行動。

十八 信徒皆祭司

> "就如身子是一個，卻有許多肢體；而且肢體雖多，
> 仍是一個身子；基督也是這樣。我們不拘是猶太人，
> 是希臘人，是為奴的，是自主的，都從一位聖靈受
> 洗，成了一個身體，飲於一位聖靈。身子原不是一個
> 肢體，乃是許多肢體。設若腳說：「我不是手，所以
> 不屬乎身子。」它不能因此就不屬乎身子。設若耳
> 說：「我不是眼，所以不屬乎身子。」它不能因此就
> 不屬乎身子。若全身是眼，從哪裏聽聲呢？若全身是
> 耳，從哪裏聞味呢？"

哥林多前書十二：12-27

　　普世基督徒均認同「教會」（ecclesia）不是一座建築物，而是一個"受揀選者"的生命共同體（Life Community）。更貼切地說，就是一個奉主耶穌聖名而"受召"（受揀選）、"重生"（得永生）、"稱義"（在恩典下受接納）與"成聖"（活在基督裡）的神聖共同體（Holy Community）。因此對「基督教」（Christianity）而言，「教會」（Church）就是一個"團契"。

　耶穌——宗教重擔的釋放者

此一"團契"雖然處於世俗化的社會中,卻是超越世俗社會,而且是入世去"為光為鹽"服務世人,藉以榮耀上主的(見:馬太五:13-16)。為此,「教會」真正的元首是耶穌基督(Jesus Christ),其"團契"如同耶穌基督的身體(見:以弗所書五:23-24, 29-30)。這點正是基督徒始終稱呼:"耶穌基督是主"的原因所在。

然而「教會」畢竟是個基督徒組成的"團契",因此有設置:"牧師"(Pastor)、"長老"(Elder)、"執事"(Deacon),以及由制度化所出現的"小會"(Session)、"中會"(Presbytery)、"大會"(Synod)、"總會"(General Assembly)等教會組織。以上為「長老教會」(Presbyterian Church)的教會組織體制,為管理上的方便而設置者。至於普世教會之組織體制,可大約歸納為:「主教制」(Bishop Order),又稱「監督制」。「長老制」(Presbyterian Order),係以牧師及長老構成的代議制。「會眾制」(Congregational Order),教職及信徒組成的獨立行政體制。這些不同體制之目的,旨在依其教會體制各自發揮宣教功能,有效宣揚基督福音於社會中。進而維護教會秩序,培養基督徒個個都能榮神益人。畢竟"信徒皆祭司",此即十六世紀宗教改革的三大口號之一。

一、有關經文的教導

《哥林多前書》(十二:12-27)的經文,係保羅寄給希臘半島港口都會哥林多（Corinth）的首封書信。其教導之原意是：教導哥林多教會信徒兄姊勿再私分黨派，諸如"保羅黨"、"亞波羅黨"、"彼得黨"或"基督黨"等等。「教會」之發展貴在主耶穌的名下大家團結，目標一致，不可紛爭（見：哥林多前書一：10-13）。教會發展是在制度化教會之下，發揮聖神（Holy Spirit）給各人的恩賜來完成的。

"基督（教會）就像一個身體，卻有許多肢體。雖然身體有許多肢體，到底還是一個身體。同樣，咱無論是猶太人或是外邦人，作奴隸的還是自由公民，都從一位聖神受洗而成為一個身體，共享一位聖神。"（十二：12-14）

這個"身體"的元首是基督，而"身體"的各部門肢體如同信徒的不同族群及角色（猶太人、外邦人、奴隸與自由民）。不同的肢體均隸屬於一個身體──耶穌基督，各肢體當要發揮個別作用，才有健全的身體。

（一）保羅的人體功能教會觀（十二：15-27）

毫無疑問的，保羅用上列經文（十二：12-14）為比喻教導哥林多教會信徒兄姊必須團結合作，委實人人均可明白其中意義。從（十二：15-27）的內容見之，可以發現保羅不厭其煩的詮釋其"人體功能教會觀"。

"如果腳說：「我不是手，所以不屬於身體。」它不能因此就不是身體的一部份。如果耳朵說：「我不是眼睛，所以不屬於身體。」它不能因此就不屬於身體的一部份。如果全身是眼睛，怎能聽？如果全身是耳朵，怎能嗅？然而上主按自己旨意將那些不同肢體都安置於人的身上。如果那些肢體都一樣，怎能算是身體？其實肢體雖然許多，身體卻只有一個。」（十二：15-20）

有了上述之認知，保羅接著指出肢體之功用在於合作無間。所以眼睛與手、頭與腳，不能缺一。身體上的弱勢肢體，更要加以愛護。不雅而難看的部份，當然要關注及裝飾。也就是說，上主安排美觀的人類肢體，來榮耀那些不大美觀者，好教肢體完整而不至於分裂，進而使各不同的肢體互相關懷。所以：

「一個肢體受苦，所有肢體就一同受苦。一個肢體得榮耀，所有肢體就一同快樂。」（十二：26）

由此可見，使徒保羅的"人體功能教會觀"詮釋得實在恰到好處，哥林多教會的信徒兄姊應該能夠領悟。「教會」"元首"是耶穌基督，團契中各個信徒兄姊就是功能不同的"肢體"。「教會」之所以能夠活動及發展，在於順服"元首"的指揮而使"肢體"互相合作。所以說，「教會」這個神聖共同體之肢體成員個個重要。一旦團結會發揮其不同功用，「教會」的身體就健康，信徒個個都能夠成為引導人人親近上主的祭司。

（二）關於教會的體制 （十二：28-31）

「教會」的元首是基督，其中成員的兄弟姊妹均為基督的"身體"及其中的"肢體"。那麼「教會」為何需要各種"制度"？關於這個問題，保羅也有所說明：

> "在教會裡，上主使人各得其所。他所安排的，第一是行神蹟的，再次有治病能力的。此外還有能夠幫助別人的，能夠管理事務、能夠講靈語的。他們並不都是使徒、先知、或教師。也不都是有行神蹟、治病、講靈語、或解釋靈語的能力。可是，你們要追求那更重要的恩賜。我現在要指示你們那至善的道路。"（十二：28-31）

對保羅來說，「教會」這個生命共同體的團契，為要維持正常之運作就需要制度化。當代的「教會」制度已有："使徒"（與耶穌有直接關係之門人）、"先知"（當代的巡迴傳教師）、"教師"（駐在教會團契的宣教人員）。至於那些行神蹟、治病行醫、講靈語與繙譯靈語（兩者如同台灣民間的童乩與桌頭）的人，均是具有恩賜之信徒。而後者這一些恩賜性人物往往比使徒、先知、教師在教會團契中更為活躍，因而引起分裂問題。因此保羅強調哥林多教會應該追求更大更美善的恩賜，那就是"愛心"（見：哥林多前書十三：1-13）。這才是「教會」這個屬主團契的"至善道路"（十二：31）。

二、信徒皆祭司

　　"信徒皆祭司"即十六世紀「宗教改革運動」的三大口號之一（其餘兩個是："唯有《新舊約聖經》是信仰準則"與"因信稱義"）。當初宗教改革者馬丁路德（Martin Luther, 1483-1546）與麥蘭頓（Philip Melanchthon, 1497-1560）喊出此一口號之目的，在於反對羅馬大公教會（天主教）認爲主持宗教儀式及向外宣教是教職人員（神甫、修士、修女）之專利。因爲「聖經」明載：

　　　"你們是蒙揀選的一族，是王家的「祭司」，聖潔的國度（上帝國）、上主的子民。上主選召你們離開黑暗，進入他輝煌的光明，來宣揚他奇妙的作爲。"（彼得前書二：9）

　　由此可見，凡是上主子民都是"祭司"，因爲每一位基督徒均有責任宣揚上主奇妙的作爲。《彼得前書》的作者更指出："每一個人（信徒），都是上主各樣恩賜的好經理。"（見：四：10）所以要善用恩賜做"祭司"服務教會與社會。既然"信徒皆祭司"，就關連到「信徒神學」（Theology of the Laity）的問題。

（一）平信徒在教會中之角色

　　在「教會」中的基督信徒有"教職人員"和"平信徒"之分野。前者係指「牧師」與「長老」這兩種受過按立的基督徒而言，後者即指「執事」與「一般信徒」而言。而"平信徒"（layman）源自聖經希臘文的"laos"，也就是"上主的子民"之意。不過在神學上這個用詞係不擔負「教會」之聖職的一般基督徒，此即長老教會體制上之理解。

1. 長老教會之「堂會」、「小會」、「任職會」

「教會」需要有體制，而體制上的組織在於維持教團之秩序。既然「教會」是奉主聖名組成的團契（神聖共同體），其使命不外宣揚基督福音。就「台灣基督長老教會」（The Presbyterian Church in Taiwan）之組織體制言，係以「長老會」（Presbytery）為行使其教區運作之核心，也即"長老教會"名稱之由來。在台灣的「長老會」，於習慣上稱做「中會」，而「中會」由地區性的不同「堂會」組成。

（1）堂會

凡是受洗正式成人會員及經濟能力符合規定的獨立教會，就是「中會」（長老會）所認可的「堂會」。「堂會」每年一次舉行定期的「會員大會」（和會），聽取牧師、長老、執事、各級幹部之報告，並且接受會員質詢。同時審核年度預算、會員提案及臨時動議。另一個重要功能，就是召開"臨時會員大會"（和會）選舉牧師、長老及執事（通常三年一個任期）。

（2）小會

一個「堂會」之最高行政機構，就是「小會」

（Session）。「小會」係由牧師（牧會長老）及長老（治會長老）組織而成，負責治理「堂會」行政事務。就如：選聘牧師、接納成人及小兒會員、執行聖禮典（洗禮及聖餐）、任命各級幹部負責人、會員籍移入及遷出、會員信徒獎懲、推動宣教事工（會友採訪及對外佈教）、派遣參與「中會」、「大會」及「總會」之代議長老、國內外友好教團之交際等等。

（3）任職會

由「堂會」（或「支會」）及「佈道所」的牧師、長老、執事、各級幹部（主日學校長、嵩年團契會長、婦人會會長、青年團契會長、少年團契會長等）所組成。於每月定期召開會議（也有兩個月定期及不定期召開者），報告各部會事工進度、計劃，以及收支情況。「任職會」主持人為駐堂牧師，也可推派長老擔任。

2. 長老教會之「中會」、「大會」、「總會」

台灣基督長老教會的組織體制有：「中會」、「大會」及「總會」，其中以「中會」（長老會）為教會體制之基礎。為要瞭解其組織體制功能，茲一一簡介如下：

（1）中會

監督屬下地區性各「堂會」之運作，任命及派遣甫自神學院畢業的傳道師。派員（一牧師、一長老）監選屬下「堂會」之牧師。執行台灣基督長老教會之《憲法、規則、條例》。一年一次定期會議（由屬下之牧師及代議長老為議員），獨立運作一切中會內部行政事務。

（2）大會

台灣基督長老教會原有「南部大會」（英國長老教會開拓之大甲溪以南教區）及「北部大會」（加拿大長老教會開拓之大甲溪以北教區）兩個「大會」。1951年3月7日成立第一屆「總會」於台北市雙連教會，「南部大會」從此走入歷史，只保留「北部大會」（主要是固守北部教會財產，理由是北部教會比南部弱勢）。從此南北長老教會的合一精神變得不完整。「北部大會」繼續於每年開會一次，管理「北部大會」的教團財產與台灣神學院、眞理大學、馬偕醫院及其屬下的醫學院及護理學院之經營。

（3）總會

1951年台灣基督長老教會成立「總會」，目的在於響應1948年在荷蘭Amsterdam首屆召開「普世教會協會」（World Council of Churches, 簡稱：W.C.C.）的世界基督教會合一運動（Ecumenical Movement）。「南部大會」從此廢止，僅保留自認弱勢的「北部大會」。是年首屆「總會」也決議加入「普世教會協會」（W.C.C.）以示參與普世基督教會之合一運動。「總會」主要功能是：對內領導傳道事工等23個組織，對外從事國內外友好教團之交際及合作。

儘管長老教會有上列之教團組織體制，然而眞正推動事工運動者，就是教團的全體平信徒。畢竟長老教會的信徒皆

「祭司」，牧師、長老、執事及各級幹部，均由 "平信徒" 產生。

（二）平信徒之使命

　　現代的基督教會，於實質上言應為 "平信徒" 的教會，如此才符合 "信徒皆祭司" 之基本精神。所有基督徒既都是「祭司」與時代的「先知」，他們就應該具備做 "世上的光" 及 "地上的鹽"（馬太五：13-16）之角色，去服務教會與社會。也就是說，基督徒個個都是上主的同工，他們有宣揚福音以及服務社會之祭司職份（Priesthood）。基督徒引導人到上主面前接受真道，使人成為上主兒女，這正是 "祭司職份" 之實踐。為社會人群爭取人權、族群平等、社會福利等等社會公義之行動，就是為別人而活，大公無私的 "先知職份"（Prophethood）。由此可見，"祭司職份" 與 "先知職份" 並不是牧師及長老（被按手的聖職人員）之專利。耶穌基督的「聖會」（上帝國的生命共同體），是全體基督徒的 "大家庭"（上主為天父，人類皆兄弟姊妹）。因為如此，基督徒個個都是 "家庭成員"，所以「聖會」（教團）之經營，已經不是牧師、長老和執事的職責而已，而是大家的責任。

1. 教會是耶穌基督的身體

　　雖然形式上的「教會」是個教團屬下的機構，而且是有形宗派之一。諸如：長老教會（Presbyterian Church）、信義會（Lutheran Church）、聖公會（Episcopal Church）、衛理公會

（Methodist Church）、浸信會（Baptist Church）等等教團。可是實質上的「聖會」是耶穌基督的身體，是以祂的寶血救贖的團契（Holy Community）。此一"蒙召的團契"（Ekklesia），是一個具備多種恩賜基督徒結合的基督身體。如此理解當然超越希臘文那種"召集社團"（ĕkkaŋe）的意義，以及「教會」的有形建築物及其組織體制。「教會」（聖會）的元首是耶穌基督，不是牧師與長老。如果「教會」（聖會）的主人是牧師與長老的話，其經營及事工就不必信徒操心。早期希臘半島的哥林多教會因有這種不正確之認知（見：哥林多前書一：10-13），才會有使徒保羅對哥林多教會信徒的這一段教導（見：哥林多前書十二：11-13）。

「教會」既然是基督的身體，肢體就是信徒兄妹。所以要互相結連合作無間，才能夠使此一富有生命的有機體長進。因此"平信徒"使命意識之啓發，就是與基督（教會元首）結連爲一體（見：以弗所書五：23, 29-31），而後結果子多多（見：約翰十五：1-5）。"平信徒"如果只和牧師、長老、執事結連，他們非但無法結出美好果子，可能因意氣用事導致紛爭、結黨、以至脫離教團破壞教會團結合一。這點應該時刻警惕！

2. 以平信徒為主體的教會觀

真正代表基督教會在世俗社會產生影響力者，並非牧師與長執，而是做爲"耶穌基督大使"的一般信徒。一般"平信徒"除了做禮拜外，都活躍於自己的職域。他們從事自己的工作，相等於與上主同工。因此不管是農夫、勞工、商人、醫師、教師、軍人、工程師等等人士，都是上主的管家。他們在賴以謀生的職域工作，就是與上主同工服務社會，其貢獻如同服務於教會的專職牧者。這麼說，"平信徒"在社會上的角色是如同「小基督」一樣，其一舉一動都在爲基督的愛與服務做見證。如此一來，"平信徒"的「社會生活」和「教會生活」是分不開的。

以往許多基督教宗派只把「教會」（聖會）局限於靜態，又故步自封的"蒙召的團契"觀念中，以致與世俗社會完全隔離。這種孤立主義，哪能夠發揮耶穌所叮嚀的"爲世光與地鹽"及"榮神益人"（見：馬太五：13-16）之生活見證呢？荷蘭著名的平信徒神學家克雷瑪（Hendrick Kraemer, 1888-1965）就力主：新約時代的教會觀，尚有比"聚會的教會"（ekklesia）更進一步的理解，那就是"分散的教會"（diaspora）之存在。即謂："分散的教會"（diaspora）者，就是"平信徒"在其家庭和職域所建立的。原來新約時代的教會因爲受到「猶太教」（Judaism）及羅馬殖民政府的迫害只得分散於各地，以至進入地下活動，難得有固定的地方集合聚會。可是基督徒並不因受迫害而停止聚會及宣教，反而分散於各處積極佈道設教。「教會」從此在信徒的家庭、在曠野、以至躲入地下墓穴中繼續聚會，擴展教勢。由此可見，"聚集的教會"及"分散的教會"同樣重要。而後者更是以"平信徒"爲主於各地及不同職域中見證福音。就時下的場合言，固然主日禮拜的聚會（聚集的教會）按時日舉行，然而主日禮拜結束散會之後就是受差遣於家庭及職域中成爲“分散的教會”榮神益人。畢竟基督徒個個都是耶穌基督的代表人物，是上主國度的欽差大臣。

結語

　　“信徒皆祭司”，也可以說“信徒皆先知”，這是改革教會（Reformed Church）之傳統認知。現代人的社會生活講求時效、注重實際。因此時下的基督教會若要發揮“爲光爲鹽”的宣教功能，單單靠牧者（牧師、教師、傳道師）及長老與執事的對內事奉是不夠的。爲此一般“平信徒”的參與（分散的教會），就顯得格外重要。期望這個“信徒皆祭司”（包括“信徒皆先知”）的論題之探討，使長老教會全體信徒兄姊更加清楚自己的管家職份爲何。同時明白「教會」（聖會）功能不但有“聚集的教會”，也有“分散的教會”。而後者正是“平信徒”的重要受托使命，是「上帝國」這一生命共同體能夠與上主同工，使基督的博愛、公義、人權，藉著“分散的教會”實踐於他們所處的社會中來榮神益人。

2011.07.31

活在基督裡

"耶穌説：「我就是生命的糧。到我這裏來的，必定不餓；信我的，永遠不渴。只是我對你們説過，你們已經看見我，還是不信。凡父所賜給我的人必到我這裏來；到我這裏來的，我總不丟棄他。」"

約翰六：35-37

基督教的「復活節」往往只強調耶穌死後三天復活的神蹟、奇事，或凸顯你我所信的主耶穌永遠活著，是得勝死亡的復活又勝利的基督。從而忽略基督復活與人類的關係，尤其是對基督徒生活之影響。為此以「活在基督裡」為題來闡釋基督復活的教義，以及基督徒的信仰經驗。

改革教會（Reformed Church）的「聖禮典」僅有 "洗禮" 與 "聖餐" 這兩個，因此不同於羅馬大公教會（Roman Catholic Church，即天主教）有七個「聖禮典」，那就是：

1. 聖洗禮——入教重生之禮儀。
2. 堅振禮——信仰成長禮儀，為有過小兒洗者施行。
3. 告解禮——赦罪禮儀。

4. 聖餐禮——領受彌撒聖體之禮儀。

5. 終傳禮——為臨終者傳油之禮儀。

6. 聖秩禮——神品授職之禮儀。

7. 婚姻禮——男女婚配之禮儀。

改革教會強調"洗禮"與"聖餐"為教會主要禮儀，旨在凸顯復活的基督之救贖教義。這兩個「聖禮典」之意義，保羅有充分的發揮："洗禮"象徵人類具原罪之人性與主耶穌一同死亡、埋葬，從而與主耶穌一同復活而獲得「新生命」，也即「重生」（見：約翰三：3, 7-15）。更是保羅所強調的「新創造」之象徵（見：哥林多後書五：17）。而"聖餐"象徵分享耶穌的生命（以麵包及葡萄汁為象徵記號）。因為耶穌是"生命之糧"。人要"活在基督裡"，就是用"聖餐"此一重要之「聖禮典」為其象徵。為要闡釋這一重要真理，在此用《約翰福音》（六：35-37）做為引子來加以探討。

一、《約翰福音書》的聖餐觀

在《新約聖經》（*New Testament*）中的四卷「福音書」（馬太、馬可、路加、約翰），前三卷均明載耶穌和十二位門人於最後的"逾越節晚餐"時設立「聖餐」（見：馬太二十六：17-30，馬可十四：12-16，路加二十二：7-20），藉以表明自己將成為替人類贖罪的"上主羊羔"（見：約翰一：29, 36）。使徒保羅的「聖餐觀」也以"逾越節晚餐"為基礎，去闡釋有關「聖餐」的教義（見：哥林多前書十一：23-25）。雖然第四福音書（即《約翰福音書》）有提及耶穌和十二位門人共享"逾越節晚餐"（最後晚餐）之事，卻無記載設立「聖餐」之細節（見：約翰十三：21-30）。最值得留意的一件事，就是《約翰福音書》的作者用：五個餅兩條魚養飼五千人的神蹟，來闡釋他的「聖餐觀」這件事。目的只有一個，就是證言：耶穌是"生命之糧"（活命的餅），他除了足以養飼昔日五千個猶太同胞吃飽外，也要繼續養飼歷史上千千萬萬的人類！

（一）耶穌與五千人守聖餐

《約翰福音書》（六：35）的這節經文，明白指出耶穌真切之宣告：

> "我就是生命的糧食，到我這裡來的永遠不餓，信我的永遠不渴。"

耶穌做此宣告之背景，就是祂行了以五餅二魚養飼五千人的神蹟之後所做的宣告。如果詳細閱讀《約翰福音書》（六：1-14），就清楚耶穌行神蹟的經過。因為耶穌在加利利一地行了許多治病的神蹟之後，許多人跟從祂。接近逾越節時耶穌渡過加利利湖，仍然有一大群人跟從祂，就問門人腓力（Philip）：到那裡買食物來餵飽這群人？腓力認為要費兩百塊銀子也不夠買食物去餵飽他們。其時彼得（Peter）之弟安德烈（Andrew），立即引介一位帶著五個大麥餅和兩條煮好的魚之年輕人給耶穌。耶穌吩咐門人協助人群坐於山坡的草坪上，單單男人大約就有五千！耶穌就以這些魚和餅祝謝之後分給眾人，眾人均一一吃飽。為了不蹧蹋糧食，門人收拾吃剩的餅碎達十二個籃子之多！其時眾人給耶穌所作所為的回應是："這個人一定是上主派到世上來的先知。"（六：14）

　　次日這群吃過魚餅神蹟的部份人群又在加利利湖對岸的迦伯農（Capernaum）找到耶穌。耶穌直接指出他們找祂的動機，係出於看神蹟與吃餅而已。於是耶穌進行機會教育，要他們努力去追求"永生之食物"為要，那就是來自天父上主所賞賜的「真糧」。猶太人誤以為來自天上的糧食就是昔日摩西時代上主在曠野所降下的"嗎哪"（manna）。耶穌的回應是："我就是生命的糧食。"（見：約翰六：25-35）

（二）耶穌是永生之糧

　　《約翰福音書》的作者強調：耶穌不僅能用五個大麥餅與兩條魚來養餇五千個大男人（不包括婦女兒童），祂更是一位來自天父上主之人類最需要的"真糧"（永生糧食）。這等於是說，耶穌變魚餅餇五千人的神蹟，就是和昔日的五千人守聖餐。並且要餵養凡是"在基督裡"的人群獲得靈性上的飽足。因為耶穌是"生命之糧"，凡相信祂的人必有永恆的生命（見：約翰三：16-17）。耶穌說過："人活著不能單靠物質上的食物，是要靠著上主的真理而活。"（參照：馬太四：4）為此《約翰福音書》的作者大力證言：耶穌正是使人類不至於挨餓的"真糧"或"永生之糧"（見：六：35, 48, 58）。

對《約翰福音書》的作者而言，耶穌用五個大麥餅和兩條魚養飼五千個男人的神蹟，如果只以過去的故事去理解的話，耶穌不過是一位會"變把戲"的魔術大師而已。問題不在於食物的餅與魚上面，而是在於"耶穌是永生之糧食"，祂足以使千千萬萬人類之靈性獲得飽足這點。為此耶穌宣告：

> "我就是生命的食糧。你們的祖先在曠野吃了嗎哪，還是死了。但是那從天上降下來的食糧是使人吃了不會死的。我就是從天上降下來那賜生命的糧食，吃了這糧食的人永遠不死。"（約翰六：48-51）

　　這段證言明白指出來自天上的"永生糧食"是一位活生生的人格，那就是主耶穌。耶穌能夠解決人類精神生活的飢渴，所以是超越昔日的"嗎哪"以及那五個餅兩條魚的食物，此即作者約翰見證之中心信息。更令人震撼的，就是"永生之糧"的主耶穌是可以給信徒吃的精神糧食。所以主耶穌才宣告說：

> "我所要賜給人類的糧食就是我的肉，是為了要使世人得到生命而獻出的。"（見：約翰六：51）

　　昔日猶太人聞訊耶穌用自己的肉給人吃這件事，覺得不可思議而引起劇烈爭論。其實耶穌所指者，正是「聖餐」之用語。爲的是耶穌在十字架上的犧牲如同逾越節的"羊羔"之肉使猶太人享用一樣。只因耶穌是來自"上主的羊羔"，是擔當世人原罪的犧牲者（見：約翰一：29, 35）。所以才說，凡吃了"上主羊羔"的血肉者就有永生，在末日也要復活。

> "我（耶穌）鄭重的告訴你們，如果你們不吃人子的肉、喝他的血，你們就沒有眞生命。吃我肉，喝我血的，就有永生，在末日我要使他復活。我的肉是眞正的食物，我的血是眞正的飲料。那吃我肉、喝我血的，常在我生命裡，而我也常在他的生命裡。"（見：約翰六：53-56）

這一段經文是道地的「聖餐」用語，也可以說是耶穌和十二個門人及五千位男人守聖餐（用五餅二魚）之具體說明。因爲耶穌是"生命之糧"，基督徒才於「聖餐」的儀式中吃"耶穌的肉"（用麵包象徵）、喝"耶穌的血"（用葡萄汁象徵），來分享主耶穌的生命，經驗生之勇氣！當然這段經文若不加以詮釋，就容易被教外人士誤解基督徒是"吃人肉"的野蠻人，也如同原始社會人類的一種"吃人肉儀式"（cannibalism）一樣。

二、活在基督裡的經驗

從上面的探討，人便可以明白《約翰福音書》的作者用"五餅二魚飼五千人"之神蹟，來證言主耶穌是來自天上的

「真糧」，也是"生命之糧食"。並且賦予基督教「聖餐」的意義，教一切相信主耶穌的世人都有"活在基督裡"的經驗。基督徒個個都要有"活在基督裡"的經驗，使徒保羅（Paul）認為"活在基督裡"（living in Christ）的經驗，即"新創造"的一種擁有及擺脫原罪之新人性：

> "無論是誰，一旦有了基督的生命，就是新創造的人。舊的已經過去，新的已經來臨了。"（見：哥林多後書五：17）

事實上，保羅的所謂"新創造"，也就是《約翰福音書》作者所指的"重生"（三：3, 5-7）、"永生"（三：16）以及"復活"（十一：25-26）之人性改造。質言之，就是"人性"之更新。人性的"原罪"因耶穌基督之救贖，而被擦消改變的意思。所以基督徒一旦生活於"基督裡"，在現實的生活中即可經驗"永生"之實存，不必等到人死後才擁有"永生"。所以耶穌才說：

> "復活（永生）在我，生命（人性更新之生命）在我。信我的雖然死了也必復活（獲得永恆的生命）。凡活著信我的人，必永遠不死。"（約翰十一：25-26）

所以"活在基督裡"的人生是光明的，是基督徒信仰生活的重要經驗。那麼人人如何"活在基督裡"，就必須要有下列之信仰生活經驗。那就是藉著接受教會「聖禮典」的「洗禮」與「聖餐」，以及禮拜上主及生活上棄舊迎新的悔改（重生）經驗。

（一）「洗禮」之經驗

　　基督徒進入聖會成為正式會員（小兒會員及成人會員）之第一步，就是接受"洗禮"。為什麼說"洗禮"是活在基督裡的經驗之一呢？關於這點，使徒保羅有所解釋。他教導昔日羅馬教會的信徒有關"洗禮"之意義時，有下列的一段話：

> "豈不知我們這些受洗禮歸入基督耶穌的人，是受洗禮歸入他的死嗎？……藉著洗禮歸入死，和他（耶穌）一同埋葬，原是叫我們一舉一動有新生命的樣式，像基督藉著天父的榮耀從死裡復活一樣。我們若在他死的形狀上與他聯合，也要在他復活的形狀上與他聯合。"（見：羅馬書六：3-5）

　　所以說，"洗禮"就是活在基督的生命裡，也即"舊人性"與基督同死與同埋葬，"新人性"與基督一同復活的重要經驗。也可以這麼說，"洗禮"在於與基督合而為一，擁有基督復活的永恆生命（見：加拉太書三：27）。為此保羅才告白說：

> "我活著，是為基督，我死了，更有益處。"（見：腓立

比書一：21）

保羅又自我告白說：

"現在活著的，不再是我，乃是基督在我（人格）裡面活著。"（見：加拉太書二：20）

為此，凡是"活在基督裡"的基督徒，因為與主一同復活，所以有"生死相安"的生存經驗。

（二）「聖餐」之經驗

「聖餐」是教會重要的聖禮典之一，係以"麵包"象徵基督的聖體，"葡萄汁"象徵基督為「新約」所立的寶血之記號，而兩者均象徵基督的生命。基督徒吃「聖餐」，相等於分享基督之永生，也是"活在基督裡"的戲劇性經驗。關於這點，《約翰福音書》的作者非常寫實地指出：

"我的肉（麵包）是真正的食物，我的血（葡萄汁）是真正的飲料。那吃我的肉，喝我的血的，常在我生命裡，而我也在他的生命裡。"（見：六：55-56）

所以說，當基督徒持守「聖餐」之時，乃是獲得來自基督的"生命力"（vital force），分享基督"永生糧食"（Eternal Food）的重要經驗。

由此見之，耶穌做爲基督徒的"永生糧食"，是用「聖餐」這種牧師主持的神聖戲劇來加以表達的。而基督徒持守「聖餐」的另一個意義，就是省察自己的人性軟弱，從此重新振作去善用生命，與神同工。質言之，「聖餐」使咱這群受救贖之罪人能夠"活在基督裡"。從而積極人生，進而獻身爲"活祭"（見：羅馬書十二：1-2）。凡是跟隨基督的人，因爲擁有基督的活命（永生），雖然處身於患難逆境中也有平安與喜樂，因爲他苦得起。如果說「洗禮」是基督徒"稱義"（罪得赦免而重生）的記號，就「聖餐」（來自基督的永生糧食）正是"成聖"（活在基督裡）的實際經驗。

（三）信仰生活的表現

基督徒於「聖禮典」（洗禮及聖餐）的戲劇性禮儀之中體驗"活在基督裡"，這可以說是十分直接的禮拜經驗。然而基督徒在日常生活中也要"活在基督裡"，畢竟基督徒的言行舉止也要"活出基督"，做一基督福音的活標本。耶穌在『山上寶訓』之中，就勸勉跟從者要以日常生活榮耀上主。

> "你們的光（信仰生活之表現）也該照在眾人的面前，使他們看見你們的好行爲，來頌讚你們在天上的父親。"
> （見：馬太五：16）

所以耶穌於『山上寶訓』的結語裡就做告跟隨者，勿單單用"嘴巴"讚美主以及大力呼叫主名，就是僅僅熱心敬拜上主而已。若非實踐天父旨意者，其敬拜也是徒然，他們是無法"得救"的：

> "那些稱呼我：『主啊，主啊』的人，並不都能夠進入天國。只有實行我天父旨意的人才能夠進去。在末日來臨的時候，許多人要對我說：『主啊，主啊，我們曾經奉你的名傳福音，也曾經奉你的名趕鬼、行很多神蹟。』那時我要對他們說：『我從不認識你們，你們這些作惡的（教棍），走開吧！』"（見：馬太七：21-23）。

耶穌的警告，明顯指出基督徒不能單單用他的嘴巴敬拜天父上主，也必須以行為來證言他的信仰生活，那就是"活在基督裡"去實行天父旨意。這點正是使徒保羅要求基督徒要"做活祭"（as a living sacrifice）為真實敬拜上主之理由所在（見：羅馬書十二：1-2）。其實《羅馬書》十二章的內容，正是保羅心目中"活在基督裡"的信仰生活典範。總要"以善勝惡，不要被惡所勝"，就是基督徒之應有信德（見：十二：21）。對保羅而言，"信心"、"盼望"及"愛心"之實踐，是基督徒信仰生活應該具備的條件（見：哥林多前書十三：13）。其中"愛心"之實踐最為重要。因為用嘴巴宣揚基督福音，絕對比不上"愛心"之實踐。此即"活在基督裡"的有力見證。

結語

　　在《新約聖經》二十七卷的經文中，使徒保羅之作品就佔了十三卷之多。而這些書信的內容均在強調："活在基督裡"的經驗，尤其是強調"信心"、"盼望"及"愛心"（包括愛敵人）的信仰品德。雖然引用《約翰福音書》（六：35-37）的"耶穌是生命之糧"之教導，來思考這本福音書的「聖餐觀」，探討基督教「聖禮典」（洗禮與聖餐）那些象徵"活在基督裡"的意義。然而此一"活在基督裡"的用語，是使徒保羅的神學所強調者（就如：人若在基督裡就被"新造"的教導）。保羅又用"活祭"以及"愛心之實踐"來闡釋"活在基督裡"的經驗，可以說最為恰當。

上主藉著摩西頒佈律法，但恩典和真理都是藉著耶穌
基督來的。

約翰一：17

For the law was given through Moses, but grace and truth
came through Jesus Christ.

John 1: 17

1 基督教經典

《新舊約聖經》

> "全部聖經是受上主靈感而寫的，對於教導真理，指責謬誤，糾正過錯，指示人生正路，都有益處，聖經都是上主所默示的（或譯：凡上主所默示的聖經），於教訓、督責、使人歸正、教導人學義都是有益的，要使事奉上主的人得到充分的準備，能做各種善事。叫屬上主的人得以完全，預備行各樣的善事。"
>
> *提摩太後書三：16-17*

「基督教」（Christianity）的經典稱爲《新舊約聖經》（*The Holy Bible*），係由 39 卷的《舊約聖經》（*Old Testament*）以及 27 卷的《新約聖經》（*New Testament*）所組成。這部經典爲普世 20 多億基督徒所共同奉行之信仰依據，而且是世界三大基督教教團：「羅馬大公教會」（Roman Catholic Church 天主教）、「東方正統教會」（Eastern Orthodox Church）及「改革教會」（Reformed Church, or Protestant Church）的共同不變之經典。

「經典」（Scriptures）是一種宗教人所信奉之"信仰語言"，普世宗教人各有他們自己不同之經典，諸如：

1. 波斯教經典：《Avesta》

2. 猶太教經典：《Tanakh》（律法、先知、文集）

3. 伊斯蘭教經典：《Quran》（古蘭經）

4. 印度教經典：《Vedas》（吠陀經）

5. 耆那教經典：《三部經》（聖行經、入諦義經、瑜伽論）

6. 錫克教經典：《Guru Granth Sahib》

7. 儒教經典：《四書五經》

8. 道教經典：《道藏》（三清經：洞真、洞元、洞神）

9. 佛教經典：《Tripitaka》（《三藏》：經藏、律藏、論藏）

10. 神道教經典：《古事記》與《日本義》

　　唯獨基督徒以《新舊約聖經》這部經典爲上主的啓示，是信仰依據。只是羅馬大公教會、東方正統教會，以及十六世紀宗教改革以後的改革教會，對於「聖經觀」均有不同的認知。前兩者以教會傳統視同具「聖經」一樣的權威，改革教會唯獨尊奉「聖經」爲信仰準繩及依據。也就是說：《新舊約聖經》被改革教會視爲基督徒信仰生活的絕對權威，此即十六世紀宗教改革時代的三大口號之一（其餘兩個口號是："因信稱義"及"信徒皆祭司"）。此一口號的基本精神，顯然與主耶穌的「聖經觀」有所關係。因此論及「聖經」權威的問題，就必須先予探討耶穌對於當代「猶太教」（Judaism）經典的看法。

一、耶穌的聖經觀

耶穌（Jesus）是猶太教徒，他的時代「猶太教」（Judaism）的經典稱爲：《律法與先知》（其時 "文集" 尚未編入，因此後代「猶太教」的經典稱爲：《律法、先知、文集》，時下猶太教徒簡稱它爲《TANAKH》）。嚴格來說，「基督教」（Christianity）係來自「猶太教」，爲此基督徒也接受後者的《律法、先知、文集》（*Torah, Nabim, Kathubim*，即*TANAKH*）爲經典。但稱其爲《舊約聖經》（*Old Testament*），藉以和《新約聖經》（*New Testament*）有所分別。

當時耶穌雖然使用「猶太教」的經典《律法與先知》，然而他反對摩西（Moses）所立的 "安息日" 死教條（他主張：人子是安息日的主）以及其中的 "復仇法"（如：命賠命、眼賠眼、手賠手等等），因而引起「猶太教」文士、拉比、教法師及法利賽人的攻擊。於是耶穌立場肯定地向他們宣告：

> "莫想我來是要廢掉《律法與先知》（猶太教經典）。我來不是要廢掉，乃是要成全。我實實在在的告訴你們：就是到天地都廢棄了，律法（指經典）的一點一畫也不能廢棄，都要成全。"（馬太福音五：17-18）

就是因爲耶穌的這一段教導，「基督教」即順理成章接納《律法與先知》做爲《舊約聖經》，藉以傳承「猶太教」的屬靈產業。只是要配合詮釋「基督教」的《新約聖經》所賦予的新精神，才能夠成爲基督徒的信仰依據。

（一）彼得的教導

主耶穌的門人彼得（Peter）也認同當代「猶太教」的經典《律法與先知》。所以他教導當代的基督徒說道：

> "第一要緊的，該知道經上所有的預言（指《律法與先知》的教導）沒有可隨私意解釋的。因爲預言從來沒有出於人意的，乃是人被聖靈感動，說出上主的話來。"（彼得後書一：20-21）

上列的這一段話可以證明初期的基督教會均使用《律法與先知》這部「猶太教」的經典，也即基督徒所稱的《舊約聖經》。爲的是當時《新約聖經》尚未問世之故。

（二）保羅的教導

使徒保羅（Paul）這位原本猶太教徒的法利賽人，同樣以「猶太教」的經典《律法與先知》做爲他宣教的依據。他教導當代的基督徒有關這部經典的價值，在於出自上主的默示：

> "聖經（即《律法與先知》）都是上主所默示的，於教訓、督責，使人歸正，教導人學義理，都是有益的。叫屬上主的人得以完全，預備行各樣的善事。"（提摩太後書三：16-17）

這段話是保羅（Paul）對其義子提摩太（Timothy）的教導，也指出初期教會十分重視「猶太教」的經典《律法與先知》。

　　由此可見，初期教會眾使徒於《新約聖經》尚未出現時代，均秉承耶穌對於「猶太教」經典《律法與先知》（即後來所稱的《舊約聖經》）之肯定，遵循其為權威性經典。也就是說，主耶穌、彼得、保羅都在證言這部「猶太教經典」《律法與先知》的權威性，視其為上主所默示的經典。事實上，《新約聖經》之出現，又被基督教會接納為經典一事，是在主後五、六世紀的時代。這個問題，必須從基督教會的發展史談起。

二、《新約聖經》的地位

　　「基督教」雖然奉《舊約聖經》（即「猶太教」的《律法與先知》）為經典，然而其信仰之立足點卻是《新約聖經》。至於兩者關係之認知，可以借用古代教父奧古斯丁（St. Augustine, 354-430）的名言："《舊約聖經》是《新約聖經》之準備，《新約聖經》是《舊約聖經》的完成"來加以界說。為此基督徒稱「猶太教」的信仰為「舊約」（Old Covenant），「基督教」的信仰為「新約」（New Covenant）。而「舊約」類屬於"律法下"（摩西律法）之信仰內涵，「新約」卻是"恩典下"（耶穌基督之救恩）之上帝國福音，此即保羅之證言（見：羅馬書三：21-31）。

《約翰福音書》作者的類比論對於「舊約」（摩西律法）與「新約」（基督恩典）之間的分野更爲清楚：

　　　"上主藉著摩西頒佈律法（舊約），但恩典和眞理（新約）都是藉著耶穌基督來的。"（約翰一：17）

　　就《新約聖經》的內容言，計有二十七卷。就是四本耶穌的傳記：《馬太福音書》、《馬可福音書》、《路加福音書》、《約翰福音書》（就是「四福音書」）。一卷初代教會史：《使徒行傳》。十三卷「保羅書信」：《羅馬書》、《哥林多前書》、《哥林多後書》、《加拉太書》、《以弗所書》、《腓立比書》、《哥羅西書》、《帖撒羅尼迦前書》、《帖撒羅尼迦後書》、《提摩太前書》、《提摩太後書》、《提多書》、《腓利門書》。九卷「公同書信」：《希伯來書》、《雅各書》、《彼得前書》、《彼得後書》、《約翰一書》、《約翰二書》、《約翰三書》、《猶大書》、《啓示錄》。上列的二十七卷經典，並非一出現就被教會所承認。它們雖然是主後一世紀後半之作品，卻要等到主後四世紀至五世紀才被教會接納爲經典。根據張伯懷（W. B. Djang）著作的《新約正經成立史》（*The Canon and Text of the New Testament*, 1954）一書，第104-105頁所載：審定《新約聖經》成爲正典（正經）的大公會議，前後共有11次：

　　1. 尼西亞大會（Council of Nicea），主後325年
　　2. 老底嘉大會（Council of Laodicea），主後363年

3. 君士但丁大會（Council of Constantinople），主後381年

4. 達馬蘇大會（Council of Damasus），主後382年

5. 迦太基大會（Council of Carthage），主後397年

6. 以弗所大會（Council of Ephesus），主後431年

7. 迦克墩大會（Council of Chalcedon），主後451年

8. 君士但丁大會（Council of Constantinople），主後553年

9. 透立豆大會（Council of Toledo），主後633年

10. 君士但丁大會（Council of Constantinople），主後680年

11. 尼西亞大會（Council of Nicea），主後787年

由此見之，《新約聖經》的27卷經卷被教會承認為「正典」之過程，曾經有過五、六百年之久的論爭。只是教會公認主後四世紀的迦太基大公會議，就以現行的27卷《新約聖經》為正典。值得留意的是：這個時代「基督教」已經被羅馬帝國承認為國家宗教。儘管《新約聖經》已在歷屆大公會議中取得經典地位，卻仍然於教團中有不同見解。

（一）羅馬大公教會之見解

在《新約聖經》尚未形成之前，羅馬大公教會（即「天主教」）除了視《舊約聖經》（即《律法、先知、文集》的"TANAKH"）為經典外，係以「使徒信經」（Apostles' Creed）及「尼西亞信經」（Nicean Creed），再加上使徒傳承的「教會法統」（Church Canon）為其教義規準及信仰依據。及至《新約聖經》形成又正式被公認為「經典」之時，並無將其視為絕對權威之地位。因為羅馬大公教會仍然視「教會法統」及

「教宗諭旨」（依據"教宗無謬說"而來）具有與《新舊約聖經》同等之權威。既然「教會法統」與「教宗諭旨」和「聖經」平行，西方的羅馬教會走向制度化腐敗在所難免。十六世紀羅馬大公教會因籌建「聖彼得大教堂」缺乏經費而發行「贖罪卷」（Indulgence），就是「教會法統」與「教宗諭旨」凌駕《新約聖經》教訓之明證。為此引發德國教士馬丁路德（Martin Luther, 1483-1546）於1517年發動教會史上著名的「宗教改革」（Reformation），從而喊出："唯獨聖經為信仰依據"、"因信稱義"及"信徒皆祭司"的三大口號。

（二）改革教會之見解

十六世紀宗教改革的信仰依據，係立足於《新舊約聖經》這部經典之上，尤其是強調《新約聖經》所凸顯的"基督教精神"。宗教改革者馬丁路德因為力主「聖經」為基督徒信仰生活的唯一權威，所以將拉丁文聖經（Vulgate版）繙譯為德文，從此也成為日後德國文學之範本。譯經期間受到號稱智者的邦主腓得力克（Frederick the Wise, 1463-1525）保護，居住於瓦特堡（Wartburg Castle）。此後，德國人個個都可以用自己的語言閱讀「聖經」。馬丁路德時常說："上主的話語可以在「聖經」中找得到"，以此來鼓勵基督徒閱讀「聖經」。另一位改革者麥蘭頓（Philip Melanchthon, 1497-1560）更強調「聖經」是認識"上主知識"之來源，藉以印證"唯獨「聖經」是信仰依據"的宗教改革口號。

第二代宗教改革者，也是「歸正教會」（Reformed Church）

及「長老教會」（Presbyterian Church）的鼻祖約翰加爾文（John Calvin, 1509-1564），亦同樣力主「聖經」是基督徒之信仰基礎，所以用心註解《新舊約聖經》（但《啓示錄》除外）。由此可見，《新舊約聖經》之所以能夠成爲教會之絕對信仰權威，是從宗教改革時代開始。在此之前，基督徒是無法自由閱讀「聖經」，也根本不懂閱讀「拉丁文聖經」（Vulgate）的。因爲在那個時代，只有懂得拉丁文的神父、修士、修女，才有資格閱讀「聖經」。無論如何，「聖經」是上主向世人啓示救世福音之內容，所以宣揚基督福音必須根據「聖經」，此即改革教會的傳統見解。

三、《新舊約聖經》內容目錄

　　普世基督徒均遵行《新舊約聖經》之教導，只是《舊約聖經》原爲「猶太教」的經典：《律法、先知、文集》（TANAKH），所以正統的「基督教」信仰文獻是《新約聖經》。因爲後者證言耶穌基督之降世，正是「猶太教」諸先知預言之應驗。將這兩部經典合而爲一的原因，其理解即：「舊約」是「新約」之準備，「新約」是「舊約」之完成。而將這兩部經典合而爲一的稱謂是：《新舊約聖經》，英文叫做"The Holy Bible"。

（一）《舊約聖經》（The Old Testament）

　　這部「基督教」所稱的《舊約聖經》（原名：《律法、先知、文集》，一共有三十九卷），內容有「摩西五經」（創世記、出埃及記、利未記、民數記、申命記）、「歷史文獻」（約書亞記、士師記、撒母耳記上卷、撒母耳記下卷、列王紀上、列王紀下、以斯拉記、尼希米記、以斯帖記）、「先知書」（以賽亞書、耶利米書、以西結書、但以理書、何西阿書、約珥書、阿摩司書、俄巴底亞書、約拿書、彌迦書、那鴻書、哈巴谷書、西番雅書、哈該書、撒迦利亞書、瑪拉基書）、「文集」（歷代志上、歷代志下、路得記、約伯記、詩篇、箴言、傳道書、雅歌、耶利米哀歌）等等。它們在《舊約聖經》中之排列次序有如下列（改革教會所接納者）：

《創世記》（*Genesis*）：計五十章

《出埃及記》（*Exodus*）：計四十章

《利未記》（*Leviticus*）：計二十七章

《民數記》（*Numbers*）：計三十六章

《申命記》（*Deuteronomy*）：計三十四章

《約書亞記》（*Joshua*）：計二十四章

《士師記》（*Judges*）：計二十一章

《路得記》（*Ruth*）：計四章

《撒母耳記上》（*1 Samuel*）：計三十一章

《撒母耳記下》（*2 Samuel*）：計二十四章

《列王紀上》（*1 Kings*）：計二十二章

《列王紀下》（*2 Kings*）：計二十五章

《歷代志上》（*1 Chronicles*）：計二十九章

《歷代志下》（*2 Chronicles*）：計三十六章

《以斯拉記》（*Ezra*）：計十章

《尼希米記》（*Nehemiah*）：計十三章

《以斯帖記》（*Esther*）：計十章

《約伯記》（*Job*）：計四十二章

《詩篇》（*Psalms*）：計一百五十篇

《箴言》（*Proverbs*）：計三十一章

《傳道書》（*Ecclesiastes*）：計十二章

《雅歌》（*Song of Solomon*）：計八章

《以賽亞書》（*Isaiah*）：計六十六章

《耶利米書》（*Jeremiah*）：計五十二章

《耶利米哀歌》（*Lamentations*）：計五章

《以西結書》（*Ezekiel*）：計四十八章

《但以理書》（*Daniel*）：計十二章

《何西阿書》（*Hosea*）：計十四章

《約珥書》（*Joel*）：計十三章

《阿摩司書》（*Amos*）：計九章

《俄巴底亞書》（*Obadiah*）：計十一章

《約拿書》（*Jonah*）：計四章

《彌迦書》（*Micah*）：計七章

《那鴻書》（*Nahum*）：計十三章

《哈巴谷書》（*Habakkuk*）：計三章

《西番雅書》（*Zephaniah*）：計三章

《哈該書》（*Haggai*）：計二章

《撒迦利亞書》（*Zechariah*）：計十四章

《瑪拉基書》（*Malachi*）：計四章

除了上列三十九卷的經典文獻以外，尚有許多所謂之「次經」（非正統經典）。就如《瑪加比上》（*1 Maccabees*）、《瑪加比下》（*2 Maccabees*）、《多比傳》（*Tobit*）、《猶滴傳》（*Judith*）、《便西拉智訓》（*The Wisdom of Jesus the Son of Sirach*）、《所羅門智訓》（*The Wisdom of Solomon*）、《以斯德拉上》（*1 Esdras*）、《以斯德拉下》（*2 Esdras*）、《巴錄書》（*Baruch*）、《耶利米書信》（*The Epistle of Jeremy*）、《瑪拿西禱言》（*The Prayer of Manasses*）、《三童歌》（*The Songs of the Holy Three Children*）、《蘇撒拿傳》（*The History of Susanna*）、《比勒與大龍》（*The Destruction of Bel and Dragon*）、《以斯帖補篇》（*The Rest of the Book of Esther*）等十五卷。值得注意的，就是羅馬天主教（Roman Catholic Church）的《舊約聖經》包括前九卷「次經」，而少了「舊約」正典《以斯拉記》（*Ezra*）與《尼希米記》（*Nehemiah*）這兩卷經文，因此有四十六卷之多。

（二）《新約聖經》（*The New Testament*）

這部「基督教」主要經典成書於公元第一世紀後半，然而到了公元第四、五世紀才定案以二十七卷文獻為正典，從而形成時下通行的《新約聖經》。這部經典的內容有耶穌傳記的「福音書」（馬太福音、馬可福音、路加福音、約翰福音），「初期教會史」（使徒行傳），「保羅書信」（羅馬書、哥林多前、後書、加拉太書、以弗所書、腓立比書、歌羅西書、帖撒羅尼迦前、後書，提摩太前、後書，提多書、腓利門書），「公同書信」（希伯來書、雅各書、彼得前、後書，約翰一、二、三書、猶大書、啟示錄）等等。它們在《新約聖經》中的排列次序如下：

《馬太福音》（*The Gospel According to Matthew*）：計二十八章

《馬可福音》（*The Gospel According to Mark*）：計十六章

《路加福音》（*The Gospel According to Luke*）：計二十四章

《約翰福音》（*The Gospel According to John*）：計二十一章

《使徒行傳》（*The Acts of the Apostles*）：計二十八章

《羅馬書》（*Romans*）：計十六章

《哥林多前書》（*1 Corinthians*）：計十六章

《哥林多後書》（*2 Corinthians*）：計十三章

《加拉太書》（*Galatians*）：計六章

《以弗所書》（*Ephesians*）：計六章

《腓立比書》（*Philippians*）：計四章

《歌羅西書》（*Colossians*）：計四章

《帖撒羅尼迦前書》（*1 Thessalonians*）：計五章

《帖撒羅尼迦後書》（*2 Thessalonians*）：計三章

《提摩太前書》（*1 Timothy*）：計六章

《提摩太後書》（*2 Timothy*）：計四章

《提多書》（*Titus*）：計三章

《腓利門書》（*Philemon*）：計一章

《希伯來書》（*Hebrews*）：計十三章

《雅各書》（*James*）：計五章

《彼得前書》（*1 Peter*）：計五章

《彼得後書》（*2 Peter*）：計三章

《約翰一書》（*1 John*）：計五章

《約翰二書》（*2 John*）：計一章

《約翰三書》（*3 John*）：計一章

《猶大書》（*Jude*）：計一章

《啓示錄》（*Revelation*）：計二十二章

此外也有一些非經典性作品，它們也是初期基督教之重要文獻。就像：《革利免一書》（*1 Clement*）、《革利二書》（*2 Clement*）、《伊革那丟書》（*Ignatius*）、《十二使徒遺訓》（*The Didache of the Twelve Disciples*）、《巴拿巴書》（*Barnabas*）、《黑馬牧人書》（*The Sepherd of Hermas*）等等，委實引不勝引。

四、聖經證言上主之於人類的拯救史

「聖經」所證言的歷史不是一般的歷史（historie），也非滲入傳說的歷史（geschichte），而是一種被「基督教」奉爲世上無出其右的「神聖史」或「拯救史」（Heilsgeschichte）。這一「基督教」的神聖史觀以耶穌基督爲歷史（拯救史）的中心，而分爲「舊約」的"律法時代"與「新約」的"恩典時代"兩個拯救史的分野。

（一）《舊約聖經》

這部經典旨在見證上主之創造、人類墮落的罪與罰，上主的揀選與「舊約」的關係，以及上主如何藉著先知來宣示衪的公義、仁愛與審判。也可以說，「舊約」的目的在於向世人宣示上主如何通過一個民族（猶太人）來見證衪是"唯一眞神"，又藉著先知提出有關"彌賽亞"（救世主）希望的預言。這個時代，基督徒稱其爲"律法時代"的原因，係猶太人的信仰生活乃是以「摩西律法」爲依歸，所有的努力都在於「律法」之持守。然因猶太人遭逢亡國之痛，故對"彌賽亞"的期待相當強烈。

（二）《新約聖經》

　　這部經典的重心放在道成肉身的耶穌基督身上，他的降生旨在宣揚「上帝國」此一"生命共同體"（上主是天父，人類是兄弟姊妹）的福音。之後，耶穌的受難被處死於十字架上，以及復活升天的事跡，均在在證言他是"贖罪的羊羔"以及大時代的"彌賽亞"（救世主）。「新約」又證言聖神降臨之後，使徒如何勇敢建立基督教會，並將耶穌基督救世福音擴展到世界的事跡。因爲耶穌基督的來臨使「上帝國」得以在地上實現，使罪人得與上主和解。所以基督徒告白：新約時代即"恩典時代"，世人可以因信而稱義。（參照下表）

〔基督教拯救史圖解〕

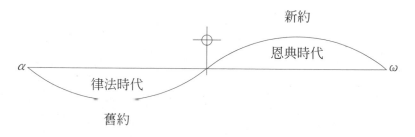

新約

恩典時代

α　　律法時代　　ω

舊約

這麼說，全本「聖經」（The Holy Bible）相等於「拯救史」的記錄，基督徒就是從它的「信仰語言」（languages of faith）來經驗上主的救恩，並放膽地皈依基督，做天父的兒女。

（三）聖經與基督徒的信仰生活

人類對上主的知識雖然可以從大自然的偉大現象去推摩，即如希伯來詩人所歌頌："諸天述說上主的榮耀，穹蒼傳揚他的手段。這日到那日發出言語，這夜到那夜傳出知識"（詩篇十九：1-2）的「自然啟示」。然而正統基督教信仰認為那還嫌不夠，因為人容易將偉大的自然現象本身當做神靈膜拜，如同保羅在《羅馬書》所做的批評一樣（羅馬書一：20-23）。真正健全的「上主知識」，唯有來自耶穌基督的啟示。耶穌基督的啟示，均明載於《新舊約聖經》之中。

1. 「聖經」啟示上主的「聖言」（道）成為一個「人格」（成肉身）在歷史上與人類相處之事實，這就是耶穌基督的「特殊啟示」。約翰的證言，指出了這一「特殊啟示」的重要性："從來沒有人看見上帝，只有在父懷裡的獨生子將他表明出來。"（約翰一：18）「聖經」見證的中心是：上主藉著耶穌基督所成就的救世福音。也就是說，認識上主真道，唯有來自耶穌基督。「聖經」闡釋基督的救恩，這就是「聖經」權威性所在。

2. 雖然耶穌基督由死而復活、升天，然而基督徒相信：耶穌基督仍然在教會中藉著牧者對於「聖經」的闡釋與宣揚，不斷地向世人啓示。教會宣教的內容，都是以「聖經」的啓示爲根據。期使耶穌基督再活現於這個時代中，使人能夠於今日再次聆聽"上主的言語"。「聖經」的權威性及價值就在這裡。

3. 「聖經」既然爲宣揚福音的根據，也是教會生活的指南。因此基督徒要追求健全的信仰，就得研讀《新舊約聖經》。「聖經」教人洞察上主的愛，基督的救贖，人與上主的關係，人與人的關係，人與自然的關係，從而有樂觀人生與積極人生。不過基督徒讀「聖經」的態度，不是靠私意去瞭解，而是靠聖神的引導。倘非用祈禱謙虛的態度求聖神帶領去讀「聖經」，「聖經」的眞理將會受到斷章取義與曲解。今日基督教派別會跑出這麼多來，就是沒有健全「聖經觀」之結果。「聖經」的眞理是整體性的，不是部份的摘取。其中心爲耶穌基督的福音，不是什麼「聖神充滿」、「說方言」、「行神跡」才是福音，也不是什麼「今日神醫」、「基督再臨」、「世界末日」才是福音。眞正的福音唯「效法基督」，實踐他的"愛"與"公義"於社會人群中。因爲基督徒只有願做世上的「光」與地上的「鹽」去服務人群，才能夠有效地傳達基督的福音於人間社會，從而歸榮耀給天父上主（馬太五：3-16）。

結論

基督徒既然肯定上主所默示的《新舊約聖經》有如此的

權威性，足以爲福音做見證，更足以指引基督徒的信仰生活。然而必須留意的是：《新舊約聖經》本身不是上主，所以基督徒勿將「聖經」奉爲"物神"（fetish），以致用它來辟邪驅鬼。「聖經」只是一種信仰規範的經典，其權威性在它能於各時代均見證"上主的話"這點。神學家巴特（Karl Barth, 1886-1968）曾經儆告：改革教會勿將《新舊約聖經》當做「紙教皇」（paper Pope），以致誤用它的文字層面做爲權威，而忽視它的內涵精義。誠如使徒保羅所說："那本來叫我活的誡命，反倒叫我死。"（羅馬書七：10）又說："他叫我們能夠承當這「新約」的執事，不是憑著字句，乃是憑著精意。因爲那字句是叫人死，精意是叫人活。"（哥林多後書三：6）就是因爲如此，基督徒研讀「聖經」是需要牧者或受過神學訓練的人指導，才能夠避免按私意釋經，陷「聖經」於"文字障"之中因而窒息了福音的精神。

　　無論如何，《新舊約聖經》這部基督教經典的絕對權威，在於它有效地見證"上主的眞道"這點。但眞正上主活生生的眞理，則是復活的基督本身。因爲耶穌基督於今日仍然藉著《新舊約聖經》向世人啓示其"眞理"、"道路"及"生命"（見：約翰十四：6），它才能夠成爲基督教會最寶貴的屬靈遺產。

2 聖經解釋問題之探討

《新舊約聖經》（以下簡稱「聖經」），是基督徒最珍貴的靈性產業。而這本「基督教經典」所宣揚的福音信息所以能夠成為人類共同精神需求之理由，乃是建立於健全"聖經解釋"的基礎上所獲得的成果。

回顧一百多年來，許多歐、美的聖經學者將歷史批判的方法以及考古學的貢獻應用於「聖經」研究上，因此直接影響了"聖經解釋"的方法。可是跟著而來的問題的確不少，諸如《舊約聖經》於「五經」（創世記、出埃及記、利未記、民數記、申命記）資料來源的問題，"歷史的耶穌"與"信仰的基督"問題，"形式批判"的問題等等，都直接或間接的引起「釋經學」上的爭論。近代在聖經神學學界最受注目，並且爭論最多的"聖經解釋"方法，首推布特曼（Rudolf Bultmann, 1884-1976）的聖經解釋「非神話化」（demythologization）方法之主張。這種方法完全是形式批判的引申，是合理主義的"聖經解釋"之一種努力。因此在談到"聖經解釋"問題的時候，它是頗受聖經學界注意的。

這是一個進步的時代，《新舊約聖經》的信息正在受到嚴格科學知識及懷疑主義者所挑戰。那麼如何在這個充滿懷疑主義及崇拜科學的理性至上時代，去見證一種堪得受時代考驗的「聖經」信息，實在是基督徒神學人的急務。當然這個問題所要求的，莫非是要建立一種健全而又是現代人所能了解，所能接受的"聖經解釋"之原則。

本文內容共分爲六章：第一章導論在於探討「釋經學」以及解釋者立場的問題。第二章則探討《新舊約聖經》的權威性。第三章乃著重於認識歷史上的各個釋經學派。第四章係針對近代神學界如何影響"聖經解釋"的走向做個簡要透視。第五章係討論釋經法則以及實際應用的問題。最後一章提出適用於當今台灣教會的"本土化聖經解釋"爲結語。論及"聖經解釋"方法，不但是「釋經學」的問題，也是個有關聖經研究的大學問。從事聖經研究之目的，不外建造一種健全的「聖經神學」（Biblical Theology），使現代基督徒可以認同與接受。

第一章　導　論

十六世紀「宗教改革」（Reformation）時代所樹立的一項重要之信仰立場，便是視《新舊約聖經》爲基督徒的"唯一信仰依據"（Bible as sola fidei regula）。這個立場不同於前十幾個世紀以來羅馬大公教會（Roman Catholic Church，國人稱爲「天主教」）視「聖經」爲"第一信仰依據"（Bible as prima fidei regula）的看法，從而強調「聖經」係唯一上主啓示人類的權威性話語。[1] 從此這一個重要立場，的確大大影響改革教會（Roformed Church）之"聖經解釋"方向。

「聖經」的發言者是上主，而上主藉著「聖經」所啓示人類的福音信息，便是基督徒信仰的全部內容。上主既然通過「聖經」做爲祂在歷史上的發言工具，可是上主藉著「聖經」在今日對祂子民的啓示說些什麼？這個問題便成爲改革教會"聖經解釋"的基本出發點。人要明白上主在歷史過程中通過「聖經」向人類啓示些什麼，就得謹慎運用"聖經解釋"法則。今日改革教會的重要信仰及教義，以及基督徒倫理生活之指導，都是以健全的"聖經解釋"爲基礎的。不幸的就是改革教會從十六世紀以還，便不斷地發生了"聖經解釋"立場上的歧見。因此造成了改革教會各宗派之間，在教義上及制度上的差異。由此見之，"聖經解釋"立場所引起的問題，對教會的前途有著決定性作用。這點是不能忽視的。

"聖經解釋"的任務，除了尋求上主通過「聖經」在各時代中啓示發言的意義之外，更負有溝通聖經作者的思想與排除現代人思想障礙的任務。「聖經」係用希伯來文（Hebrew）、亞蘭文（Aramaic）與希臘文（Greek）所寫成的一部經典，並且具有寫作的歷史、地理與文化等背景。作者的時

1　Bernard Ramm, *Protestant Biblical Interpretation* (Boston: W. A. Wilde Company, 1956), p. 1.

代背景與風俗習慣在時間上和讀者的時代距離越遠，自然差別就越大。因此非予以解釋不可，藉此瞭解其中的真理及象徵意義。所以"聖經解釋"首先要考慮的，就是「聖經」當代的地理環境、歷史背景，以及語言與文化的差異，以期尋回那些遠離我們時代的作者群原來作書的本意。這些理由，正指出"聖經解釋"任務的遠大與其重要性。這點也是當今基督教神學界及基督徒不能忽略的。

一、關於「釋經學」

要探討"聖經解釋"的諸問題，非要從「釋經學」的功能及任務談起不可。所謂「釋經學」（Biblical Hermeneutics）係一門教導人解釋《新舊約聖經》的原則、規律與方法的人文科學。[2] 按英文 "Hermeneutics" 一詞，係從希臘神話中一位專司技藝與傳達神命速度飛快的神：赫米斯（Ερμηs, Hermes）的名字演變而來的。其動詞就是 "ερμηνευω"，也就是「解釋」的意思。引申為形容詞 "ερμηνευτικη"，便是指一種「解釋的藝術」。因此 "Hermeneutics" 一詞，便是解釋的藝術或科學之意。[3]

通常「釋經學」有兩種區分：「一般釋經學」與「特別釋經學」。前者係指全部「聖經」（舊約39卷，新約27卷）作品

2　L. Berkhof, *Principles of Biblical Interpretation* (Michigan Baker Book House, 1962), p. 11.

3　M.S. Terry, *Biblical Hermeneutics* (Michigan: Zondervan Publishing House), p. 17.

的解釋而言，後者則指《新舊約聖經》中某些特定作品的解釋，諸如律法、歷史、預言、詩歌等等。這門學問專以探究與「聖經」有關的事實或問題，以求達到健全的聖經解釋。不過「釋經學」並非"聖經註解"（exegesis）。「釋經學」的努力，乃是提供正確的解釋規則或方法，來建立完美無疵的"聖經註解"。因此兩者的關係正如理論與實踐的關係一樣，前者是科學，後者是藝術。

二、解釋者的「釋經學」立場

改革教會（Reformed Church）和羅馬天主教（Roman Catholic Church）不同的地方，乃是改革教會接受一個重要的"聖經解釋"原則，就是承認每一個"個人"都有權利來爲自己查考「聖經」和解釋「聖經」。這個原則的含義便是說：解釋者對於「聖經」研究的態度，必須是一種立足於自己信念的完全自由態度。不過解釋者雖然有這種自由，卻不應該把這種屬於自己的"自由"與"放縱"混在一起。解釋者實在沒有權利，去把自己的思想歸到「聖經」原作者的身上。他要嚴格受「聖經」的內容所約束。另面，解釋者的自由亦受到一個事實的限制：即「聖經」是上主的聖神（Holy Spirit）所「默示」（inspiration）的作品，所以有整體一致的權威性。[4] 這種原則，必須由解釋者予以尊重。

4　Berkhof, *op. cit.,* pp. 65-66.

實際上，改革教會聖經解釋者有時候也會傾向於以「教義學」（Dogmatics）或「信條」（Confessions）為依據，來做為"聖經解釋"的尺度。當然，解釋者應把前代研究結晶應用在信條上的各種註釋予以慎重考慮，而不能隨便離開教會共同的信仰告白。然而他卻不能讓「教義」或「信條」來控制"聖經解釋"，否則便與天主教會所犯的毛病一樣。[5]「聖經」的話語不是單向教會的組織或制度說的，而是向組成教會的每一個基督徒個人說的。上主要每一個人對自己的信仰和行為負責，因此聖經解釋者本身所具備的條件便值得人去加以檢驗。

依照特萊（Milton S. Terry）的看法，一個聖經解釋者應該具備三樣的條件：（一）知識的條件（Intellectual Qualifications），就是要有正確的思想判斷和理解的分析能力。（二）教育的條件（Educational Qualifications），就是要有良好的神學教育的人，對於「聖經」的歷史、地理、政治、文化，以及神學、哲學、文學、考古學、自然科學等，都有相當的造詣。（三）靈性的條件（Spiritual Qualifications），就是要有那感動「聖經」作者的同一個靈所感動的人。[6] 誠如保羅所說：『除了上主的靈，也沒有人知道上主的事。我們所領受的，並不是世上的靈，乃是從上主來的靈，叫我們能知道上

5　按天主教係採取下列的辦法限制解釋者的態度：（一）藉著教會的翻譯。（二）藉著教會的遺傳。（三）藉著大公會議的決定。（四）藉著教皇無謬之斷言。

6　Terry, *op. cit.*, pp. 151-158.

主開恩賜給我們的事。』[7]

　　總而言之，"聖經解釋"的工作對於教職人員而言是十分重要的。因為只有正確的「聖經」研究，才能夠供給健全的資料來建立基督教神學（Christian Theology）。信仰、啓示與理性，正是聖經解釋之立足點。他們要具有穩健的「釋經學」，才能夠準備完美的講道內容。同時他們也負有衛道的使命，以對付因誤謬的"聖經解釋"所引起種種不同教派的問題。

第二章　聖經解釋的問題

　　"聖經解釋"之合理處置所要求的，便是《新舊約聖經》做為解釋對象的權威性問題。就改革教會"聖經解釋"的立場言，「聖經」的權威係由三種先決條件來加以肯定的，那就是「聖經」的"正典性"，「聖經」之"靈感性"（或「默示」），以及「聖經」的"一體性"。沒有以上三種認定爲出發點的話，「聖經」做為解釋對象的權威性便無法確立。

一、聖經正典性的認定

　　從編輯上或形式上來看，《新舊約聖經》係由六十六卷

7　《哥林多前書》（二：11-12）。

不同的作品所編纂而成的文庫。其中三十九卷係《舊約正典》，二十七卷為《新約正典》，這是改革教會所認定的「正典」數字。[8]「聖經」受上主的聖神默示而作，為要做基督徒信心與行為的準則。[9] 因此《新舊約聖經》六十六卷正典，便是改革教會"聖經解釋"的主要對象。

　　除了聖經六十六卷正典以外，尚有許多被稱為「次經」（Apocrypha）的基督教文獻。例如主前第二世紀的希臘文《七十士譯本》（Septuagint，簡稱：LXX）的「舊約」，竟然包括有十七卷的「次經」。主後1546年召開的羅馬大公教會「天特會議」（The Council of Trent），亦認定七卷「次經」為羅馬大公教會（天主教）的「舊約」正典，這與改革教會的《舊約聖經》有明顯的差異。至於基督教成立時代的《新約次經》，根據恩司林（M.S. Enslin）的統計，竟然多達七十九卷之數目。[10] 就"聖經解釋"的立場言，這些《舊約聖經》與《新約聖經》之「次經」，不能像「正典」一樣做為解釋的對象，其內容也不能直接用於"聖經解釋"的引證作業上。不過這些新舊兩約的「次經」做為新約歷史的構成與新舊兩約過渡時代的說明，則具有明顯的價值。[11] 當然在適用方

8　參照C.H. Dodd, *The Bible To-Day* (Cambridge: Cambridge University Press, 1952), pp. 6-8, 關於「正典」與新舊兩約的意義，有清楚的提示。

9　*Westminster Confession of Faith,* 何賡詩譯，《更正教會公認信條》（香港：靈光書室，1954），pp. 2-3。

10　參照M.S. Enslin, "Apocrypha, N. T," *The Interpreter's Dictionary of the Bible* (1962), A-D, pp. 168ff。

11　George H. Schodde, *Biblical Hermeneutics,* 魏國偉、李少蘭譯，《釋經學》（香港：信義宗聯合出版部，1957），pp. 10-12。

面，「新約次經」就沒有「舊約次經」那麼重要。這點正是歷來基督教會於釋經作業上之共同理解。

二、聖經靈感性的認定

在探討《新舊約聖經》"靈感性"的問題時，最自然不過的是從基督教的「信經」（Confession）所提及之原則開始。根據長老教會的「西敏斯德信仰告白」（The Westminster Confession）第一章第四節所說：『聖經之所以有權威令人應當相信遵行，非因任何人或教會的見證。乃全是因聖經都是那為真實之神所著作的。因此人當領受聖經，因為它是神的話語。』「聖經」是真神上主的作品。質言之，「聖經」是上主的聖神（Holy Spirit）所默示的。這一認定，控制著"聖經解釋"的基本原則。

『「聖經」是上主的聖神所默示。』這個認信所引證的經文是使徒保羅之書信：《提摩太後書》（三章十六節）。在這節經文所提到的所謂："上主的默示"（inspired by God），其原文為"$\theta\varepsilon o\pi\nu\varepsilon\upsilon\delta\tau o s$"，就是「上主的呼氣」（God-breathed）的意思。這個字指出上主用某種方法呼氣入作者之作品裡，如同上主呼氣入塵土所造的人類一般（參照：創世記二：7）。也就是說，「聖經」乃是上主的呼氣（聖神）之作品。另外一句重要的經節是《彼得後書》（一章二十節至二十一節）。在這裡作者指出"預言"（prophecy）不是出於人的意思，乃是「聖神」在人身上活動的結果。[12] 那麼現在的問題是：上主與人在《新舊約聖經》的寫作上有什麼關係？「聖經」是上主所默示的，這並不是說，「聖經」的作者們只是一部機器，或只是一位沒有主張的筆錄者而已。其實"默示"的正確意思是指：上主的神在作者群完全正常的狀態下來使用他們並感動他們。所以作者們有絕對寫作的自由。[13] 關於這點，可從「聖經」各卷寫作的特色與作者思想的差異上去發現，作者的用語與主張之異點在其中表露無遺。畢竟聖經作者於寫作之時，他們都意想不到其作品在日後會成為經典。

「聖經」是"上主的話語"，這種信念不止是一件屬於信心與經驗的事情，也是一件屬於頭腦理性的事。因此對於「聖經」的"默示"與"權威"予以無條件不經過詮釋的相信，是萬萬不可接受的。正確而健全的"聖經啟示"觀念，應當先予考慮到"聖經原稿"的一些抄寫上或人為上的錯誤問題。因此所謂「逐字靈感說」（Verbal Inspiration）或「全盤靈感說」（Plenary Inspiration）的理論，都是類屬於很不健全的主張。"聖經靈感"的權威性，是不可以否認的自明事實。然而並不是那種機械似的逐字認定，如此做反而易將「聖經」偶像化。

12　A.W.H. Lampe, "Inspiration and Revelation," *The Interpreter's Dictionary of the Bible* (1962), E-J, pp. 713ff.

13　參照Alan Richardson, *Christian Apologetics,* 顏路裔譯，《基督教護教學》（香港：道生出版社，1966），p. 211。

三、聖經一體性的認定

　　《新舊約聖經》的內容雖然多采多姿，有律法、歷史、預言，也有小說、詩歌、散文。然而啓示給基督徒的眞理卻具有奇妙的一體性。[14] 對基督教而言，「聖經」只有一個主題，那就是道成肉身的「耶穌基督」及其啓示。所敘述的內容都與耶穌基督的救贖事工以及「上主國度」這個生命共同體建立在地上的神聖事業有關。「聖經」所揭露的是一種上主於歷史上向人類啓示的拯救恩典，連同幾個歷史階段的發展，因此可以發現上主的應許如何萌芽，及其逐漸開花結果的「拯救史」（Heilsgeschichte）過程。這就是所謂"漸進的啓示"（progressive revelation）之意義，也就是認定「聖經」的一體性才有這樣的理解。

　　「聖經」各卷信息的互相貫通，是「聖經」自己所證明的。特別是在《新約聖經》引用《舊約聖經》時最爲明顯。早期基督教成立時代若有提到「聖經」（The Scriptures）之時，[15] 乃是專指《舊約聖經》各卷的全部（即《律法與先知》，見：馬太五：17），也表明這些書卷乃是構成《新約聖經》之基礎。若用奧古斯丁（St. Augustine, 354-430）的話來說，就是：「新約」隱藏在「舊約」之中，「舊約」則顯露在「新約」裡面（Novum Testamentum in Vetere latet, Vetus in Novo patet）。這一句拉

14　Dodd, *op. cit.,* pp. 10-12.

15　見：馬太廿二：29，廿六：54，路加四：21，廿四：27, 32, 45，約翰二：22，五：39，使徒行傳十七：11，十八：28，提摩太後書三：15-16。

丁語格言不但表明一個"聖經解釋"的基本認識，同時亦表明「聖經一體性」的重要事實。至於連繫「聖經」各卷內容使其成爲一體性的那條線索，就是耶穌基督。對於全部「聖經」自《創世記》到《啓示錄》所包含的一切信仰思想，只能在與耶穌基督的關係上得到正當的解釋。[16] 所以領悟「聖經」唯一的正確方法，就是以耶穌基督爲中心來加以解釋，方可求得「聖經」之圓滿實在的意義。

以上所論的三種認知，均係"聖經解釋"的基礎原則。然而並不是說，有了以上三種基本認知便能夠精通「聖經」的眞正意義。當然精通「聖經」的眞正意義，要從「上主的實在」（the reality of God）之信仰意義著手才行，也就是以"信仰、啓示、理性"爲原則來著手。就是因爲基督徒所有的知識都以「上主的知識」爲基礎，所以時至今日，任何一位精明的解釋者所看見的，還是一面模糊不清的鏡子。畢竟他們關於「上主的知識」，仍然還不夠完全。雖然如此，每一位聖經解釋者也不必失望，因爲他們只要盡力而爲便是上主的好同工。司馬特（James D. Smart）曾經說到：「聖經」的內容，就是上主的恩典、仁慈、眞理與審判，這些深不可解的奧秘。因此有限的人，就得以謙虛的態度來解釋「聖經」。然而上主也應許我們有一些奧秘的洞察力去領悟「聖經」的教訓。[17] 當然這種人類本身的軟弱，每一位聖經解釋者應該

---

16 Schodde, *op. cit.,* 57-59.
17 James D. Smart, *The Interpretation of Scripture* (London: SCM press Ltd., 1961), pp. 17-18.

勇於承認。進而追求那種洞察「聖經」奧妙的恩賜，才能夠
服務於耶穌基督之聖會。

做為解釋對象之《新舊約聖經》的權威，乃是上主自己
的權威。這種理解與現代聖經科學在方法或結論上言，並沒
有衝突的地方。[18] 今天基督徒關於「聖經」的權威性信仰，
乃是根據過去與現在從經驗事實而來的一種歸納。除了「聖
經」以外，世界上再沒有一本書足以使基督徒領悟出上主拯
救人類之眞道。

第三章　歷史上的釋經學派

在學術研究的方法上，對歷史內容的透視可謂十分重
要。這對於"聖經解釋"的歷史演變過程而言，更是不能缺
少。

按照格蘭特（Robert M. Grant）的見解，基督教"聖經解
釋"的創始者便是耶穌基督。因爲耶穌一反猶太人在釋經上
的傳統作風，一面堅持《舊約聖經》（律法與先知）的權威，
另一面卻批評《舊約聖經》以及傳統的釋經方法。他並勇敢
地提出正確的觀點重新解釋《舊約聖經》，諸如反對《申
命記》的「離婚」禁令（見：申命記廿一：1），重新解釋「安息

---

18 C. H. Dodd, *The Authority of the Bible* (Reprinted. London: Nisbet and Co. Ltd.,
1952), pp. 16-17.

日」的禁令（見：馬可二：27，三：4），因此開啟基督教 "聖經解釋" 之先河。[19] 為求進一步了解 "聖經解釋" 在歷史上演變的過程，必須從歷史上各釋經學派的立場予以探討。

一、猶太教的釋經學派

「猶太教」（Judaism）著名的釋經學派有下列兩個，即（一）字義釋經學派，及（二）寓意釋經學派。

（一）字義釋經學派

文士（經學士）以斯拉（Ezra）常被稱為猶太教第一位聖經解釋者以及巴勒斯坦（Palestine）「字義釋經學派」的最早倡導人。此派十分尊重「聖經」（《律法、先知、文集》），尤其重視「律法」（Torah）書卷，以解釋摩西律法（Moses' Law）做為他們偉大的目標。在廣義上講，此派的「釋經法」（midrash）可分為二：律法性質的解釋（Halakhah）與非律法部份的解釋（Haggadah）。猶太教拉比（Rabbi）希列（Hillel）被視為是此派最偉大的釋經學者，留有著名的釋經方法文獻。

不過此派的流弊即在於咬文嚼字，忽略經文的本意。同時過份高舉「口頭律法」（oral law），因此反倒貶值「成文律法」。耶穌在《馬可福音》（七：13）給他們的評語便是一個

---

19 Robert M. Grant, "History of the Interpretation of the Bible, I. Ancient Period," *The Interpreter's Bible,* Volume 1 (1952), pp. 107-108.

好例子：

> "摩西說：「當孝敬父母。」又說：「咒罵父母的，必
> 須處死。」你們倒說：人若對父母說，我所當供養你們
> 的已經做了「各耳板」（奉獻之意），你們就容許他不必
> 再奉養父母。這就是你們藉著傳達繼承，廢除上主的
> 話，你們還做許多這樣的事。"

因為此派過份著重經文的字句，反把經文的真正意義
丟失。公元八百年左右由安大衛（Anan ben David）所創的「卡
萊特學派」（Karaites）與公元十二世紀西班牙猶太人的釋經學
派，都是此派的傳承苗裔。不過其釋經法與之前的文士比起
來，已有相當大的革新。

（二）寓意釋經學派

僑居埃及亞力山大城的亞利斯多布（Aristobulus, 160 B.C.）
被公認為猶太教「寓意釋經學派」的創始者。繼承他者，就
是猶太教希臘化哲人裴羅（Philo, 20 B.C.-54 A.D.）。此派主張藉
著寓意的經文解釋，可從《律法與先知》經典中的教訓找到
希臘哲學一樣的教義。其解釋的法則是：凡不能與上主相配
合的經文或抵觸的地方，都要當做寓意去加以解釋。

原來僑居埃及亞力山大城的猶太人必須面對著兩種傳
統，就是希臘哲學傳統和猶太教傳統。為要同時容納兩種文
化傳統應用在「釋經法」的結果，便是依著字義去解釋柏拉

圖哲學，並且把摩西的教訓寓意化。如此一來，正好把「猶太教」經典的教訓和「希臘哲學」互相加以協調。[20] 此派的流弊是：容易混亂猶太教經典的眞正意義。因爲"聖經解釋"的想像各異，結果猶太教經典的內容在寓意解釋的領域裡產生許多不同的教義系統。公元十二世紀的猶太教「卡波里學派」（Kabbalists），頗受他們的「釋經學」所影響。

二、基督教的釋經學派

立足於基督教歷史來看，基督教的釋經學派可分爲：（一）教父時代學派，（二）中古時代學派，（三）宗教改革時代學派，（四）認信主義時代學派，（五）歷史批判時代學派等等。

（一）教父時代學派

這個時代《新舊約聖經》的釋經學派有三，就是：1、亞力山大釋經學派，2、安提阿釋經學派，以及3、拉丁釋經學派。

1. 亞力山大釋經學派

亞力山大城的教父革利免（Clement of Alexandria, 150-220）和他的門徒俄利根（Origen, 185-254），爲此派的代表人物。他們

20　R. P. C. Hanson, *Allegory and Event* (London: SCM Press Ltd., 1959), pp. 40-42.

因受猶太希臘化哲人裴羅的影響，主張「聖經」必須用寓意去解釋。雖然他們也承認「聖經」字面的意義，卻強調：唯獨以寓意去解釋，才能夠表達「聖經」眞正的知識及其意義。其後的殉教者游斯丁（Justin the Martyr, 100-165）、愛任鈕（Ireneaus, 130-202）、居普良（Cyprian, 200-258）等人，都遵循此派的這種釋經法則。

2. 安提阿釋經學派

主後三世紀末葉由安提阿教父多洛修斯（Dorotheus）和路求（Lucius）所創立，並由大數城主教戴阿洛魯斯（Diodorus）加以發揚光大。此派主張 "聖經解釋" 要從字面的原意著手。因此注重文法與歷史的解釋，丟棄寓意釋經法。對於此派貢獻最大的教父是提阿多若（Theodore of Moqsuestia），以及口才好又有「金口」之稱的屈梭多模（John Chrysostom, 347-407）兩人。

3. 拉丁釋經學派

希拉理（Hilary, 315-367）及安波羅修（Ambrose, 339-397）係此派的代表人物，但是以耶柔米（Jerome, 346-420）和奧古斯丁（Augustine, 354-430）兩人最爲傑出。此派的釋經法採取折衷方式，既接納亞力山大學派的寓意釋經法，也採用安提阿學派的一些字面釋經原則。此派最大的特色在於確立「教會」與「遺傳」在解釋聖經時的權威性。經文若有疑問的地方，便由「信條」或「教義」去做決定。這點深深影響了中古時代基督教會的釋經原則。

（二）中古時代學派

　　這時代西方教會的人所知道的《新舊約聖經》，只有拉丁文的「武加大譯本」（Vulgate）而已。而「聖經」的解釋又必須與教會的遺傳與教義符合才行，這是起碼的釋經原則。這時代的人都接受關於「聖經四重意義」（fourfold sense）的原則，即：字面的、借喻的、寓意的、類比的。[21] 不過這種釋經原則也有人起而反對，因為發現它既沒有和諧也沒有實用。就如神學家多馬亞奎那（Thomas Aquinas, 1225-1274）可以為例。他雖然喜用寓意釋經法，至少在理論上也承認字面意義係一切釋經的基礎。不過打破這種呆板釋經法的有力學者，便是利拉的尼古拉斯（Nicholas of Lyra）。他的作品的確深深影響了後代的宗教改革者。

（三）宗教改革時代學派

　　文藝復興（The Renaissance）時期對於健全釋經方法之發展至關重要，因為當時學者輩出。著名學者銳赫林（Johann Reuchlin, 1455-1522）出版了一本《希伯來文文法》和一部《拉丁文字典》，伊拉斯母斯（D. Erasmus, 1466-1536）亦發行一部希臘文的《新約評註》。因此喚起當代學人回到原文的研究，從此放棄「聖經」四重意義之釋經方法。就宗教改革時代

21　Robert M. Grant, *A Short History of the Interpretation of the Bible* (New York: The Macmillan Company, 1963), pp. 119-120.

言，改革教會的「聖經觀」與天主教會是對立的。這時代的宗教改革者，均致力主張「聖經」為教會的最高信仰準則（sola Biblica），具無上的信仰權威。因此基督教會沒有權利來左右「聖經」的啟示。他們所定的"聖經解釋"基本原則是：（一）以「聖經」解釋「聖經」，（二）使「聖經」的理解與說明附合信仰之類比。其特色乃是充分表現「聖經」啟示的一致性。

1. 馬丁路德（Martin Luther, 1483-1546）

這位宗教改革的開山祖師對"聖經解釋"的貢獻是：強調個人之判斷，並且於釋經時必須考慮「聖經」的上下文和歷史地理背景。同時要求解釋者要具備信心與靈性的識見，努力在「聖經」裡面尋找基督恩典的福音。

2. 麥蘭頓（Philip Melanchthon, 1497-1560）

他是一位精通希伯來文與希臘文的學者，輔助宗教改革者馬丁路德極為盡力。他主張"聖經解釋"要從文法上著手。並且強調：「聖經」全部內容只有一個確實而單純的真理，即耶穌基督的福音。

3. 加爾文（John Calvin, 1509-1564）

這位在瑞士日內瓦（Geneve）從事宗教改革的第二代宗教改革者，被公認為宗教改革時代最偉大的解經家。他的釋經方法採取馬丁路德與麥蘭頓的法則，十分重視《舊約聖經》

之許多預表。並且堅持對於「先知書」的解釋，要本著歷史情況去了解。他不同意馬丁路德以"基督在聖經裡面到處可找"的說法。[22]

4. 天特會議（The Council of Trent）

羅馬大公教會（天主教會）在這個時代的聖經解釋方法並沒有什麼多大的進展。尤其是在「天特會議」（The Council of Trent）所做的決定，使其釋經態度與中古時代並無二致。也就是無視改革教會所強調的"「聖經」是唯一的信仰準則"（sola Biblica）。

（四）認信主義時代學派

在理論上言，改革教會乃致力標榜「以經解經」的釋經原則。但從馬丁路德死後（1546年）到十六世紀結束的時代，"聖經解釋"終於面對受制於「教會認信」（信條）標準綑綁下的危險。這個時代是個改革教會之派系爭辯時期，各宗派爲了維護自己的意見，終於使"聖經解釋"成爲「教義學」之使女。人們研究《新舊約聖經》之目的，是替自己的「信條」（Confession）做辯護。導致這種傾向之另一個重要原因，乃是受到羅馬大公教會（天主教）「天特會議」的決定所刺激。「信條」之制訂在這個時代出現，等於是改革教會對

---

22 John T. McNeill, "History of the Interpretation of the Bible, II. Medieval and Reformation Period," *The Interpreter's Bible* (1952), Volume 1, pp. 123-126.

付天主教會的一種溫和的應答。[23] 這時代著名的聖經解釋者有：麥蘭頓（Philip Melanchthon）、布則（Martin Bucer, 1491-1551）及布林格（Heinrich Bullinger, 1504-1575）等人。

類似釋經的傾向稍後便引起了一些反動，如蘇西尼派（Socinians）就假定「聖經」的解釋必須與理智相合。科克柔（Johnnnes Cocceius, 1603-1669）則批評那些視「聖經」為做見證工具的人，等於把「聖經」看成古板的無機物。又如蘭巴哈（Johann J. Rambach, 1693-1735）和法蘭克（A. H. Francke, 1663-1727）這些敬虔派健將，更強調釋經之目的在於造就人的靈性。任何「聖經」文字及歷史的研究，都要在聖神的光照下去進行。

（五）歷史批判時代學派

重視《新舊約聖經》裡面的人為因素，是這個時代的特色。在十七、十八兩個世紀時代，人們選擇理性（reason）為最後的權威。霍布斯（Thomas Hobbes, 1588-1679）、狄卡兒（Rene Descartes, 1596-1650）、斯賓諾沙（Baruch Spinoza, 1632-1677）、洛克（John Locke, 1632-1704）、巴克萊（George Berkeley, 1685-1753）、休謨（David Hume, 1711-1776）、萊布尼慈（G. W. Leibnitz, 1646-1716）以及康德（I. Kant, 1724-1804）等人的理性主義哲學，在這個時代大為流行。神學（Theology）因此被「理性」、「系統」與「抽象形式」所支配，"聖經解釋"自然也被神學所控制。[24] 到

---

23 A. Berkeley Mickelsen, *Interpreting the Bible* (Michigan: Wm. B. Eerdmans Publishing Company, 1963), p. 41.

24 Mickelsen, *Interpreting the Bible,* pp. 41-42.

了十九世紀時期，「聖經」的“默示論”均被否認，「聖經」的“絕對無誤性”與“逐字靈感”的說法，亦被視爲無稽。自由神學大師士萊馬赫（F. E. D. Schleiermacher, 1768-1838）就否認《新舊約聖經》之“默示”的超自然本質。威賽得（J. A. L. Wegscheider, 1771-1849）和柏克（Theodore Paker, 1810-1860）更認爲「聖經」之默示，是人人都具有的單純自然能力。因此“聖經解釋”與任何一部書的解釋並無二致，釋經者的任務只在於討論歷史或批判的問題爲限。這個時代以兩個相反學派的出現爲標記，就是「文法學派」和「歷史學派」。

1. 文法學派

厄捏斯提（Johann A. Ernesti, 1707-1781）係此派的開山祖師。他寫過一部解釋《新約聖經》的著作，凸顯出非常重視「聖經」文法上的意義。其中表現出一種強烈的理性主義之“聖經解釋”，目的是要證明「聖經」來自靈感之權威性。

2. 歷史學派

審勒（Johann S. Semler, 1725-1791）係此派的先驅。他頗重視《新舊約聖經》在人類歷史方面的起源與寫作過程。因此大膽指出「聖經」是“可能有錯”的人爲作品，這是此派之特色。審勒主張「理性」是信仰的裁定者與批判者，釋經者不能沒有它做輔助。

從這兩個學派所引起的反應，便有三種“聖經解釋”學派相繼出現：（1）極端的唯理主義：如保拉斯（H. E. G.

Paulus, 1761-1851）的自然主義釋經法、司特勞斯（David E. Strauss, 1808-1874）的《新約聖經》神秘釋經法、「杜平根學派」（Tüebingen School）的包珥（F. C. Baur, 1792-1860）所認定：《新約聖經》「黑格爾式」的「正」、「反」、「合」釋經法，以及「威爾好生學派」（Wellhausen School）的進化論式「客觀歷史」之《舊約聖經》解釋法。（2）極端的反唯理主義：就如相信《新舊約聖經》默示權威的「亨斯丁伯學派」（The School of Hengstenberg）為其代表。（3）超文史學派：如日耳瑪（Germar）的泛合參式釋經法以及貝克（Johann T. Beck, 1804-1878）的聖神默示釋經法等。[25]

第四章　近代神學思潮對聖經解釋的影響

　　「釋經學」（Biblical Hermeneutics）所以成為近代神學界所著重的一個科目，不出於下列幾項因素：

　　（一）十九世紀及二十世紀初期，學者所注意的焦點乃是《新舊約聖經》的作者、語言、歷史與文學上的問題。諸如「威爾好生理論」（Graf-Wellhausen Theory）[26]、「形式批判」（Form Criticism）[27]、「歷史的耶穌問題」（The Quest of the Historical

---

25　Berkhof, *op. cit.,* pp. 31-39.
20　主張《摩西五經》（*Pentateuch*）包含著,J典、E典、D典及P典資料。
27　係底伯留（Martin Dibelius）的學說，以「共觀福音」（Synoptic Gospel）包含多種形式，既有耶穌的教訓（λογια），亦有神話（Myth）與傳說（Legend）的形式等等。

Jesus）[28] 及「聖經考古學」之熱衷等等。可是現代神學界視爲最重要的問題卻是：《新舊約聖經》在這個時代中到底對我們基督徒說些什麼？對基督徒信仰生活具有什麼眞正的意義？

（二）《新舊約聖經》與「系統神學」（Systematic Theology）的研究，受到進步又複雜的科技時代潮流所影響。那麼「上主的話語」在我們這個時代中到底有什麼作用？這就是巴特（Karl Barth, 1866-1968）、布侖納（Emil Brunner, 1889-1966）、布勒特曼（Rudolf Bultmann, 1884-1976）和田立克（Paul Tillich, 1886-1965）等神學家所欲努力處理的問題。

（三）"聖經解釋"的目的到底是什麼？是以聖經研究來擁護教義（Dogma）？或是以教義來決定聖經研究？（後者是天主教與近代信條主義的方法。）這類衝突應該予以打破，才能夠找出合理的解答。

在這個學術知識突飛猛進的時代，"聖經解釋"的方法受到現代新潮知識的影響至鉅：（1）科學思想及一般哲學思想使現代人的宇宙觀改變。有了這種先入爲主（presupposition）的成見，從此"聖經解釋"也就離不開這種成見的範疇。（2）新的知識幫助人解釋「聖經」，因此人對「聖經」的質問就與之前有所不同。德國哲學家海德格（Martin Heidegger, 1889-1976）提出「實存」（existence）問題的質

---

28 由史懷哲（Albert Schweitzer）所提出的問題，其書於1906年出版，原名 *Von Reimarus zu Wrede*。

問，布勒特曼便站在神學家的立場應答這個問題。因此後者的“聖經解釋”便受到前者的影響。[29]從這種時代的傾向來透視近代神學思潮對“聖經解釋”的影響，就可以窺其端倪。

一、巴特神學與聖經解釋

巴特神學（Barthian Theology）是二十世紀一個偉大的成就，其「福音主義」（evangelism）的信仰亦被稱為「專一聖經主義」（Biblicism）[30]或「新正統主義」（Neo Orthodoxy）。

依照巴特（Karl Barth, 1866-1968）的看法，《新舊約聖經》是「上主的道」（Word of God），係我們所知道的三種啟示形式之一。至於上主所啟示的活生生的「道」（Logos），就是耶穌基督。「聖經」是寫成文字的「上主的道」。還有一種「宣揚」（Kerygma）的「上主的道」。「聖經」（The Holy Bible）與「宣揚」，都是根據上主的道耶穌基督而來。巴特主張：「神學」的任務就是“聖經解釋”。要正確地去解釋「聖經」，就當告白「聖經」的中心是「耶穌基督」。從這種觀點去了解「聖經」中所包含的一切，對於巴特而言，才有健全的信仰。

---

29 參照：彌迪理（H. D. Beeby）關於「釋經學」的講義（1958年11月25日至12月7日於台南神學院進修班）。

30 Daniel D. Williams, *What Present Day Theologians Are Thinking,* 周天和譯，《近代神學思潮》（香港：基督教文藝出版社，1967），p. 42。

這種立場顯然反對羅馬天主教會的「公教主義」
（Catholicism）與改革教會的「現代主義」（Modernism）。在
二十世紀初期自由神學盛行的時代，巴特的《羅馬書註釋》
乙書[31]，又重新給予「聖經」權威的地位。這本書雖然不是
「釋經學」，卻提出關於"聖經解釋"的原則性理論。也
就是保羅對羅馬教會的證言，又重新用今日的語言宣揚出
來。[32]這是他真正的偉大貢獻。

　　巴特承認歷史科學具有分析、重建和解釋聖經之所由來
的權利。「聖經」是上主的道，但「聖經」也是一本屬於人
的書，是用人的語言文字寫成，所以有人為的可能錯誤。雖
然如此，但是也不能損害上主的真理。所以「聖經」做為
「上主的道」而論，是絕對有效的。[33]當然，「聖經」是宣
揚的最高準則，亦是「教義學」的最高準則。

　　此外，布侖納（Emil Brunner, 1889-1966）也是巴特神學的健
將，除了主張自然啟示所引起的問題外，關於聖經解釋的立
場與巴特大同小異。

二、實存神學與聖經解釋

　　實存神學（Existential Theology）在本質上說和巴特神學的

31　此書於1918年出版，如今已有六次修訂版。

32　James M. Robinson, John B. Cobb, Jr. ed., *The New Hermeneutic,* Vol. II (New York: Harper & Row. Publishers, 1964), p. 22.

33　Arnold B. Come, *An Introduction to Barth's Dogmatics for Preachers* (London: SCM Press Ltd., 1963), pp. 171-172.

「專一聖經主義」（Biblicism）格格不入。此派代表者，首推布勒特曼（Rudolf Bultmann）與田立克（Paul Tillich）。他們與巴特的爭論，特別與我們今天如何瞭解「聖經」這一點有關。他們相信"聖經解釋"的方式，必須注意到現代人瞭解他們存在的事實。而這種瞭解，在「實存主義」（Existentialism）的哲學體系中表達出來。[34] 所以他們的釋經立場，深受實存主義哲學的影響。

（一）布勒特曼非神話化聖經解釋

巴特的"聖經解釋"是將「聖經」中上主的道與聖經作者的古老宇宙觀分開。然而布勒特曼這位新約學者，一開始便提出：『我們如何對付聖經是按照古老宇宙觀寫成的這個事實呢？』的問題。原來《新舊約聖經》作者係依照古代超然的三層式宇宙觀（Tricotomical Cosmology）去認知與思想這個世界。因此布氏所謂「神話」（mythology）的意思，是指記述從"天上、地上和地底下"的世界而來的"神靈、天使、魔鬼"在人類地平面上出現的事。[35] 這樣一來就必須先把「聖經」的信息「非神話化」（demythologizing），然後才能夠使現代人領悟「聖經」信息裡面所包含的真理。[36] 布氏同時指出：《約翰福音書》本身已開始了這種"非神話化"的程

34　Williams, *op. cit.*, p. 51.

35　參照H. W. Bartsch ed., *Kerygma and Myth.* Vol. I, trans. by Reginald H. Fuller (2nd ed., London: S. P. C. K. 1964), pp. 1-2, 又見Mickelsen, *op. cit.,* p. 69。

36　*Ibid.,* pp. 12-14.

序（就如《約翰福音書》第六章的「五餅二魚神蹟」，即象徵〝耶穌是生命之糧〞）。並且保羅也不為傳統的神話成分作字面的解釋辯護（就如《哥林多前書》第十五章對〝肉體復活〞之解釋）。

顯然的，布勒特曼的理論係取自「形式批判」（Form Criticism）的方法。可是他更進一步指出：今天的〝聖經解釋〞不能用這麼簡單的公式來表達。真正問題的所在是：今天我們用現代人所了解的知識去閱讀「聖經」時，如何去把握具有權威信息的「聖經」內容之意義呢？因此「聖經」的〝非神話化〞不是去拒絕「聖經」的權威，而是一種〝解釋聖經〞的方法（a hermeneutic method）。[37] 他所努力的是叫「福音」能夠從過時的〝神話〞信念中釋放出來，而使基督「福音」對現代人具有真正的權威。關於基督「福音」的內容如何能與現代人的經驗相聯的問題，其答案是從「實存主義」（Existentialism）哲學方法得來的，尤其是從海德格（M. Heidegger）所強調的主題而來。[38]

就〝聖經解釋〞的應用方面言，布勒特曼係採用寓意（allegory）來解釋《新約聖經》。可是他的寓意解釋方法有較廣泛的意思。他指出：《新約聖經》作者，不在於註釋（exegesis）《舊約聖經》，而在於套入（eisegesis）《舊約聖經》。不是期待預言應驗，而是應驗套入〝預言〞。因此《舊約聖經》的〝預言〞不在於字句，是在於應許的歷

37　Mickelsen, *op. cit.,* p. 69.
38　參照Williams, *op. cit.,* p. 51, 又見Robinson & Cobb, *op. cit.,* p. 112。

史。[39] 總之，布勒特曼所想作的，是使基督徒不受到古老的世界觀與現代科學所斷定的事實或理論所束綁。也就是面對現代的懷疑主義，去找出方法來保存「聖經」能夠宣揚（Kerygma）基督福音的功能。

（二）田立克的現代聖經信息

就"聖經解釋"方法言，田立克（Paul Tillich）並沒有什麼直接的貢獻。可是應用"新的語言"（new language）闡明現代的"聖經信息"這點，其貢獻是不能忽視的。田立克比布勒特曼更進一步的嚐試是：想把個人的信仰與上主的本體性質和世界關係之教義相連起來。他首先澄清形而上學的"存在"（being）與"不存在"（not being）的意義之後，才討論到上主。這個目的爲要產生一種「護教學」（Apology），期使現代人瞭解其經驗的方法與基督教福音發生關係。於是他發展一種所謂「互相關聯」（correlation）的方法，其意思即是：表明基督福音對於人類在企圖追求生命的意義時所產生的問題，能夠給予合理的答案。田立克以哲學的方法去解釋人生，爲要指出「聖經」的信息如何超越一切哲學所顯示關於人類與上主之間的隔閡。人類對上主所能作的字面陳述是採取哲學的方式，上主是「存在本身」（Being Itself）。[40] 所以田立克的神學是以『本體是有限的，存在是自我矛盾的，生命

---

39 彌迪理，*op. cit.*。
40 Williams, *op. cit.*, pp. 53-54.

是曖昧不明的』之教訓開始，把「基督教」更新的話語用特別的哲學方式傳達出來。這種方法，是將「聖經」的信息與現代人的思想方式聯合起來。

田立克與布勒特曼都指出在《新約聖經》裡面有充分的「神話」（myths）與「象徵」（symbols）記述的事實。可是就在這一點，他們的意見分歧。布勒特曼以爲聖經解釋者之任務是清除那些沒有眞理性的「神話」，使上主的眞理顯現。田立克卻拒絕認爲「神話」是沒有眞理性那樣的解釋。因爲田立克認爲「神話」與「象徵」對於古代的人具有指出實有啓示的意義。因爲除了「神話」與「象徵」以外，在實存上沒有辦法說明「神聖者」（divine）的眞理。所以他主張保持《新舊約聖經》中「神話」的象徵形式，而不應以科學的解釋來加以代替。[41]「神話」可以瓦解，但不可以放棄。因爲「神話」是"信仰的言語"（languages of faith）。[42] 另面，田立克也不像巴特一樣，以「聖經」本身爲最後的準則。他認爲這種見解將使「聖經」的信息對後世失去意義。人必須繼續不斷適應新的歷史情況去領悟上主在基督裡的眞理。聖經信息亦必須與我們當時所發生的問題能夠互相關聯才會有意義。這種準則便是"新存有"（new being）。田立克的這種神學準則並不意味著拒絕「聖經」的權威。依他看來，這恰好拯救了「聖經」的權威。因爲如此，才能夠把「聖經」的信

---

41 邱明忠撰，〈田立克神學思想概說〉，《瀛光》No. 181（1966年1月8日），p. 6。
42 Paul Tillich, *Dynamics of Faith,* 羅鶴年譯，《信仰的能力》（台灣：東南亞神學院協會，1964），p. 40。

息與"解釋聖經"當時的具體情形互相關聯。

三、聖經解釋的其他傾向

這一段落將分為（一）房納的預表論解釋法，以及（二）基要主義的聖經解釋，這兩大段加以討論。

（一）房納的預表論解釋法

當今在神學界頗受注目的聖經解釋家，除了上述的幾位之外，房納（Gerhard von Rad, 1901-1971）可說是舉足輕重的一位大師。他被譽為當代最具創造性的舊約學者，其最大的貢獻是"預表論"（Typology）解釋法。房納指出：「舊約」與「新約」的關係是：「舊約」是預表形式（Type），「新約」是相反預表形式（Anti-type）。因此舊約歷史有兩種意義：歷史（Geschichte）與信仰相加的所謂「拯救史」（Heilsgeschichte）。[43] 因此他的"預表論"可以稱為「拯救史預表論」。

值得注意的是：房納的"預表論"並非神話學（mythology）的理解，也不是「寓意」（allegory）的理解。而是一種「類比」（analogy）的理解。所以他的"預表論"不是根據字面，而是根據舊約拯救史的事實。因此在「拯救史」上，我們發現有「上主的話語」（God's Word）在先，而後才

---

43 見彌迪理，*op. cit.*。

發生「事件」（event）。從以上的理解，房納提出四種“預表論”的釋經原則：

（1）承認「舊約」內容的意義，有時超出舊約作者本身的意見與想法。

（2）「舊約」的拯救史密切關聯「新約」的拯救史。

（3）“預表論”與“註釋”（exegesis）不可分開。

（4）「新約」對「舊約」的理解是靠“預表論”（如：《希伯來書》對「舊約」的理解就是“預表論”的理解），然而“預表論”解釋法沒有一定的標準，是依靠聖神引導。

房納的方法雖然保守，在其他方面並不如此。他所努力的是使人了解《舊約聖經》的歷史是上主的「拯救史」，並且使人明白《舊約聖經》雖然包含許多神話資料，卻沒有神話的實質意義，僅有“信仰意義這點”。這是他借用早期的預表論釋經所提出的一種新貢獻。[44]

（二）基要主義的聖經解釋

第一次世界大戰之後差不多與巴特（Karl Barth）的《羅馬書註釋》出版的同時，在美國產生一種反對現代主義信仰的運動，它就是所謂的「基要主義」（Fundamentalism）。這派人士自稱為正統的福音主義，故被冠以「正統派」（Orthodoxy）之名。其著名的領導者是瓦裴爾德（B. B. Warfield）、司可福（C. I. Scofield, 1843-1921）與梅欽（J. G. Machenm, 1881-1937）。就他們

---

44 關於房納（G. von Rad）的預表論釋經法一節，均取自彌迪理的「釋經學」講義。

的神學立場言，完全是一種加爾文主義（Calvinism）之翻版。也就是說，他們的“聖經解釋”仍然根據認信主義時代的標準，所以沒有什麼新穎之處。

論他們的「釋經學」立場，可以稱爲「聖經絕對主義」。因此極端排斥巴特神學與實存神學所做的努力。在他們看來，「聖經」是聖神所默示的，其中一字一句都是上主所傳授的，亦是上主啓示的記錄和解釋。「聖經」的解釋唯有聖神（Holy Spirit）的引導才能夠領悟其正確的意義。因爲「聖神」是上主無誤話語的無誤解釋者。人不能信賴理性，如果理性能加以運用的話，其任務是服侍「聖經」。但不可期望理性會告訴我們「聖經」所說的是否正確。[45] 顯然的，他們強調「以經解經」的釋經原則，對「聖經」靈感的態度採取「全盤默示」（Plenary Inspiration）的看法，[46] 因此對“聖經解釋”採取絕對保守的立場，沒有什麼健全的新創見。時下台灣社會的中國人系基督教團體頗受「基要主義」之影響，因此其釋經態度非常保守。

從上面的討論，就可以看到近代神學界對“聖經解釋”的影響是相當大的，現在所留給我們的任務是價值判斷的問題。「巴特神學」風行於近世神學界已有一個世紀之久，甚至時至今日尚有「後巴特神學」之影響力。其足取之處在於

---

45 J. I. Packer, *Fundamentalism and the Word of God,* 周天和譯，《基要主義與神的道》（香港：證道出版社，1962），pp. 49-50。
46 參照J. Gresham Machen, *Christanity and Liberalism,* 包義森譯，《基督教與新神學》（香港：基督教改革宗信仰翻譯社，1950），pp. 61-64。

它保存「上主的道」的完整性、提高「聖經」的地位，以及強調「神學」之任務是在於健全的"聖經解釋"。至於採取科學的知識來解釋「聖經」這方面言，仍然採取保守的態度。「實存神學」係當代最受注目的一個神學走向，它大膽考慮採取哲學的方法藉以建立「聖經」的權威，提出最富挑戰性的釋經方法，而達到宣揚現代人所能理解的「聖經信息」之努力。只是它所用的方法不能說明上主創造與救贖的真正拯救歷史之繼續性。[47] 房納在提高《舊約聖經》地位的貢獻甚大，在調和「舊約」預言與應驗於「新約」方面的努力是成功的。「基要主義神學」的釋經法既陳舊又缺乏創造性，並被教義（尤其是信條）所決定，因此與現代先進知識格格不入。這些都是我們所必須認識及面對的。

第五章　釋經法及聖經應用諸問題

這一章將針對（一）釋經法則之探討，及（二）《新舊約聖經》的應用，這兩個實際的釋經問題做個概要討論。

一、釋經法則之探討

"聖經解釋"的方法可歸類為：字義、歷史與神學（包

47　Williams, *op. cit.,* p. 60.

括了寓意、預表、象徵、預言、比喻）等等類別。字義與歷史釋經法類屬於「一般釋經法」，而神學釋經法則係「特別釋經法」的範圍。[48]

（一）字義釋經法

這種釋經法則是古代「猶太教」拉比（Rabbi）慣用的方法，現今又為正統福音主義所樂於採用。通常「語言」（Language）自身是「字義」（verbal）的基礎。因此 "字義釋經法" 要考慮到上下文（context）、字句（words）及其文法（grammer）的含意。此一方法的優點是：能夠避免人用自己的猜測與幻想去曲解「聖經」的內容。其缺點是：咬文嚼字沒有什麼變化。尤其是在舊約先知預言的解釋上，沒有實用的價值。[49]

（二）歷史釋經法

探討所要解釋的聖經作者之「歷史」（history）、「地理」（geography）及「文化」（culture）等等背景，是這種釋經法的出發點。因此它包含「歷史批判」（historical criticism）的研究，並且以重建「聖經」真正的內容為目標。[50] 這種釋經法的特色，係以「聖經」的實際內容為對象。因此借助於考

---

48 參照Mickelsen, *op. cit.,* pp. 178-364, 又見Berkhof, *op. cit.,* pp. 40-160的釋經法則分類。
49 Ramm, *op. cit.,* pp. 105-106.
50 John T. Wilkinson, *Principles of Biblical Interpretation* (London: The Epworth Press, 1960), pp. 38-40.

古學（archeology）的貢獻，來做認識「聖經」的內容爲前提。在正確的理解上，"歷史釋經法"係根植於字義釋經的範圍，因爲任何一句話的字義都含有歷史因素。此一釋經法所遇到的困難是「聖經史實」的可靠性。因爲非史實的「聖經」內容（如：聖經裡面的神話或隱喻等）把它當做史實來解釋，常常是文不對題及曲解原意之錯誤方法。

（三）神學釋經法

「神學釋經法」係根據《新舊約聖經》本身對於教義的重視做爲出發點。「新約」的作者所以將「舊約」運用於教義的討論，便是採用這種方法。它的優點是：超越「聖經」的字義與歷史的意義，因而達到最完全的「經義」境界。其解釋的中心是「基督論」與「救贖論」。[51]「神學釋經法」在於決定教義的份量上十分重要。因爲它採集「聖經」中的精義來集結於教義上，以做爲研究"系統神學"（Systematic Theology）之基礎。

1. 寓意釋經法

提到"寓意釋經法"時，便聯想到天主教會（Roman Catholic Church）對此一方法的重視。按"寓意釋經法"可以說是字義釋經法的必要補充。[52]因爲「聖經」本身便有許多寓

---

51 Ramm, *op. cit.,* p. 185.
52 Richardson, *op. cit.,* p. 185.

意的描述。例如：《哥林多前書》（十：4），保羅就是使用寓意來見證『那磐石就是耶穌基督』。如果遇到像《雅歌》這種愛情詩歌之時，也只能用寓意才能夠證明它為「聖經」的權威教訓。此法的缺點是：必須用「聖經」以外的題材來解釋，因而近於臆測與聯想。為此在於建立「聖經」眞理的應用上，尙嫌不夠具備見證福音眞理之力量。因此用以管制"寓意釋經法"的錯誤者，便是「信仰的類比」（the analogy of faith）方法。

2. 預表論釋經法

「預表論」（typology）是指《舊約聖經》的預言，投射在上主國度進展中的一切人物與事件之上的用語。因此「新約歷史」的事件被描述為「舊約預表」的應驗。[53]（或稱為「相對預表」（antitype））預表論釋經之目的，在於強調新舊兩約之「聖經」只有一種一致性的救贖方法。並且說明《新舊約聖經》的「拯救史」（Heilsgeschichte）在上主啓示於歷史中的進展情形。

3. 象徵論釋經法

「預表」（typology）與「象徵」（symbolism）的分別是：「象徵」所表示的事件可以是過去的，也可以是現在的或未來的。而「預表」則指事件本身以後另一個的未來事件，因

53　*Ibid.*, pp. 190-191.

此含有「預言」（prophecy）之因素。更妥切地說，「象徵」（symbol）是指某事某物的記號。與「預表」的解釋一樣，這些「象徵」的記號要投射出「拯救史」的事實才能夠找到根本之信仰意義。

4. 預言（Prophecy）之解釋

「預言」是「事件」（event）未出現以前的神聖歷史，[54] 因此「預言」的定義是：上主的話語（Word）的啟示宣告（即先有上主的話語，而後才有事件之發生）。這種理解是十分保守的。問題是：有些學者只承認「先知」是靈性的導師，而拒絕他們「預言」的因素。[55] 所以先知預言的解釋，乃是困難最多的課題。幸虧這個難題可以從「預表論」的理解予以補充。

5. 比喻（Parable）之解釋

「比喻」是用來說明「事件」的一種有力的例證，因此亦叫做「比擬論證法」。「比喻」在《新約聖經》的四福音書（馬太、馬可、路加、約翰）中佔了大部份的篇幅，它所包含的教訓極具重要。例如關於「上主國度」或「終末論」的教義，若沒能徹底研究耶穌的比喻則無法達到滿意之結論。解釋一個「比喻」之目的，就是要查出它的旨趣與其內含的信仰教訓。但要注意的是：「比喻」不能做字義或歷史的解

---

54 這是Butler的見解，但唯理主義者不同意這種說法。參照Berkhof, *op. cit.*, p. 148。
55 Richardson, *op. cit.*, pp. 193-194.

釋，否則往往犯上了嚴重的錯誤，並曲解經文內容本意。[56]

6. 詩（Poetry）的解釋

「聖經」裡面有不少的"希伯來聖歌"，就如《出埃及記》、《申命記》，以及《詩篇》和《雅歌》。因為它比其他聖經裡面的作品更具主題性意義，因此吸引人注意。其正確的解釋有賴於探究詩人心理的要素，考慮詩人性格與寫詩時的心情。唯有如此才能夠找出它超越個人和歷史的普世性宗教意義。

二、《新舊約聖經》的應用

今日的神學界在關於應用「聖經」及解釋「聖經」的問題上，嚴格分成兩個陣營。有些人主張使用現代一切的學術成就來研究聖經，並且相信這麼做不會將「聖經」的真理貶值。又有些人認為「聖經」的啟示是認識上主的唯一來源，用科學知識來研究「聖經」，恐怕會失去「聖經」在人心中的信仰權威。他們根本忽略聖經作者的時代背景及文化差異問題，所以才會將「聖經」的科學研究妖魔化。實際上，科學方法遲早都會應用於「聖經」之研究及解釋之上。過去人的看法是：傳統的"聖經解釋"一旦被拒絕，「聖經」本身的權威也被拒絕。因此對新的學術態度引起恐懼和仇視。可

56　Schodde, *op. cit.,* (Part III), pp. 34-41.

是卻沒有注意到：基督教若拒絕現代學術的貢獻，就可能摧毀人對《新舊約聖經》整體的信心這點。[57]

　　現在的問題是：這兩種傾向若沒有適當的調和，就無法使「聖經」對現代基督教信仰發生意義。對現代人而言，要做基督徒就必須相信世界是在日曆上的「七日」造成，挪亞方舟是真的，或約拿（Jonah）和大魚的故事是歷史。「聖經」因此便成為他們信仰上的大障礙，因為他們已經遭遇到教會似乎無法解決的問題。相反的問題是：如果一個現代宗教人得到對「聖經」最明智的歷史批判的解釋卻不能聽到上主的話語時，便覺得「聖經」這本書可有可無。所以關於如何調和這兩方面衝突的問題，司馬德（J. D. Smart）有相當樂觀的看法。他說：

　　『過去三十年在《新舊約聖經》學術研究上所發生的神學改革，對於再發現教會中教導及傳講「聖經」，有其深徹的意義。過去一百五十年間用最嚴格的科學方法詳細研究「聖經」，而其結果乃是提高其做為世界上特殊啓示記錄的權威。我們用開明的眼光考察「聖經」的每一個部份，卻用不著害怕「聖經」將會發生什麼事。「聖經」並不要我們辯護或為它護衛什麼，「聖經」很能夠照顧自己。』[58]

57　參照James D. Smart, *The Teaching Ministry of the Church*, 馬鴻述譯，《宗教教育的基本原理》（香港：基督教輔僑出版社，1963），pp. 122-124。

58　*Loc. cit.*

就「聖經」研究及釋經法的應用而言，近代神學的努力的確有它不可磨滅的貢獻。特別是「宣教」的重建與「神學」的重建方面，可謂十分顯著。像實存神學的努力，就是要把「聖經」與現代人觀念之間的隔膜打破，從而建立「對話」（dialogue）的橋樑。以期使現代人能夠接納全本「聖經」的信息。這就是他們對「聖經」應用於宣揚與護教方面的最大貢獻。巴特神學在"聖經解釋"方面，就十分重視神學的問題。[59]「聖經」應用的問題，始終接觸到「聖經」真正的核心是耶穌基督。其實「聖經」的中心與高潮，就是以上主的道耶穌基督的啟示記錄為依歸。類似"聖經解釋"的努力，對教義神學的重建仍然有莫大的貢獻。

過去有人對《舊約聖經》（原為「猶太教」經典）的福音意義表示懷疑，因此就把它當做歷史或倫理的教科書來讀。關於這種疑難，房納（Gerhard von Rad, 1901-1971）給了我們一種應用《舊約聖經》預表論的原則，那便是強調以「拯救史」（Heilsgeschichte）來重建《舊約聖經》之權威。現在的問題是：基要主義對"聖經解釋"的應用始終堅持在「聖經」的字義解釋之上，又過份強調「聖經」的全盤靈感說，對科學所貢獻的聖經研究資料採取敵對的態度。後者衛道的努力雖然有些足取，可是其阻礙先進聖經研究的作風教人無法接受。他們固封自守缺乏常識之"聖經解釋"態度，實在無法

---

59 C. W. Dugmore, ed., *The Interpretation of the Bible* (Reprinted. London: Society For Promoting Christian Knowledge, 1946), p. 119.

使聖經信息進入現代人的觀念中，並且削弱了基督教之宣揚與護教力量。

第六章　結　論

關於“聖經解釋”問題的種種認識，以及近代神學界所掀起的釋經問題，都已經做了概括的討論。本章所著重的，即正視時下台灣教會“聖經解釋”的走向，並且提出筆者個人認為較具建設性的意見，以做為本文之結語。

一

「台灣基督長老教會」（The Presbyterian Chruch in Taiwan）係英國蘇格蘭長老會與加拿大長老會在一世紀多以前的宣教成果。在十九世紀自由神學十分流行的時代，宣教師們所留給台灣基督教的卻是一種帶有濃厚「清教徒主義」（Puritanism）色彩的信仰傳統。這在當時來說，自然是相當健全的信仰基礎。然而一世紀多以後的今日「台灣基督長老教會」，在信仰傳統上言，與前世紀並無多大變化。關於這點，可以從「台灣基督長老教會」憲法第一章第一條的信仰告白看出來。[60] 其所表現的優點，即是遵循正統的福音主義精神來

60　憲法第一章第一條：『台灣基督長老教會就是信奉聖經，遵從信經（使徒信

"解釋聖經"。[61] 問題是：現代神學界大膽地接受科學的貢獻來"解釋聖經"，並且主張用健全的釋經方法來建立健全的教義神學。同時努力避免用「教義」或「信條」來決定"聖經解釋"。爲此，台灣的南北兩神學院及玉山神學院，也不斷地努力把近代神學界對"聖經解釋"的立場勇於向神學生指導。可惜這種努力的結果，往往被那些自認爲護衛正統基督福音的基要主義教團所誤會，甚至被戴上所謂「新神學」的黑帽子，尤其是在台中國人的教團及神學院都是如此。其實那是一種很可怕的誤會。「台灣基督長老教會」的神學院眞的有所謂「新神學」的存在嗎？以筆者的了解實在沒有。因爲本宗的神學家，還沒有達到創造「新神學」的本領。如果說，介紹一些近代神學界的思想及其釋經傾向或接納科學和哲學的貢獻，來應用於"聖經解釋"這件事便是「新神學」的話，那些只靠一張嘴批評別人的保守主義者就是近於毀謗。今日「台灣基督長老教會」的神學教育必須要革新，尤其是受制於"靈恩運動"及"敬拜讚美"禮拜方式影響之錯誤。然而革新並非意味著拒絕良好的信仰傳統，相反的就是使它更加健全。神學的革新，便要有正確的"聖經解釋"方向。要有正確的"聖經解釋"，就非要吸收近代神學界對「聖經」研究方面的學術貢獻不可。有健全的"聖經

經 "Apostles' Creed"），西敏斯德信仰告白（Westminster Confession of Faith），尼該亞信仰告白（Nicaea Creed）及台灣基督長老教會信仰告白……』可爲例。
61 參照『西敏斯德信仰告白』一章九節，即「以經解經」的原則。

解釋"，才能夠重建宣揚基督福音的熱情，才可以確立完美的基督教教義。

　　現代人所能夠理解的「聖經」信息，已經不是那些拘泥於字句的原文解釋，或局限於靈修及題目式的講章而已。應該是一種和現代人理解力有關之「聖經」知識，即教人聽得懂耶穌基督福音因而接受之信息。司馬德說得好：

> 『聖經必須得到釋放，或者更正確地說，人心必須得到釋放，使他們可以用「新的自由」漫遊聖經之內。』[62]

　　要做到這點，便不能以懷疑與仇視的眼光去看巴特神學和實存主義神學的努力。不管是巴特神學的"專一聖經主義"也好，布勒特曼的"非神話化釋經法"也好，他們對於今日"聖經解釋"的運用都有莫大的貢獻。也就是說，他們都在努力使現代人重新對「聖經」的信息發生興趣。時下教會應該正視的課題，不外乎"擇其善者而從之，其不善者而改之"的取捨之間的價值判斷。

　　這樣看來，並不是只接受外來學術上的貢獻來"解釋聖經"便足夠了。我們應當謙卑地去倚靠在《新舊約聖經》中發言的"聖父"、"聖子"、"聖神"三位一體上主的啟示及引導，才能夠在這個時代洞察"三位一體的上主"如何藉著「聖經」對我們說些什麼。設若基督教會忽略了這一點，

62　見其《宗教教育的基本原理》，p. 130。

便是一種嚴重的疏忽。

　　「聖經」在我們這個時代，仍然是基督徒最具權威性的屬靈產業。基督教會將「聖經」教育人之目的，為的是要教人在上主與人和世界的關係當中去認識上主，虔誠崇拜祂。並且在天父上主的攝理下，去了解人生之目的與責任。[63] 因此我們勇敢證言：「聖經」是上主啟示的形式之一，[64] 因此要有上主聖神的引導，才能夠正確地去"解釋聖經"。

二

　　"聖經解釋"與宣揚上主的道是密不可分的。站在基督徒的主觀立場言，台灣民間是個迷信至深的異教社會。人們雖然置身於這個進步的科技時代，卻仍舊被傳統信仰所牢牢支配。台灣人雖然已經容忍來自西方的「基督教」存在於他們社會的四周圍，甚至已經將耶穌請入於民間的廟宇供奉起來。可是過去以至現在，基督教會卻不能容忍斯土的民間信仰。因為基督徒在心理上，仍然存在著敵對異教的因素。那麼如何解開這種於信仰上主觀敵對的癥結，讓基督徒誠懇地將聖經信息向自己的同胞坦誠傳達呢？這點實在是今日台灣教會最迫切的課題。另外，"聖經解釋"也是建立健全神學的基礎。處在台灣這種固守傳統的異教環境中，教會當如何

63　Dodd, *The Bible To-Day*, p. 12.
64　依照巴特（K. Barth）的見解，把聖經視為唯一的啟示形式。基督徒若把聖經當做「紙教皇」（Paper Pope），等於忽略活活的道耶穌基督的啟示。

來建立它自己的宣教神學呢？這點正是我們今日最關心的問題所在。上面兩個問題，自然與"福音本色化"或"神學場合化"之努力有關。由此見之，"聖經解釋"所當考慮的，不僅是聖經神學或釋經法則的問題而已，主要還是應用的問題。

本色化的"聖經解釋"，必然面對著眾多的宗教、國家主義、種族主義及文化上被同化威脅的危險。可是當基督教會以它的信仰自由來面對這些挑戰，並且應付這些威脅的時候，才能夠達成召命。[65] 今日台灣教會最深切的渴望，就是使用自己的語言及文化遺傳來表達聖經所教導的信息。"福音八股"是無法觸及大多數人之心坎的，因為它仍然從另一種固執的語言去解釋。再進一步言，我們亦必須從「儒教」、「佛教」、「道教」等三教可以接受的文獻中，去尋找能夠適合台灣基督徒精神生活上的經驗。時下本土的聖經解釋者，應當事先認識在斯土環境裡面所流行的「民間信仰」及「儒教」、「道教」、「佛教」三教的本質，認識中國哲學思想給予台灣人民之影響。然後把正確之原則、觀念、態度一併吸收融貫於"聖經解釋"之內。並且也要加以消化，變成基督徒於生活、傳統，及教理上所不可少的重要部份。「聖經」信息一旦與當地的文化採取隔離的意識，不但將使基督教變得沒有希望，而且也有危險。它可能由一種耳聾的神學變成結舌的神學，對環境既無所聽也就無話可

---

65 霍敔著，封尚禮譯，〈論本色神學〉，《景風》第二十期（1969年3月），p. 5。

說。這等於喪失了宣教的機會，無形中變成耳聾結舌無話可說，[66] 以致教會無法向所處的社會做有力的見證。

一種隨時都願意接受最嚴格考驗的"聖經解釋"方法，才能夠適應人人的各種需要。廖超凡（Stephen Neill）曾經建議：

> 『基督徒必須儘量利用自己的想像力，設身處地的接受其他宗教中最能服人、最有吸引力的信仰之全部價值。』[67]

這樣說並不是一種讓步，因為我們仍深信只有在耶穌基督裡面，人類全部的需要才能夠顧到。將來所發生的事件，沒有一樣不可以拿人類歷史上最重要的事蹟，即"道成肉身"的啓示來做解釋。的確，耶穌基督即《新舊約聖經》所見證之中心主題。"聖經解釋"之任何努力，即在詮釋「上主的道」。

有權威、有力量的「上主的道」，係來自健全的"聖經解釋"。而健全的"聖經解釋"，正是第二世紀「台灣基督長老教會」不斷革新的基礎。如何通過"聖經解釋"去宣揚台灣同胞所能夠理解及接受的福音信息，如何應用"聖經解釋"來建立自己的本色化及適應場合之神學，便是我們今天

---

66 *Ibid.*, p. 12.
67 Stephen Neill, *Christian Faith and Other Faiths,* 朱信譯，《基督教與其他宗教》（香港：道生出版社，1967），p. 25。

的急務。所以"聖經解釋"及其問題的探討，的確是迫切又
實際，而且富有意義的切實關懷。

本文原係筆者作於1969年的「教師論文」，

2012年8月加以增補

1771 福爾摩沙
貝紐夫斯基航海日誌紀實

莊宏哲◎著

來自匈牙利的大冒險家，
因緣際會踏上了十八世紀的台灣
寫下一段驚險、驚異、精彩的
福爾摩沙傳奇史詩……

定價320元

J186/G16K/272頁

帝國・他者・台灣記憶

貝紐夫斯基（Benyovszky Móric）原爲匈牙利的貴族，因參與波蘭的抗俄軍事行動而被俘入獄，成功脫獄並劫船逃逸之後，一路航行返回歐洲。他在返航途中因緣際會來到福爾摩沙，展開十幾天驚險、驚異而精彩的台灣之旅，至今仍爲匈牙利人津津樂道。雖然貝紐夫斯基與原住民頭目歃血訂盟，重返福爾摩沙展開殖民計畫的想法未能實現，但是這位幻滅的「福爾摩沙之王」仍舊在台灣歷史上留下了屬於他的一頁傳奇。

本書作者曾服務於行政院新聞局，任職期間兩度派任駐匈牙利新聞外交官。駐匈期間，首次接觸相關史料，並以此深入研究貝紐夫斯基其人其書，將《貝紐夫斯基伯爵之回憶與遊記》中有關「福爾摩沙」的內容詳譯爲〈福爾摩沙紀實〉一文；同時，本書亦依據完整譯文，修正過去相關譯著略譯、錯譯而產生的謬誤，重新描繪貝紐夫斯基台灣行旅的細節，及其所見的台灣人事物。不但是目前最爲詳實、完整的中譯本，也是當前以貝紐夫斯基登陸事件爲主題，進行最多討論的專著。

◎專家推薦

Kubassek János博士（匈牙利地理博物館館長）

翁佳音（中研院台史所副研究員）

詹素娟（中研院台史所副研究員）

發哥開講．吳錦發導讀

台灣
經典寶庫
Classic Taiwan
7

南台灣踏查手記

原著｜Charles W. LeGendre（李仙得）
英編｜Robert Eskildsen 教授
漢譯｜黃怡
校註｜陳秋坤教授

2012.11 前衛出版 272頁 定價 300元

從未有人像李仙得那樣，如此深刻直接地介入 1860、70 年代南台灣原住民、閩客移民、清朝官方與外國勢力間的互動過程。

透過這本精彩的踏查手記，您將了解李氏為何被評價為「西方涉台事務史上，最多采多姿、最具爭議性的人物」！

節譯自 *Foreign Adventurers and the Aborigines of Southern Taiwan, 1867-1874*
Edited and with an introduction by Robert Eskildsen

回憶在滿大人、海賊與「獵頭番」間的激盪歲月

Pioneering in Formosa

歷險 福爾摩沙

台灣經典寶庫5

W. A. Pickering
(必麒麟) 原著

陳逸君 譯述 ｜ 劉還月 導讀

19世紀最著名的「台灣通」
野蠻、危險又生氣勃勃的福爾摩沙

Recollections of Adventures among Mandarins,
Wreckers, & Head-hunting Savages

前衛出版
AVANGUARD

■【前衛特訊】

一個來自加拿大，短小精悍，活力充沛；一個來自蘇格蘭，高頭大馬，豪氣千雲。兩個異鄉人，卻是台灣的恩情人，大大地改變了台灣的歷史。本社「台灣經典寶庫」繼推出北台灣宣教巨擘馬偕回憶錄後，接下來就是鼎足南台灣的甘為霖台灣筆記了！

甘為霖原著｜林弘宣 許雅琦 陳佩馨 譯｜阮宗興 校註

一個卸下尊貴蘇格蘭人和「白領教士」身分的「紅毛番」
近身接觸的台灣漢人社會和內山原民地界的真實紀事。

《素描福爾摩沙：甘為霖台灣筆記》
Sketches From Formosa

書號FC03

擺在讀者眼前親炙這位傳奇宣教探訪、學術等面向師以五十則或長或他在台灣宣教46年所喜。當中，有吃湯、馬鈴薯配蟲、趣事，有白水溪大追捕、彰化城遇追擊等險事，也有嘉義城擲石大戰、反日、溪邊撿到人

甘牧師不僅教的實況，筆墨更象、輿論、謠言，歷史感。以〈開拓記為例，甘牧師不的傳教經過，更交地理、景觀、人傳聞，然後將時光

的這本著作，就是師的宣教、奉獻、的最佳途徑。甘牧短的筆記，記錄了的所思所見、所悲老鼠肉、喝猴子倒栽蔥跌落深溝等夜襲、麟洛平原遭險、埔里社被霧番漢學老師偷蠟燭、取國姓爺「聖水」腦糕等怪事。

僅記錄他在各地傳觸及廣泛的社會現同時也帶有深厚的澎湖群島〉這則筆只是紀錄他在當地待當時澎湖群島的口、經濟、教育與回溯到17世紀的荷

蘭佔領時期，澎湖當地的局勢，接著是描寫19世紀末的法軍入侵始末，以及甘牧師親耳聽見澎湖居民對孤拔將軍的讚美「伊真好膽！」等，用簡潔準確的文字，帶領讀者一覽台灣歷史的變異風貌。

不管你是不是基督徒，只要你對古早味的福爾摩沙感興趣，就能循著甘牧師為教會、艱苦人、青暝人、平埔族奔波近半世紀的足跡，一道神遊清領末、日治初最真實的台灣庶民社會。來吧！來感應一下地老天荒之下，你於歷史塵煙之中可能的迴身位置吧！

福爾摩沙
紀事
From Far Formosa
馬偕台灣回憶錄

19世紀台灣的
風土人情重現

百年前傳奇宣教英雄眼中的台灣

前衛出版
AVANGUARD

台灣經典寶庫
譯自1895年馬偕 著 《From Far Formosa》

前衛【台灣經典寶庫】計畫

【台灣經典寶庫】預定 100 種書。

【台灣經典寶庫】將系統性蒐羅、整理信史以來，各時代（包括荷蘭時代、西班牙時代、明鄭時代、滿清時代、日本時代、戰後國府時代）的台灣歷史文獻資料，暨各時代當政官人、文人雅士、東西洋學者、調查研究者、旅人、探險家、傳教士、作家等所著與台灣有關的經典著書或出土塵封資料，經本社編選顧問團精選，列為「台灣經典寶庫」叢書，其原著若是日文、西文，則聘專精譯者迻譯為漢文，其為中國文言古籍者，則轉譯為現代白話漢文，並附原典，以資對照。兩者均再特聘各該領域之權威學者專家，以現代學術規格，詳做校勘及註解，並佐配相關歷史圖像及重新繪製地圖，予以全新美工編排，出版流傳。

認養贊助出版：每本 NT$30 萬元。
＊指定某一部「台灣經典寶庫」，全額認養贊助出版。

· 認養人名號及簡介專頁刊載於本書頭頁，永誌感謝與讚美。
· 認養人可獲所認養該書 1000 本，由認養人分發運用。

預約助印全套「台灣經典寶庫」100 種，每單位 NT$30,000 元（海外 USD1500 元）。

· 助印人可獲本「台灣經典寶庫」100 本陸續出版之各書。
· 助印人大名寶號刊載於各書前頁，永遠歷史留名。

感謝認養【台灣經典寶庫】

FC01 馬偕《福爾摩沙紀事：馬偕台灣回憶錄》
（台灣基督長老教會總會助印 1000 本）

FC02 陳冠學《田園之秋》（大字彩色插圖版）
（屏東北旗尾社區營造協會黃發保先生認養贊助出版）

FC03 甘為霖《素描福爾摩沙：甘為霖台灣筆記》
（台北建成扶輪社謝明義先生認養贊助出版）

FC04 史蒂瑞《福爾摩沙及其住民：19 世紀美國博物學家的台灣調查筆記》
（北美台灣人權協會＆王康陸博士紀念基金會認養贊助出版）

FC05 必麒麟《歷險福爾摩沙：回憶在滿大人、海賊與「獵頭番」間的激盪歲月》
（北美台灣同鄉 P. C. Ng 先生認養贊助出版）

FC06 揆一《被遺誤的台灣：荷鄭台江決戰始末記》
（棉品實業股份有限公司洪清峰董事長認養贊助出版）

ΓC07 李仙得《南台灣踏查手記》
（財團法人世聯倉運文教基金會認養贊助出版）

FC08 連瑪玉《蘭大衛醫生娘福爾摩沙故事集》
（即將出版）（彰化基督教醫院認養贊助出版）

感謝預約助印全套【台灣經典寶庫】

鄭明宗先生　鄭文煥先生　廖彬良先生　林承謨先生

國家圖書館出版品預行編目資料

耶穌：宗教重擔的釋放者／董芳苑著.
－－初版.－－台北市：前衛，2016.12
400 面；15×21 公分

ISBN 978-957-801-810-5（平裝）

1. 耶穌（Jesus Christ） 2.基督教 3.信仰

242.42　　　　　　　　　　　　105023552

耶穌──宗教重擔的釋放者

作　　者　董芳苑
責任編輯　周俊男
美術編輯　宸遠彩藝
出 版 者　台灣本鋪：前衛出版社
　　　　　10468 台北市中山區農安街153號4F之3
　　　　　Tel：02-25865708　Fax：02-25863758
　　　　　郵撥帳號：05625551
　　　　　e-mail：a4791@ms15.hinet.net
　　　　　http://www.avanguard.com.tw
　　　　　日本本鋪：黃文雄事務所
　　　　　e-mail：humiozimu@hotmail.com
　　　　　〒160-0008 日本東京都新宿區三榮町9番地
　　　　　Tel：03-33564717　Fax：03-33554186
出版總監　林文欽　黃文雄
法律顧問　南國春秋法律事務所
總 經 銷　紅螞蟻圖書有限公司
　　　　　台北市內湖區舊宗路二段121巷19號
　　　　　Tel：02-27953656　Fax：02-27954100
出版日期　2016年12月初版一刷

定　　價　新台幣400元
©Avanguard Publishing House 2016
Printed in Taiwan　ISBN 978-957-801-810-5

＊「前衛本土網」http://www.avanguard.com.tw/
＊請上「前衛出版社」臉書專頁按讚，獲得更多書籍、活動資訊
　https://www.facebook.com/AVANGUARDTaiwan